静谧之心

THE SECOND

KRISHNAMURTI READER

【印】克里希那穆提 —— 著　邵金荣 —— 译

图书在版编目（CIP）数据

静谧之心 /（印）克里希那穆提著；邵金荣译. --北京：九州出版社，2022.12
ISBN 978-7-5108-8831-1

Ⅰ. ①静… Ⅱ. ①克… ②邵… Ⅲ. ①哲学思想－印度－现代 Ⅳ. ①B351.5

中国版本图书馆CIP数据核字（2020）第251406号

著作权合同登记号：图字01-2022-4831号

This selection is made from *The Only Revolution and The Urgency of Change.*
Copyright © 1970, 1971 Krishnamurti Foundation Trust, Ltd.
Krishnamurti Foundation Trust Ltd.,
Brockwood Park, Bramdean, Hampshire
SO24 0LQ, England.
E-mail: info@kfoundation.org Website: www.kfoundation.org
想要进一步了解克里希那穆提，请访问www.jkrishnamurti.org

静谧之心

作　　者	［印度］克里希那穆提 著　邵金荣 译
责任编辑	李文君
出版发行	九州出版社
地　　址	北京市西城区阜外大街甲35号（100037）
发行电话	(010)68992190/3/5/6
网　　址	www.jiuzhoupress.com
印　　刷	三河市国新印刷有限公司
开　　本	880毫米×1230毫米　32开
印　　张	10.125
字　　数	342千字
版　　次	2022年12月第1版
印　　次	2022年12月第1次印刷
书　　号	ISBN 978-7-5108-8831-1
定　　价	58.00元

★版权所有　侵权必究★

出版前言

克里希那穆提 1895 年生于印度，13 岁时被"通神学会"带到英国训导培养。"通神学会"由西方人士发起，以印度教和佛教经典为基础，逐步发展为一个宣扬神灵救世的世界性组织，它相信"世界导师"将再度降临，并认为克里希那穆提就是这个"世界导师"。而克里希那穆提在自己 30 岁时，内心得以觉悟，否定了"通神学会"的种种谬误。1929 年，为了排除"救世主"的形象，他毅然解散专门为他设立的组织——世界明星社，宣布任何一种约束心灵解放的形式化的宗教、哲学和主张都无法带领人进入真理的国度。

克里希那穆提一生在世界各地传播他的智慧，他的思想魅力吸引了世界各地的人们，但是他坚持宣称自己不是宗教权威，拒绝别人给他加上"上师"的称号。他教导人们进行自我觉察，了解自我的局限以及宗教、民族主义狭隘性的制约。他指出打破意识束缚，进入"开放"极为重要，因为"大脑里广大的空间有着无可想象的能量"，而这个广大的空间，正是人的生命创造力的源泉所在。他提出："我只教一件事，那就是观察你自己，深入探索你自己，然后加以超越。你不是去听从我的教诲，你只是在了解自己罢了。"他的思想，为世人指明了东西方一切伟大智慧的精髓——认识自我。

克里希那穆提一生到处演讲，直到 1986 年过世，享年 90 岁。他的言论、日记等被集结成 60 余册著作。这一套丛书就是从他浩瀚的言论中选取并集结出来的，每一本都讨论了和我们日常生活息息相关的话题。此次出版，对书中的个别错误进行了修订。

《静谧之心》原英文版名为《克里希那穆提选集Ⅱ》(The Second Krishnamurti Reader)，由英国作家玛丽·鲁坦斯(Mary Lutyens)编辑。玛丽·鲁坦斯是克里希那穆提的挚友，著有克里希那穆提的权威传记作品。本书中文版书名系中文版编者所拟。

克里希那穆提系列作品得到了台湾著名作家胡因梦女士的倾情推荐，在此谨表谢忱。

九州出版社

目 录

第一部分 心灵的革命是唯一的出路

一、在印度讲谈 / 3

 冥想是完全置身世外 / 3

 冥想是思想的空无 / 8

 冥想没有源起，因此也没有终点 / 11

 冥想一开始，观察者就消失了 / 17

 冥想的头脑包含了所有种类的寂静 / 23

 如果刻意冥想，进入的就不是冥想 / 27

 "无我"状态并不是与现实分离 / 31

 冥想需要最高形式的克己自律 / 35

 冥想是彻底无为 / 39

 终止所有的评价和道德观，才可能认清事实真相 / 44

 在灵光一现的顿悟瞬间，思想戛然而止 / 48

 真正的自由是认清事物的本质 / 53

 冥想是心灵之光，是绽放的爱 / 59

只有在了无牵挂中，才能找到绝对的自由 / 63

　　不要遵从任何既定的方式，也不要遵随宗教导师 / 68

二、在加利福尼亚讲谈 / 74

　　真理不是思想的产物 / 74

　　冥想只会在你毫无察觉间降临 / 78

　　冥想是活在当下的纯真 / 82

　　每次冥想都会有全新的感受 / 86

　　察觉让思想和身体不陷入分离与冲突 / 89

三、在欧洲讲谈 / 94

　　冥想是在专注状态下的一种运动 / 94

　　纯真和博大是冥想之花 / 97

　　思想和时间只会产生界分和破碎 / 102

　　了解自我才能走出迷津 / 105

　　为了爱的降临，人类必须停止思想 / 108

　　冥想是对过去的终结 / 110

　　冥想总是新的，不着过去的痕迹 / 114

　　冥想意味着汇集全部能量 / 117

　　冥想是让头脑摆脱所有假象 / 119

　　冥想不是回忆 / 123

　　在寂静之光里，所有的问题都迎刃而解 / 125

　　冥想是从时间中解脱 / 128

思想或善举不会产生爱 / 132

冥想是极乐的觉醒 / 134

头脑如被唤醒，智慧之灯就会点亮 / 137

智慧就是认识现状 / 141

爱是一切的源起 / 144

冥想与生命不可分割 / 148

直面事实真相就是诚实 / 153

心灵的革命是唯一的出路 / 158

第二部分　改变是我们的当务之急

觉察到底是什么？ / 163

是否存在神？ / 170

依赖滋生恐惧 / 174

怎样在这个世界上生活？ / 179

关系是一面镜子 / 188

因循传统只会制造更多的冲突 / 195

从已知中解脱就是真正的宗教生活 / 199

认识整体就是认识生活的全部 / 204

只有在自由和关注里，美德之花才会绽放 / 208

如何看待自杀？ / 210

我们需要不被曲解和压制的行为准则 / 219

如何解决"现实"和"理想"之间的矛盾冲突？ / 223

不必刻意追寻 / 226

我们可否自由地组织自己的生活？ / 229

什么是爱和性的真谛？ / 232

感知源自思想沉静 / 236

当自性之灯点亮，痛苦就会消失 / 241

心灵与头脑的分离制造了诸多问题 / 244

生活中"无我"就是爱，就是美 / 248

依赖的本质是什么？ / 252

如果你无所畏惧，还会去信仰什么吗？ / 257

梦境是思想的表现 / 262

沉静的头脑拥有可以消解过去的能量 / 268

怎样摆脱制约，获得自由？ / 272

幸福不是一种目的 / 279

学习知识与学会认识自我完全不同 / 284

表达自我无关紧要，重要的是没有冲突的生活 / 288

激情之美存在于专注之中 / 290

"自我"一消失，领悟之光即会到来 / 293

消除个人与集体的界分，美德、智慧和爱才会现身 / 296

冥想是能量的本质 / 298

终止思想，头脑即能沉静 / 305

做个全新的你 / 309

第一部分

心灵的革命是唯一的出路

一、在印度讲谈

冥想是完全置身世外 *

冥想不是逃离这个世界，也不是离群索居的自我封闭。冥想是试图理解世界及其运行方式，意在探求除了衣食住行和悲欢离合外，这个世界还能给予我们些什么。

冥想是要超越这个世界，完全置身世外。这样，世界才有意义，天地之美方能恒存；然后，爱情才不是寻欢作乐，做事才不是为了摆脱压力、解决冲突或为了实现自我价值和沽名钓誉。

从这个房间俯视可见一座公园，下面三四十英尺处流淌着一条宽广的河流，对某些人而言，这条河无比神圣，而对另一些人来说，它不过是苍穹下和晨曦中绵延向前的一道美丽风景。从这个房间，总能望见河对岸的小村落、堤岸边成排的树木和新栽种的冬小麦。从这个房间，还可以看见晨星闪烁，太阳悄悄爬过树梢；河水浸染成金光闪耀的小路。

夜幕降临，房间里十分昏暗，透过宽大的窗子，南面无边无际的夜空毕现眼前。曾经有个晚上，随着一阵扑棱棱的翅膀扇动声，一只鸟儿

---

* 第一部分中小标题系中文版编者所拟。

飞落进了房间。打开灯，下了床，我看见了正躲藏在床下的"客人"。那是一只猫头鹰，身高大约一点五英尺。它瞪大圆溜溜的双眼，长着骇人的鸟喙。我们彼此注视着，相距不过几英尺。显然，灯光和近在咫尺的人类惊到了它。好一段时间，我们目不转睛地对视着，但猫头鹰一点儿都没有勾身缩背，失却那慑人的威严。看着它的利爪，轻薄、柔软的羽毛和紧贴身体两侧的翅膀，我不禁有种想碰触和轻抚它的冲动。显然，这事儿它可不会答应。我关上灯，寂静登时笼罩整个房间。一会儿，翅膀拍打声又在耳边响起，空气仿若风一般从脸上拂过，猫头鹰疾速地从窗子飞了出去，再也未回。

这是一座沧桑的古寺。据传已有约三千年的历史，当然，也可能某些人夸大其词了，但修建古寺的年代确实久远。这曾是一座佛教寺庙。大约七百年前开始宣传印度教，原来供奉佛像处也被换成了印度教徒膜拜的塑像。寺庙里光线黯淡，给人的感觉很怪异，大厅里廊柱挺立，长廊两侧的雕刻精美，空气中混合着蝙蝠和燃香的味道。

刚沐浴净身的教徒们络绎不绝地来到这座寺庙。他们双手合十，绕廊前行，每经过一座身披闪亮丝绸的雕像都匍匐敬拜。寺庙最深处的神龛前，一位僧人口中念念有词，听着他用梵语清晰地诵经真是一种享受。这位大师举止从容，四周围坐着孩子、老妇和年轻男子，诵经声从寺庙深处自然、优雅地飘出。信徒们脱掉了西式衣裤，身披缠腰布，双手合十，双肩裸露，虔诚地在那儿站立。

拾级而下，可径直来到一个水汽充盈的池塘——圣水池——雕饰的岩柱环绕四周。离开甚嚣尘上的俗世，抛开明媚、耀眼的阳光，人们来到这座遮阴蔽日、幽暗宁静的寺庙。这里没有蜡烛,不见人们四处跪坐,只有围着圣龛敬拜的信徒,他们翕动着嘴唇在默默地祈祷。

那日午后一位瘦高的中年男子来拜见我们。他自称是吠檀多[①]的信奉者,英语流畅(因为大学是用英语接受的教育),才智非凡。作为身经百战的律师,他收入丰厚,看起来很博学,对西方神学也较有研究,言行举止中带着律师特有的气质。他用锐利的眼神打量着我,面色中带着揣测、评判,稍显焦虑。

他说:"我听过您的演讲,感觉您所倡导的与吠檀多教义并无二致,可以说就是对这种古老传统的继承发扬。"我们问他吠檀多意味着什么。他答道:"先生,我们假定只是婆罗门[②]创造了世界及世界的幻象,那么,我们每个人的'宇宙之魂',其实是属于那个婆罗门的。人必须从每日纷乱的意识中觉醒,看破红尘,就好比总要从梦中醒来一样。与做梦人自己创作了梦境的全过程是一个道理,整个大千世界和芸芸众生也是个人主观臆造的。先生,您没这么说,但肯定是这个意思,因为您生于这个国家(印度),尽管大半生游学海外,但仍属于这个古老的文化。不论喜欢与否,您终究是印度人,有着印度人特有的思维。无论从您的手势,还是讲话时如雕像般的沉稳来看,您都是我们印度古老文化的传承者。您的教诲当然也是我们祖辈从远古时就延续下来的。"

我们暂且不讨论这位男子所提的演讲者是否是在印度传统理念和文化熏陶下长大的,也不管他是不是这种古老教义的集大成者。首先我要

[①] 吠檀多的意思是"吠陀的终极",是印度婆罗门教六派哲学之一。——译者注
[②] 印度教的主神,创造之神。——译者注

说，这位演讲者并非印度人，换言之，尽管他生于印度，但并不属于这个民族或婆罗门阶层。他否认你加在他身上的印度传统，不承认他所倡导的是印度古老教义的延续。而且，他也没读过任何有关印度或西方的圣书。对于他这样一个了解世界现状的人来说，这些圣书都没有必要，因为他不仅了解阐释人类行为的无穷多理论，还深知传统不过是人类两千年或五千年来所一直宣传的结果而已。

对于一个绝对不接受权威话语、不认同象征物及其影响的人来说，真理从来都不是他人所能传授的。如果你聆听过他的演讲，应该知道他在一开始就指出：任何接受权威的行为都是在否认真理。他还重申，人必须置身任何文化、传统和社会道德之外。如果你听过他的讲话，就不会说他是印度人，也不会认为他是在用现代语言承递传统。事实上，他完全否认过去，否认过去的先贤，过去的释义者，过去的理论和规律。

真理从来不存在于过去。过去的真理好比逝去的记忆。记忆是有时间性的，在旧日已经消逝的灰烬中寻不见真理。真理是有生命力的，不在时间的范畴之内。

抛开所有这一切，现在让我们开始讨论婆罗门教这个中心问题。毋庸置疑，一些人所坚信的婆罗门教不过是某些富有想象力的人——商羯罗①，或是现代神学理论家们——虚构出来的罢了。恰如受天主教熏陶的人在幻觉中见到了耶稣一样，婆罗门教教义也能让身体力行者感知婆罗门的存在，这样的幻觉显然是他所受影响的投射。那些在克利须那②熏陶下成长的人同样也会有关于他们自己文化的种种体验和幻觉。因此，

---

① 印度中世纪吠檀多哲学的集大成者，著名的不二论理论家。——译者注
② 印度三大神之一毗湿奴的主要化身。——译者注

体验不能证明什么。在幻觉中认出了克利须那和耶稣只是习惯使然，是通过体验得以强化，是完全不切实际的虚幻和神话。人，为什么需要一套理论？为什么要推崇某种信念呢？坚持某种信仰恰恰说明内心存在恐惧：对日常生活的恐惧，对悲伤的恐惧，对死亡的恐惧以及对碌碌无为人生的恐惧。意识到这些就会创造出一种宗教教义。教义阐释得越巧妙，越深奥，就越受人推崇。经过千万年的宣传，这样的理论总能荒谬地变成"真理"。

但是，如果不接受任何教义，那就得直面现实究竟是什么。现实就是思想、快乐、忧伤以及对死亡的恐惧。除此之外，还要理解日常生活的构成——理解其间所充斥的竞争、贪婪、野心和权欲——这样，你不但会发现理论、救世主和导师的存在是何等荒谬，还可能领悟到如何才能结束悲伤，如何冲破整个思想体系的束缚。

冥想就是深入洞察并理解这个体系。之后，你就会明白世界并非幻象，而是人们通过交往构建起来的糟糕的现实。这才是我们必须要弄明白的，而不是你的那些吠檀多理论，以及有组织宗教的种种仪式。

当人是自由的，没有任何能促使我们恐慌、嫉妒和忧伤的时候，头脑自然而然就会平静祥和。头脑自由不仅能让人每时每刻都发现生活的真谛，还会超脱各种知觉的束缚，因此就不再有观察者和被观者之间的区分，二元对立随之消失。

但除此以外，还存在一股"流"，这股"流"不是一套理论，也与生活中的挣扎、虚荣和失望无关。这股"流"无始无终；它变幻莫测，思想永远捕捉不到。

先生，当听完这些，显然你会把它变成一种理论。如果你喜欢这个新的理论，还就会宣扬这个理论。但是，你所宣扬的并非真理。只有驱除内心深处的痛苦、焦虑和挑衅后，你才能体会到真理。当你领悟到这些并且有幸得到爱的恩赐的话，你就能理解刚才一番话语中所蕴含的真谛。

冥想是思想的空无

　　冥想时关键要看头脑和心灵处于何种状态，这并不是你所到达的或自认为已经到达的状态，而是一种纯真而又敏锐感知的状态。通过否认，能带来积极的心态，只想揣测或体验冥想，只能亵渎冥想的纯真。冥想不单是实现目的的手段，它兼具目的和手段两种功能。体验无法纯净人的头脑，否认体验却可以让心灵朝纯真这个积极的方向转化，这是思想无法企及的，思想从来都不是纯真。冥想意味着终止思想，但终止思想的并非冥想者，因为冥想者已消失在冥想之中。如果没有冥想，就好比人失去了双眼，尽管周围满是美景、光亮和斑斓的色彩，他仍是一无所知。漫步海滩，让自己渐入冥想。如果冥想真的光顾，请不要追随。你所追随的只是对过去生活的记忆——沉浸过去会忽视现在。或者，当你徘徊于小山间，让周围的一切告诉你生活的美丽和凄楚，这样你就能认识到个人忧伤的渺小，之后就不会再忧伤。根、茎、花、果共同组成了冥想之树，是语言将这棵树区分成了根、茎、花、果。在分离的状态下，行动不会带来任何良善之举，美德源自整体的感知。

这是一条狭长的林荫小路，它蜿蜒着穿过绿油油的麦田。阳光一路投下清晰的阴影，小路两旁的村庄脏乱、贫穷。村里的年长者面带悲伤和病容。孩子们倒是开心地在飞扬的尘土中叫嚷着、玩耍着，朝高高栖息在树上的鸟儿们投射石子。清新的微风拂过山冈，这是个凉爽宜人的早晨。

就在这日清晨，鹦鹉和八哥欢叫个不停。鹦鹉藏身于树上的绿叶后，几乎看不到踪影；罗望子树上的几个树洞就是它们的栖身之所。它们呈之字形飞行，一直聒噪地叫着。八哥落在地上，相当温顺，即使你靠得很近，它们也不会飞走。金色羽毛的和黄绿色羽毛的鸟儿们一起停落在小路上方的电线上。这是个令人惬意的早晨，人们还没从睡梦中醒来，阳光和煦，四周宁静，空气中弥漫着祝福。

小路上驶来一辆带雨篷的两轮马车，雨篷由车厢四角的柱子撑起。车上，一具用红、白布裹缠的尸体横放着，正被运往河岸边去火化。车把式旁边的人可能是死者的亲戚，由于路面不太平坦，他坐在车上颠来晃去。他们离这儿一定不近，马儿跑得汗流不止不说，看起来相当僵硬的尸体也一路上抖晃个不停。

那天晚些时候来见我们的人自称是位枪炮射击教练，在海军工作。陪他一起来的还有他的妻子和两个孩子。他看起来很严肃。寒暄过后，他便说自己想追寻上帝。他表达得不是很清楚，大概是比较害羞的缘故。从双手和面相看，他很有能力，但声音和表情却稍显僵硬——毕竟，他是专门从事传授射杀技艺的人。上帝离他日常所从事的工作似乎很遥远。一方面，他说自己是上帝忠实的信徒；另一方面，他的谋生之道却强迫他传授射杀技艺。

他说自己是位虔心信教的人，曾信仰过不同派别的所谓的神，后来又对这些神都失去了信心。这也是他为何长途跋涉来见我们的原因。他说想知道怎样才能到达普通人和圣人都在寻觅的奇幻世界。他的妻子和孩子们安静而有礼貌地坐着。窗外的树枝上一只浅棕色的鸽子咕咕地叫着。他不曾抬眼看这鸽子一眼。他的妻儿们也紧张、僵直地坐在那儿，脸上没有一丝笑容。

你不可能找到上帝；它无处可寻。人类虚构了很多途径、很多宗教、信仰、救世主和大师，并希望借此找到永恒的幸福。寻觅的痛苦在于它让人异想天开，并根据自己所熟知的事物祈求、估量能出现的幻境。他所追求的爱被他的谋生方式毁了。人不可能一手持枪，一手拿《圣经》。上帝只是一个象征，一种权威话语，实际上已经失去了意义，因为教堂和信仰活动的处所已经把它给毁了。当然，如果你不信仰上帝，也会像信仰者一样遭受苦难，经历短暂和虚幻人生的痛苦；日常琐屑的苦痛让生命失去了意义。人类穷尽思想也发现不了真相，于是便创造了某些理论来填补心灵的空虚。由此，我们变成了"聪明"人，创立了新的哲学思想，但此后又不得不面对哲学探索失败带来的痛苦。我们创造出如何抵达终极的理论，教徒们去庙堂祈祷，沉浸在自己的想象世界里。僧人和圣人都是传统以及文化的一部分，是传统和文化创造了僧人和圣人这类概念，因此他们也一样发现不了真理。

鸽子飞走了。山间云雾缭绕，显得格外美丽——真理就在那儿，而对此你却从未曾注意过。

冥想没有源起，因此也没有终点

　　这是一座古老的卧莫儿人花园，园里古树参天，耸立着很多高大的纪念碑。纪念碑下面的大理石坟冢里一团漆黑，上面的石碑则因风吹雨打颜色变乌，再往上的圆顶乌化得还要更厉害。成百上千只鸽子停落在圆顶上，乌鸦们经常来和它们争夺这块地盘。鹦鹉们也从四面八方飞来，成群结队地占据了圆顶稍下的地方。花园里的草坪得到了悉心照料，不但修剪得漂亮，水也浇得充足。花园里很安静，令人惊喜的是人也不太多。傍晚时分，附近社区的服务人员会骑着车，聚到草坪上一块儿打牌，打牌的规则只有他们自己清楚，旁人很难看懂一二。此外，在另一处墓地的草坪上还汇聚了很多玩耍打闹的小孩子。

　　这里有座墓地尤显壮观。它的拱门高大、比例匀称，后面是墙体明显不对称的砖墙。砖墙在日晒雨淋下颜色已变暗，几乎成了黑色。墙上贴着请勿折花的告示，但对此似乎无人在意，人们照样摘花。

　　这里还有条桉树路，路的后身是座玫瑰园。因年久失修，玫瑰园四周的墙体都损毁了，不过花园看管得还不错，园里花开绚烂，绿草如茵，刚有园林工人修剪过。来此赏花的人似乎很少。你可以独自在这里散步，观赏夕阳从树梢间落下，渐渐消逝于墓地的圆顶之后。夜晚来临时，这里一片寂静，没有城镇的喧嚣，也看不到贫困和富人丑陋的嘴脸，所能看到的，唯有长长的树影和正在草坪上清除杂草的吉普赛人。总体看，这个地方很美，只可惜人类正在逐渐销蚀它的美丽。

　　草坪深处的一个角落里停着辆自行车，车旁有位男子盘腿而坐。他双眼紧闭，嘴里不停地念叨，仿佛浑然不觉身外的世界、过往的行人和鹦鹉的欢叫。他就这样一动不动地坐了半个多小时，手里握着一本布面封皮的《玫瑰经》。除了嘴唇以外，他浑身上下还能看到在动的部位就只有手指。他每天一定是下班后才来这儿并一直坐到晚上的。他是个穷人，体态较胖，被问及为何每天来此，他的回答总是来冥想。对于他来说，重复经文或者祷告就已经够了。他以为这样就能让自己摆脱单调的生活。草坪上只有他一人。他身后是一大片盛开的茉莉花。烂漫的鲜花就在他附近，而他却从不曾留意。他沉浸在自己构想的美丽园中。

冥想不是重复诵读经文，也不是体验某种幻觉或培养静默的能力。念珠和经文的确能平抚纷乱的思绪，但这只是自我麻痹的手段，其效果跟安眠药没什么不同。

冥想不是把自己包裹于某种思想模式中，也不是迷醉在享乐里。冥想没有源起，因此也没有终点。

如果你说："从今天起，我要控制自己的思想，静坐冥想，均匀呼吸。"这样的话，你其实是掉进了自我欺骗的陷阱。冥想不是专注于某个宏大的概念或意象里。这样做只能让人在内心短暂平静，就像对某个玩具感兴趣的孩童一样，只能暂时安静一会儿，一旦玩具失去了诱惑力，他又会变得淘气不安。冥想不是追寻一条无形的小径，到达某种想象中的狂喜。冥想的头脑只认识现状：不用语言描述，不发表评论和观点，只是观察、聆听，整个白昼都专注于生命在所有关系中的运行轨迹。夜里，当整个机体处于休息状态时，冥想的头脑从不做梦，因为它整日都处于清醒的状态。只有慵懒之人才会做梦；只有睡觉不实的人才需要用梦境提示自己的状态。但是，当头脑观察和倾听外在及内在的生命运动时，

寂静会降临这样的头脑，它将所有思想都排除在外。这种寂静观察者是无法体验的。如果能被体验和认知的话，

那就不再是寂静了。冥想者所在的寂静无边无界，没法辨认。天地间不再有空间的区分，唯有寂静。

山随云动。遍布山间的岩石和巨砾在雨中泛出亮泽。灰色花岗岩上惊现的那道玄武岩黑条，在清晨雨水的冲刷下，变得更加乌黑光亮。

池塘里积满了雨水，蛙声一片，鹦鹉成群地从田间飞出来避雨，猴子们赶紧爬回到树上，雨幕中，红色泥土的颜色似乎更深了。雨中有种特殊的静谧。山谷里的一切杂音在那日清晨仿佛都消失了——没有了农场的喧嚣、拖拉机的噪音和铿铿的伐木声，四周只剩下雨水滴答滴答的响声和水沟里汩汩的水流声。

感受雨水滴落在身上、浸润到肌肤，感受泥土和树木欢天喜地地接受雨水的恩泽，让人仿若进入了奇妙的境界。已经好久没有下雨了，现在大地的裂痕都已抚平。雨水声淹没了众多鸟儿的鸣叫；大片的乌云从东至西在天空漂游；群山也仿佛在随它们轻移。空气中到处弥漫着泥土的气息。这场雨持续了整整一天。

寂静的深夜，猫头鹰的叫声不时地从山谷传来。

他是一位教师，信奉婆罗门教，身上整洁地缠着腰布，上穿西式衬衣，赤着脚。这个男子面皮白净、目光敏锐、谈吐谦逊、彬彬有礼。作为镇上的一名英语教师，他的英语相当流利。他坦言自己挣钱并不多，和世界上其他老师一样，都是紧紧巴巴地过日子。当然，他已经结婚生子。

但这个事实对他来说好像一点儿都不重要，他似乎并不在意这些。他举手投足间透着骄傲，但那份骄傲很奇怪，既不是居功自傲，也不是因出身显贵自带的高傲。那份骄傲源自对古老民族的自豪感，源自他作为古老传统和思想文化体系传承者而产生的自豪感。这种骄傲源自他所代表的过去，与他实际是个什么样的人并无关系。看得出，对于现实生活中的种种困顿他并不十分在意，他认定生活总难免如此，所以没必要大惊小怪。从言谈上判断，他来自印度南部，发音生硬，调门很高。他说他听我在此地讲课已经有好多年了。事实上，当初是他父亲带他来的。那时他正风华正茂，在大学读书。后来，他开始从事现在这份令他痛苦的工作，自那以后，他每年必来。

"我听您讲课很多年了。对您所传授的东西，我似乎听得懂，但领悟并不深刻。我喜欢在树下听您讲课时的氛围。当您指向落日——您讲课时常那样引导我们，我也努力去观察——但却感觉不到什么。我触摸落叶，但体会不到它们的光影在地面舞动的快乐。我读过很多书，包括英国和印度的文学作品。我也朗诵诗歌，却体会不出诗中的意境。我对身边所有的人都更为严苛，包括自己的妻子和孩子们。在学校，我的怒火更是一触即发。我不知道自己从什么时候开始失去了观赏夕阳的兴致，也不知道自己从什么时候开始变得漠视世间的邪恶。对于任何问题，我似乎都能很理智地看待、明智地与人辩论，至少我自己这么认为。但是，为什么头脑和心灵的差距会那么大呢？我为什么会失去爱心、同情心以及对他人的关心呢？"。

为何不抬头看下窗外的三角梅？你难道根本就看不见吗？你看到它的形状、颜色、特点了吗？你观察到它的剔透和叶子上的阳光了吗？

"我都看见了，但没什么感觉。像我这样的人非常多。所以，我还想问刚才的问题——为什么理智和情感之间有差距呢？"

这一切都应该归咎于我们的教育体系吗？难道我们的教育只是教我们从小死记硬背却没让我们学会感受大自然的花鸟鱼虫吗？是因为我们的生活变得单调机械了吗？还是因为人口太多——每个职位都有成千上万个竞争者——的缘故？或者是因为自豪感——因为效率提高、民族发展和头脑聪慧而产生的这种感觉？你是这样想的吗？

"如果您问我是否有自豪感，我的答案是肯定的。"

但这只是为什么所谓的"理性主宰一切"的原因之一。是因为人们变得这么重视言论本身，却忽略了它背后的真实吗？是因为你处处碰壁、受挫，自己却毫无察觉吗？在当今社会，理性受到膜拜，人越聪明、越狡诈，就越成功。

"可能您说得都对，但这些重要吗？诚然，我们可以不停地分析下去，究根问底，但这能弥合头脑和心灵之间的距离吗？而这才是我所关心的。我读过一些心理学方面的书，也读过很多关于我们自己国家文化的书。但这些圣贤书并没有让我有所领悟。这就是我来找你的原因。希望一切都不是太晚。"

你真的那么在意头脑和心灵应该统一起来吗？你难道不满足于自己的智能吗？或许让头脑和心灵统一起来的想法只在学术上讲得通，但实际上并不可行呢？你为什么非要把它们放在一起呢？这种想法仍是从理性的角度出发的，对吧？尽管情感是你生命的一部分，但你并不是因为真正关注自己为何在感情趋于淡漠才提出这个问题的，是不是？你把生活分成理性和感性两部分。你的理性发觉心灵在枯萎并用语言表达出了

心灵的革命是唯一的出路 | **15**

这一问题。仅此而已。不妨让心灵枯萎吧！活在理性的世界里好了。你能做到吗？

"但我的确还是有很多情感的啊。"

但那些情感实际上不就是多愁善感和自我放纵吗？我们此时探讨的当然不是那种情感。我们说"让心灵枯萎吧"，那意思是：干脆别去爱了，那也没什么大不了的。完全活在你的理性世界里吧！发挥你的伶牙俐齿和能言善辩好了！可是，倘若真的那样做了——你又会怎样呢？你反对理性的破坏性，但现在又这么推崇理性，这不是自相矛盾吗？理性的破坏性会带来很多问题，理性事件给世界带来的影响你可能都看到了——战争、争斗、权力欲膨胀——你可能也害怕随之而来的后果，害怕人们由此陷入的无助和绝望。头脑和心灵只要是分离的，它们就会试图控制对方，不是你死，就是我亡，你根本无法弥合它们之间的距离。你可能听我讲课已经很多年了，或许一直竭力在将头脑和心灵统一起来，这种努力先是头脑产生的，之后却占据了心灵。爱不属于它们中的任何一个，因为爱不包含控制的因素。思想或情感都无法生成爱，爱既不是理性的表述，也不是感性的反应。你说，"我一定要拥有爱。为了得到爱我必须培养爱心"。但是，培养爱心却属于大脑的思维活动。像这样，你总是不可避免地将头脑和心灵分开：它们永远无法为了某种实用目的而结合在一起。爱在源起处，根本不是努力的结果。

"那么我该做些什么呢？"

他的双眼出现了神采，身子不由自主地动了一下。他抬头望了望窗外，情绪慢慢地高涨起来。

你什么都做不了。置身其外吧！去聆听，去欣赏窗外美丽的三角梅吧。

冥想一开始，观察者就消失了

冥想所展现的都是新事物，这种新事物完全超越反反复复的过去——冥想意味着不再重复过去。由冥想导致的消亡即新事物的永生。这种新事物不存在于思想领域，冥想即是思想的空无。

冥想并非获得成就，也不是捕捉某种幻象，更不是获得感官刺激。它像一条无拘无束的河流，疾速奔流，水溅堤岸。冥想是无声的乐曲，无人能驾驭它，利用它。冥想是寂静无声，冥想一开始，观察者就消失了。

太阳还没有升起；透过树梢，晨星闪烁。身外一片超然的寂静。这种静谧与噪声或旋律间的停顿不同，它的出现毫无来由——要说源头也一定是在开天辟地时。整座山谷和绵绵群山都在它的笼罩之下。

两只身形巨大的猫头鹰正相互对叫，即使这样也没打破这种宁静。渐逝的月光下，狗吠声从远处传来，也融入这份空寂中。清晨的露水格外重。随着太阳爬上山坡，露珠在阳光的照耀下显得光彩夺目、剔透晶莹。

蓝花楹娇嫩的叶片上沾满了露珠。鸟儿们忙着在晨曦中沐浴。它们轻快地扇动翅膀，露珠从娇嫩的叶上滑落，不断地跌落进羽毛。尤为专注于此的当属乌鸦。它们在树枝间不时地蹦来跳去，把头钻进浓密的树叶间，抖动双翅，之后梳理羽毛，单单一处就聚了五六只这样的乌鸦，把树枝都压弯了。树上还有好多其他鸟。它们各据一方，共同沐浴着晨光。

清晨的宁静逐渐散去，好像消失在了山的另一边。孩子们嬉笑打闹的声音又响了起来。农场逐渐恢复了生机。

天气清爽宜人。群山沐浴在金色的阳光里。这些山很古老，堪称世界之最。山上怪石嶙峋；它们在风吹雨打中和谐相依，简直就是大自然的鬼斧神工。

山谷远离城镇。其中有条小路蜿蜒向前，通向另一个村庄。山谷里到处静悄悄的，崎岖的路面上看不到一辆汽车，只有一些牛车在缓慢挪移，仿佛和群山已经融为一体。山谷里的小河干枯了，它只在雨季来临时才会有水流淌。现在，干枯的河床处呈现出红、黄、棕的混合色，好像也在和山谷一同轻移。山谷中还有村民静静地走过，他们看起来就像一块块岩石，自然地融入了这个环境之中。

时光流转，傍晚将至。当下落的夕阳终于消失在西山背后，寂静又从远处飘回。它跨过群山，穿过树林，覆盖了低矮的灌木和古老的榕树。随着夜空上群星闪耀，山谷开始愈加寂静；静得几乎让人无法忍受。

村里的点点灯火相继熄灭，人们都进入了梦乡。寂静无声的夜色更加浓郁，它向四处蔓延，让人几乎透不过气来，就连群山也变得更加安静，它们不再调皮地窃窃私语，待在那儿一动不动，好像失去了白日里的威压感。

她说自己四十五岁了；精心地穿着纱丽，手腕处戴着镯子。陪她来的长者自称是她的叔叔。我们都坐在地板上，从这个位置恰好能看见窗外的大花园。花园里有一棵榕树，还有几棵芒果树，三角梅在扬葩吐艳，棕榈树正茁壮成长。她伤心欲绝，双手无措，看起来是在努力控制自己的情绪，似乎稍不注意便会言语失控甚至痛哭流涕。她叔叔说道："我们这回来是想谈谈我侄女的问题。她丈夫几年前不幸去世了，如今又失去了儿子。她很难过，整天以泪洗面，衰老了很多。我们不知道该怎么劝她，医生的告诫也根本不起作用。她与其他两个孩子的关系越来越疏远。看着她日渐消瘦，我们无能为力，不知道这一切什么时候会结束。今天来拜访您完全是她提出来的。"

"我丈夫是个医生，四年前，是癌症带走了他。他一定是故意瞒我，走的前一年我才知道他得了这个病。病重时吗啡和其他镇定剂也没法让他止痛。我眼睁睁地看着他身体一天不如一天，直到最后离开我。"

她停下来，哽咽着。窗外的树枝上，一只鸽子轻声地咕咕叫着，它长着灰褐色羽毛、小脑袋、大身子，不一会儿就飞走了，只留下树枝上下晃动。

"没了他，日子变得寂寞、难捱。我还有三个孩子：两个女儿，一个儿子，他们是我活下去的理由。去年的一天，儿子从学校给我写信来说身体不舒服。没过几天，校长便打电话过来，说我儿子死了。"

讲到这儿，她再也无法控制自己的情绪，哭了起来。接着，她拿出孩子写给她的一封信，信里提到他感觉身体不舒服，想回家待段时间并祝妈妈一切安好。她解释说，儿子担心她，曾说不想上学，想在家陪她。可她担心孩子受自己悲伤情绪的影响，所以还是几乎强制性地把他送到了学校。怎料到，这竟是母子间的诀别。她说自己的两个女儿并不知道哥哥已经不在人世了。她们还小，不懂事。突然之间，她积压的情绪爆发了出来。她痛哭道："要我怎么活啊？儿子是我的命根啊！过去，我以为自己的婚姻基础牢靠，现在，儿子的死把一切都给毁了！"

她的叔叔一定是个教徒，是个循规蹈矩之人，他说："上帝是有意磨炼她的。她遵循了上帝的旨意，却遭受如此不幸。我告诉她生命是有轮回的，而她的心情并没有多少好转。她甚至不愿意听我讲轮回的事情。

心灵的革命是唯一的出路 | **19**

这对她来说根本没有任何意义,我们不知道该怎么安慰她才好。"

我们沉默了好一阵子。泪水把她的手帕都湿透了。我从抽屉里拿出条新的递给她。她不停地擦着眼泪。悲恸的哭声好像惊动了窗外红彤彤的三角梅,它们偷偷地向屋里张望,正午明媚的阳光洒满它们的叶片。

你是真的想认真讨论这件事儿——并找出问题出在哪儿,还是只想寻找安慰,听我做些解释和推理性辩论,用你觉得中听的话帮你摆脱痛苦呢?

她回答道:"我是想好好谈谈这件事,但又怕自己没有能力和体力承受你所说的。我丈夫活着时,我们常去听您讲话。可现在我恐怕自己很难听懂了。"

你为什么这么难过?不要给我解释。解释不过是用语言表述情感,并不一定反映事实真相。所以,光听我说就好了,不必回答,之后自己慢慢体会。每个家庭,不论贫富贵贱,都会为失去亲人而痛苦。为什么你会难过?是为你丈夫,还是为你自己?如果你说是为丈夫,那眼泪能挽回他吗?逝者已去,这是无法改变的事实。无论你做什么,他都回不来了。哭泣、信仰、仪式或神仙都不可能让他起死回生。这个事实你必须接受;对此你无能为力。如果你是因为失去了肉欲之欢和爱人的陪伴而心生寂寞、空虚,那你就是在为自己而哭泣,为自己的无尽空虚和自我怜悯而哭,不是吗?丈夫的离去或许让你平生第一次意识到自己的心好像被掏空了。说得文雅一点儿,就是你为丈夫付出了太多,不是吗?这种付出让你觉得宽慰,给你满足和快乐。然而,随着他的去世,一切都付之东流了。所以,现在你所感受的——失落感、寂寞难耐和焦虑——都只不过是自我怜悯,不是吗?请你正视这个问题,不要口口声声说:"我爱我的丈夫，我一点儿也没有为自己着想。尽管我对他管得很紧，但那是我想保护他；我做的一切都是为他着想，我从没有过私心。"因为他的去世，你意识到自己真实的想法，不是吗？他的离去让你饱受打击的同时也使你意识到了自己的真实思想和情感。你可能不愿意正视这一点；也可能因为害怕才拒绝这么做。但是你如果再仔细观察一点点，你就会明白你是在为寂寞而哭，为自己心被掏空的感觉而哭，而这正是自我怜悯的表现。

"你这么说是不是太残忍了，先生？"她说道，"我是真心来寻求安慰的，可你给了我什么？"

很多人都有这种幻想——认为存在所谓的内心安慰；这种安慰不仅别人能给你，你自己也可以找到。但我认为，恐怕世上并没有这种东西。如果你寻求安慰，就会生活在幻觉里。幻觉一旦破灭，你就会痛苦不已，因为你无处寻求慰藉。所以，为了理解并超越悲伤，人必须真正认清自己的心理动态，不掩盖它。指出所有这些并不残酷，是吧？这并不是我们羞于启齿的丑事。当你明白了这个道理，非常透彻地明白了，便能立刻走出痛苦，不带一丝伤痕，不受一丝玷污，必会重获新生，不会受到生活磨难的影响。生老病死是我们所有人都必然经历的；任何人都无法逃脱这个规律。我们试图发现种种解释，依靠种种信仰以突破这个规律。但任凭我们怎么努力，它总是在那儿，不以人的意志为转移；明天也好，不久的将来或许多年以后也罢——它还是在那儿。我们必须接受这个无可改变的事实。

"但是……"她的舅舅讲起了传统信仰中关于宇宙之魂、心灵和永恒存在的理论来。他在自己熟悉的领域内辩论机智，引经据典。他忽然坐直身体,眼神中透出敌意,拉开要跟我唇枪舌剑的架势。先前的同情、关爱和理解都不见了。他是一位虔诚的印度教徒,遵循传统,社会道德习俗在他身上留下深深的影响:

"但是,我们每个人身上都有宇宙之魂!它会通过人类肉身不断重生、延续,直至成梵。人只有历经苦难的磨炼,才能到达这种境界。我们生活在幻象中。世界就是一个幻象。宇宙中只有一个真实。"

说完,他愤怒地转身离开。这位女子望了望我,并没有在意她叔叔的情绪,脸上反而开始展现出一丝微笑。我和她都看着窗外复又聚拢在一起的鸽子和红艳艳的三角梅。

不论在地球还是我们自身都不存在永恒的事物。思想可以赋予事物延续性;思想可以使某个词、某种观念和传统成为永恒。思想认为其自身是永恒的,但它是永恒的吗?

"对于这些我并不关心",她说道:"我实在太不幸了,我失去了丈夫和儿子,现在还剩下两个孩子,我该怎么办啊?"

如果你真的关心两个孩子,就不要太关注自己和自己的痛苦。你还得照顾她们,好好地教育她们,培养她们长大成才。如果你整日沉浸在自怨自艾中,沉浸在你所谓的对丈夫的爱之中,如果因此变得孤僻冷漠,那么你也毁了自己的另外两个孩子。不论在意识还是潜意识里,我们人类都是极端自私的。我们若遂了心愿,便会认为万事大吉。但当变故无情地粉碎了一切,我们就会失望地悲号,希望找到其他寄托。当然,新的寄托也早晚要灰飞烟灭。这样从找寻到失望的过程重复上演。如果你完全明白这其中的道理却还是不能自拔的话,那也只好随便你了。但是,一旦你领悟到这个过程的荒谬之处,你自会停止哭泣,敞开心扉,面带微笑地以新的姿态和孩子们开始新的生活。

冥想的头脑包含了所有种类的寂静

寂静有很多特点，在噪声中止、旋律间歇、思想空白时都可让人有不同的体会。乡村的夜晚弥漫着那种独特的寂静无声。时不时的，它被远处传来的狗吠声和火车爬坡的鸣笛声打破；人人都已进入梦乡，房间里一片寂静。午夜醒来，山谷里传来猫头鹰的叫声，这时的寂静感尤其强烈；猫头鹰同伴回叫前的间隔又是一阵寂静。寂静还在废弃的老房和深山里；在看见同一事物、产生同感并有所行动的两个人之间，也存在寂静。

奇形怪状的巨砾遍布山谷里的古老山脉。晚上，那个远处山谷中的寂静尤为真切，就像眼前横亘了一面墙，伸手便可触及。抬眼看，窗外的星光璀璨。环顾四周，感觉寂静正从四面八方涌来——来自远方的星空，来自幽暗的山脉，来自人的头脑和心灵；这种寂静与大地的无语和村民入梦时的安然完全不同。从河床里的细小沙粒（只在下雨时才能感受到流水的冲击声），到枝繁叶茂的大榕树和乍起的微微和风，寂静无处不在。头脑也进入寂静之中，一种纯真的，无止境的，不受任何噪音、思绪和丝毫过往经历影响的状态。只有头脑处于这种状态，人们做事才不会陷入迷惘和痛苦。

冥想头脑所处的绝对寂静状态是造物主的恩赐，是人类永恒的追求。这种寂静中包含了寂静的所有特点。

远离游人的喧嚣和崇拜者的欢呼，印度的某个寺庙和空旷的教堂里有种奇怪的寂静。水面上也漂浮着寂静，但这些都与头脑的寂静不同。

冥想的头脑包含了所有这些寂静的种类，以及寂静的种种变化和运动形式。处于这种寂静的头脑是真正虔诚的头脑，这是神的静默，也是大地的静默。冥想者在这种寂静中自由徜徉，爱成为思维方式。在这种静默中充满快乐和欢笑。

前面讲到的那个女人的叔叔又回来了。这次他是一个人来的。他穿得比上次更讲究些，脸上的表情却比上次困惑和不安。看来，问题有些严重，他为此焦虑得脸色暗黑。我们坐在硬地板上。红色三角梅依然在老地方，正透过窗子望着我们。过一会儿，那只鸽子可能也会来，他总是在早晨的这个时候，头朝南、背靠窗地落在那个树杈的同一个地方，之后静静地待在那儿。隔着窗子，我们都能听见它咕咕的叫声。

"我想探讨下永生和伴随生命走向终点时有关圆满的问题。在前几天的谈话中，您说您能够直接感受到真理，而我们这些无所知觉的人只能相信。我们的确不懂什么是宇宙之魂。我们所熟悉的不过是个名词而已，但我们把这个符号奉若神明。遇到有人像你那天那样描述它，我们从心里往外地恐慌。可是即使那样，我们也会抱着信仰不放，因为除了被教导的和先贤们所宣讲的那点宗教思想外，我们其实一无所知。我们从小就是这样被教育长大的。所以，我首先自己想弄清楚到底有没有什么可以永恒，随你怎么称呼——宇宙之魂也好，灵魂也罢——这种东西在人死后真的可以继续存在吗？我并不惧怕死亡。我的妻子和几个孩子已经离我而去了。但我所关心的是这个宇宙之魂是不是真的存在。它也会降临在我身上吗?"

提到永恒,我们的意思是,尽管外部环境不停变换,尽管历尽沧桑或备受焦虑、悲伤和残暴的摧残,某些事物却总能保持不变和经久不衰,是这样吧?但最关键的是,怎样才能找到永恒呢?通过思想和语言能找到永恒吗?通过稍纵即逝的事物能找到永恒吗?利用变幻莫测的事物——比如思想能找到永恒吗?思想能赋予某个词以永恒之意,如宇宙之灵或灵魂,并把它们说成"这是真的"。思想让人对不停变动产生恐惧心理,因为害怕,人类便希望找到永恒之物——人与人之间永恒的关系和永恒的爱。思想本身是不定的,它总是不停变化,因此,它所创造的貌似永恒的任何事物其实同它自身一样,也不是恒定的。当某个思想流行时,它可以与某段记忆结合并把这段记忆称作永恒,当这一思想被取代后,这段记忆能否继续存在就是个问题。所以,是思想创造了"永恒之物"的概念,是思想对它赋予了持续性,然后日复一日地强化它,直至它被深深地印刻在脑海里。这是一个天大的错觉,因为思想活在时间里,逝去的过往只有通过现在和未来才能被记起;时间也就是过去、现在和未来的区别。所以说,是思想赋予时间以永恒性,是思想对"人类终将获得真理"的想法赋予了永恒性。恐惧、时间、成就和恒久不变,所有这些都只是思想的产物。

"那么,谁是思考者呢?那个创造了思想的思考者?"

真有这样的思考者吗?或者说这个思考者是不是思想创造出来的呢?人的思想臆造出一个思考者,接着创造出了永恒、灵魂和宇宙之魂。

"您的意思是说当我不思考时,我就不存在了吗?"

你有没有很自然地感受过完全停止思考的状态呢?那种情况在你身

上发生过吗？在那种状态下，你能意识到自己是思考者、体验者，还是观察者吗？思想是对记忆的反应，把许多记忆片段串联在一起，就创造了思考者。当思想都终止了，还会有那个我们为之如此大惊小怪又争论不休的"我"吗？我所说的停止思考的状态不包括失忆、做白日梦，以及刻意控制思想以进入沉默的情形。我指的是头脑处于完全清醒和警觉的状态。如果能停止思考、弃用语言，大脑不就到了不同的境界了吗？

"当自我不采取行动，不声称自我之时，事情的确会大不一样。但是，这并不一定意味着自我就不存在了——仅仅因为它没有采取行动。"

当然存在了！那个"我"，"自我"以及种种串联起来的记忆都是存在的。当自我对某种挑战回应时，我们意识到自我是存在的。其实，它一直都在那儿。我们之所以感觉不到它，可能是它正蛰伏或被搁置起来，正在等待下一个机会的来临呢。贪婪者的心头大部分时间都被贪欲所占据，或许也有稍微收敛的时候，但他贪婪的本性不会改变。

"在贪婪中展现它自己的那个活体的本性是什么呢？"也是贪婪。本性和本体是不分开的。

"我完全理解您所说的'自我'，也是'我'及其相关的记忆、贪婪、自我主张及种种欲望。但除了自我之外就没其他的了吗？我可以把您的话理解成：人在无我的状态里会彻底忘掉自己吗？"

举个例子，乌鸦停止聒噪后，它们的吵闹声总会残存在我们的脑海里，与此理相通：有些事情也是挥之不去的——这包括很多难题、困惑、争执和对来生的探索。要解决这些问题，头脑必须摒弃贪念和嫉妒。所以，我们应该关心的不是什么存在于自我消失之后，而是如何结束自我的诸多属性。是否存在真理，是否有什么可以永恒、不朽，这些真的不是问题所在。真正的问题是：头脑，受所在文化如此禁锢又担负传承文化重责的头脑，是否可以解放自己并去遨游探索。

"那么，我怎么做才能解放自己呢？"

你没法解放自己，你就是这种苦难的果，注定要遭受它的折磨。当你探问如何的时候，你是在找寻终结"自我"的方法，但是，在毁灭这个"我"的过程中，你却又创造出了另一个"我"。

"我还有一个问题：什么是永生呢？人早晚要死去。尘世间充满悲伤与痛苦。人类一直在探索长生不死，一种永恒的状态。"

先生，你又回到了先前讨论的问题上了。你所寻觅的东西不受时间限制，在思想之外。凡超越思想的都是纯真的，而纯真的境界，任凭思想怎样努力都永远无法企及，因为思想总是陈旧的。纯真就像爱一样，是不朽的。要达到这一境界，思想必须摒弃旧日的一切杂念。自由是一种没有仇恨，没有暴力，没有野蛮的心理状态。这些杂念若不去除，我们又如何探讨永生、真爱和真理呢？

如果刻意冥想，进入的就不是冥想

如果刻意冥想，进入的就不是冥想。如果刻意行善，美德之花将永远不会盛开。如果刻意培养谦逊，则毫无谦逊可言。冥想就像微风，当窗户敞开时，它会自然吹入；但是如果你故意打开窗户，刻意邀它进来，它将永不会现身。

冥想不是思想的方式。思想充满诡诈，往往自欺欺人，所以注定与冥想的方式失之交臂。如同爱,冥想是无可追寻的。

清晨的河水笼罩在一片宁静之中,朵朵白云、新栽的冬小麦和不远处的小树林都倒映在水面上,渔船划过,这片宁静好像丝毫未受惊扰。清晨的路面寂静无声,太阳刚刚爬上树梢,缥缈的叫嚷声从远处传来,梵文的诵经声在附近响起。

鹦鹉和八哥们还没有开始觅食;身形硕大、脖颈裸露的秃鹫正蹲在高高的树顶等待腐尸从上游漂下来。经常有动物的死尸漂过,不过早已被一两只秃鹫占据,四周还围了很多扇翅低飞,盼着也能分一杯羹的乌鸦。看到水面上有腐尸,狗也会游过去,但如果实在找不着地方下口,它们也只好游回岸上悻悻地走开,再去寻找新的目标。桥上常常有火车咔嚓咔嚓地经过。桥对面的河水上游还坐落着一个城市。

这是一个清静宜人的早晨,贫困、疾病、痛苦尚未露面。小溪上方的小桥摇摇欲坠;从那儿,这条浑浊的溪流汇入大河,据传,这条大河是条圣水河,每逢节庆日,男女老少都会来这里沐浴净身。河水虽然很凉,人们似乎并不介意。河岸旁有座寺庙,里面的住持发了不少财;丑陋出现了。

这个男人蓄着胡须,戴着头巾,体形稍胖,是位经商者,生意好像做得很红火。他走路慢,思维慢,反应更慢,一句简单的话好几分钟才能理解。他说自己有专门的古鲁①。因为顺路经过,他突然很想来和我谈谈对他来说的大事儿。

---

① 指印度教等宗教的宗师或领袖。——译者注

他问我:"您为什么反对古鲁呢?我真是想不通。古鲁们懂的道理我一无所知。他们引导我、帮助我,告诉我该怎么做,免去了我很多麻烦和痛苦。他们就像黑暗中的灯光,照亮我前行的路。没有他们,我们就会迷失、困惑,无比痛苦。古鲁们告诉我不要来见您,告诫我不要接近质疑传统知识的人。他们说我若相信了其他人的话就等于亲手毁了他们精心为我修建的房子。可是我没管住自己,还是来了!"

他顺从自己的心愿做事,显得很开心。

古鲁有什么用呢?他知道的比你多吗?他知道什么?如果他说懂,实际那是不懂。再说,他们向你传授的并不是真理。超凡的心境是可以传授的吗?古鲁或许可以向你描述这种境界,激发你的兴趣和跃跃欲试想去拥有的渴望——但他们不可能把这种心境传授给你。在追求这种境界的道路上,你必须独自一人走下去,在途中必须独自体悟、独自学习。

"但这也太难了,不是吗?"他说道,"有那些体验过真理的人相助,路会好走些。"

但他们会变成权威控制你。在他们看来,你所要做的就是追随、模仿和服从他们,并接受提供给你的形象和理论体系。这样一来,你就会失去主动性和直觉,而所走的也只是他们认为通向真理的路。但可惜的是,真理无路可循。

他非常震惊,大呼道:"怎么可能?"

人人都会受思想宣传及其所在社会的制约——每个宗教都称自己才是抵达真理的最佳途径,古鲁们也宣扬只有追随他们的方法、思想体系和冥想方式才能发现真理,信从他们的人难免会受到束缚和影响。如果注意观察,你会发现不同古鲁的门徒在彼此宽容时都带着高人一等的优越感。但真正的宽容并不是以这种恩赐的态度而是以谦和的态度，接受彼此在政治、宗教和社会信仰上的分歧。人类创立了很多途径让不同的信仰者聊以安慰，世界也因此变得支离破碎。

"照您的意思我是应该放弃对古鲁的信仰了？我应该抛弃他传授给我的一切知识吗？这样做我会迷失自己的。"

不迷失怎么能去发现呢？我们都害怕迷失自己，害怕不确定，所以才去追随宗教、政治、社会领域内答应领我们去天堂的人。他们这么做，实际是促使我们产生恐惧心理，并让我们成了恐惧的囚徒。

"我能一个人走下去吗？"他语气里透着怀疑。

世上有这么多救世主、大师、古鲁、政治领袖以及哲学家，但没有一个人能让你免于不幸和矛盾。既然如此，为什么还要追随他们呢？或许另辟蹊径你就可以解决所有的问题。

"但是，要独自一人对付所有这些问题，我能行吗？"

一旦你开始明白现在所追求的种种快乐的本质，并不再盲从他人的教导，你就不会再有丝毫怀疑。目前，你仍处在追求享乐的阶段。不是人生中一定不能享乐，但如果追求享乐是你人生的唯一目标，那你显然不会认真地对待这件事。

"你让我觉得无助又无望。"

你感觉无望是因为你两样都想要。你一方面想要严肃地对待生活，一方面想尽享人世间的快乐。世间的享乐太渺小而卑微，于是你想无论如何自己得体会一下其他快乐，你称之为抵达"上帝"的快乐。这种心理轨迹一旦你自己领悟到了——不是在他人诱导下——你就会成为自己的学徒和宗师。这才是我要说的重点。当你成为老师，就成了自己的学生，化身为自己倡导的理念。

"但是，"他说，"您就是古鲁。今天早晨您教给我很多道理。我相信您说的话。"

我没传授你任何知识，一切都是你自己领悟的。领悟让你明晓道理。如果你非说有什么古鲁，那领悟可以说就是你的古鲁。想不想领悟你自己决定，没人能强迫你。但如果你抱着有所回报或害怕被惩罚的心态去领悟，这样的动机会让你无所领悟。要认清事实，你必须摆脱所有权威、传统、恐惧和狡辩的束缚。真理就在不远处；就在你观察现实之际。认清真我——在没有任何选择的意识下——就是所有找寻的源起和目标。

"无我"状态并不是与现实分离

思想无法想象或自己阐释空间的本质，它的阐释能力受自身界限的制约。思想所能到达的空间与冥想的不同。思想是有范围的，冥想则无边无际。思想无法游弋于有限和无限之间，更不能化有限为无限。有限和无限总是此消彼长、互不相容。冥想能抵达思想无法企及的广袤。思想好比一个圆点或中心，围绕这个中心的便是汇聚了无数想法的空间，想法越多，空间越大。但是，这个在某种刺激下扩展而成的广阔空间里总是存在中心点。对于这个中心，冥想既能理解，也能超越。寂静和无垠和谐共生。无边的寂静就是头脑里去除了这一中心（即停止一切思想），进入无垠。对于这样的空间和寂静，思想无法理解，它只知道自己投射的轨迹，只在它的疆域内感知。

这条小溪汇入大河,最终消失在湍急的水流中。小溪上方的竹桥摇摇晃晃,满是泥巴,桥上大洞小眼,过桥时必须多加小心。过得桥来,走上一个沙土路斜坡,经过寺庙,再往前走一点便能看见一口古井,古井在村子的一个角落,在那儿聚了很多山羊和裹着脏衣服的男女村民。天气很冷。靠捕鱼为生的他们生活依然窘迫,看起来十分瘦弱、憔悴,一些上了年纪的老人腿脚还不灵便。村子里的织工窝在昏暗肮脏且只有小窗户的小房子里,正埋头编织世上最美丽的锦缎和纱丽。织布手艺是祖辈传下来的,可惜钱却被小贩和店主赚走了。

你不必穿过这个村子,向左拐继续前行便来到一条"圣人路",这条路据说佛祖在两千五百年前曾经走过,因此总有朝拜者从全国各地来这儿亲身体验。这条路穿过绿地、芒果园、番石榴林,沿途还零星有几座寺庙。路边有个村落,它存在的时间估计比佛祖还长。村里有很多神坛及供朝圣者投宿的旅馆,房子都破旧不堪,但人们似乎并不介意。村里面古树参天;其中一棵罗望子古树的树顶被一只秃鹫和一群鹦鹉占据着。鹦鹉不时飞来,钻进树顶,消失在浓密的绿叶后,让人只闻其声,不知所踪。

道路两侧是一片冬麦田。远处可看见村民和他们支起火堆做饭升起的炊烟。空气中不夹一丝风声,炊烟笔直地向上升腾。在农夫的驱赶下,一头外表凶猛、本性却相当温顺的大公牛悠闲地边走边吃着谷物穿过麦田。前一天的夜里这里下过一场雨,厚厚的泥土被雨水冲去了一层。阳光不像往日那样灼热,天空中飘着大片乌云。闻着泥土清新的气息,看着大地美丽的风景,在白天散步甚至也成了一种享受。这块土地非常古老，满眼贫瘠和无用的寺庙，既魅力无穷，又令人忧伤。

"您讲了很多关于美和爱的道理。听了您的讲话，我意识到自己并不知道什么是美和爱。我是个普通人，读过很多哲理类和文学类的图书。但我发现，书中解释的跟您的说法并不一致。我能举出很多我国和西方国家古人所说的关于爱和美的名言。当然，我知道您不喜欢引经据典，因为名言带有权威的意味。但如果您愿意，我想和您深入地探讨下这件事儿，或许这样我就会明白美和爱的含义。"

为什么我们生活中的美这么稀缺？为什么要在博物馆里悬挂图画并摆放雕塑？为什么要收听音乐？为什么要看旅游景点的介绍？审美力可以后天培养，也或许天生就有，但符合审美标准的并不是美。在这些人工建成的事物中存在美吗？——比如闪亮的现代化飞机、小型录音机、现代宾馆或希腊风格的寺庙——又比如人为勾勒的线条、构造复杂的机器，和呈弧线型穿越深谷的美丽桥梁。

"您是说做工精美、功能完美的事物里并没有美吗？匠师精湛的技艺里也没有美吗？"

当然存在美了。当你观察手表内部令人赞叹的精致构造时，你会感受到一种独具特色的美。在古老的大理石石柱和诗人的诗词里也存在着美。但这并不是美的全部呈现，美不只是肤浅的感官反应。当看到一棵棕榈树独自映衬着西下的夕阳，那时眼前的色彩、棕榈树的静默和傍晚的宁静，让你感受到美了吗？或者我们还能说，美和爱一样，摸不着也看不见吗？我们说"这个美、那个不美"是因为所受的教育和社会熏陶不同造成的吗？我们是因为社会习俗、个人习惯和做事方式不同才会认为"这是污秽，那才符合秩序和道德"的吗？如果的确是因为受到社会制约才得出上述结论的话，那它们就是文化和传统的产物，就不是美。如果美是体验的结果或本质的话，那么，它就会依赖于教育和传统。爱是东方或西方社会所认为的美吗？爱是基督教或印度教所认同的美吗？爱是国家专治或意识形态所规范的美吗？显然都不是。

"那美究竟是什么呢？"

你知道，先生，在"无我"状态下不经任何主观修饰的质朴就是美。没有这份天然质朴就不会有爱；不在"无我"状态下也体会不出真正的美。我所说的质朴不是指圣人或者僧人的严格克己自律，也不是为官者自以为了不起的自我否认或者为求得权势和认可而进行的自我约束。这些都不是质朴。质朴不是苛求，也不是克制地声称自己如何重要。质朴不否认安逸，质朴不恪守清贫，质朴不禁欲独身，质朴是智慧的结晶。只有在无我状态下才可能有天然质朴。意志、选择、刻意等主观努力都不能到达质朴。放弃是美的表现。正是爱带来了内心深处纯净的质朴。美就是这种爱，无法衡量；这种爱随心所欲，就是美。

"随心所欲？这是什么意思？如果处于'无我'状态，我不是无可不为了吗？"

处于"无我"状态并不是与现实分离。分离会引发冲突和丑陋。只有两者不相分离的时候，生活本身才会充满爱。这种内心深处单纯的质朴能创造和谐的人生。这是一段旅程，头脑必须踏上这段旅程，去找寻语言也无法描述的美，这个旅程就是冥想。

冥想需要最高形式的克己自律

　　冥想是一项艰巨的工作，它需要最高形式的克己自律——不是简单地遵守、模仿、服从，而是时刻都保持清醒的意识，并关注身体内在和外在的变化。因此，冥想并不是与外界隔离的行为，冥想属于日常行为，需要配合、敏锐和智慧。没有合理的生活作基础，冥想就会变成对现实的逃避，失去其存在的价值。合理的生活并不是遵守社会道德规范，而是要摆脱滋生仇恨的嫉妒、贪婪和权欲。面对嫉妒、贪婪和权欲的桎梏，意志力无能为力，但认识自我后就能认清并最终摆脱它们。不了解自我的活动，冥想就会沦为感官兴奋，因此意义甚微。

　　在这个海拔高度很难看见黎明和暮色。那天清晨，宽广幽深的河流颜色就像熔化了的铅水。太阳还未升起，东方微微泛起一道鱼肚白。鸟儿还没有开始晨鸣，村民们刚从梦中醒来。晨星高高地挂在天上，星光渐渐黯淡。太阳终于爬上了树梢，阳光把河水染成了金色。
　　鸟儿们的啁啾声响起，村子恢复了平日的生机。就在此时，一只灰色的大猴子出现在窗台上，它的脸和手都呈黑色，额头上毛发很浓很密。猴子一动不动地蹲在窗台上，目不转睛地看着我们，尾巴从窗台上垂落下来。它和我们靠得很近，不过几英尺远。突然，它向我伸出手臂，我们握了好一会儿手。猴子粗糙的双手在翻越矮墙和攀爬屋顶的过程中沾满了尘土。它一点儿不紧张，神采飞扬，丝毫不感觉害怕和不安；好像是在自家一样。它蹲在那儿，这时的小河已被浸染成金色，河对面的堤岸满眼绿意，远处的树木林立。猴子和我握了一会儿手后，自然地把手抽了回去，静静地坐在原地。我们彼此注视着。它的一双小黑眼睛亮晶晶的，对周围的一切都怀有不同寻常的好奇心。猴子想进屋瞧瞧，但犹豫不决。后来，它纵身一跃翻过矮墙，爬过屋顶，消失在视线之外。傍晚时分，这只猴子又回来了。它高高地攀爬在窗外的树上，嘴里嚼着东西。我们向它挥手，它却毫无反应。

他是位印度教僧人，一个遁世者，长得眉清目秀，双手皮肤细嫩。他穿得干干净净，僧衣虽然没有熨烫，但看得出最近刚刚洗过。他说他来自里希克虚[①]，曾在哪儿跟随一位古鲁多年，直到这位古鲁独自一人归隐山林。他说他去过很多印度教高僧的静修处，已经离家多年了，离家时可能二十岁左右，确切年龄已经记不清了。他说家里有父母和几个兄弟姐妹，但和他们已经完全断了联系。他大老远来这儿是因为曾听几个古鲁说过应该来拜访我们。他还读了些书，各方面都有涉猎。最近，他和同伴们聊到我，这更激起他想来的念头。他的年龄我们很难判断；看起来他已人过中年，但声音和眼神却很年轻。

"我命中注定要云游印度，去各地拜访古鲁。他们中有的很有学问，有的颇有资质却不学无术；还有的古鲁只懂朗诵经文；这些人经常出国，因此赚了不少人气，但首屈一指的集大成者却极少，我先前的古鲁可算上是一位。可惜他已经归隐于喜马拉雅山深处。我们每年都去拜访他，接受他的教诲。"

人有必要与世隔绝吗？

[①] 里希克虚（Rishikesh）位于印度的北兰肯邦，是喜马拉雅山脚下的一个宁静小城，以瑜伽、静心冥想道场著称。——译者注

"显然，我们必须与世隔绝，因为世界是不真实的。古鲁体验过真实并且能指引人们找到真实，他知道的，我们都不懂，因此人人都需要古鲁的点拨。你反对传统并认为古鲁的存在没有意义，这让我们很吃惊。但很多人都把你当作他们的古鲁。寻求真理的路上我们无法独自前行，人人都需要帮助——包括参加仪式和向高人求助。或许最终我们的确要独自面对一切，但现在还不行。我们的思想还很幼稚，需要那些已经践行过真理之人的帮助。人只有受教于无所不知的高人才能有所学。但是你似乎并不认同这种观点。我来就是想知道这到底为什么。"

看看那条小河——它沐浴在晨光中，看看那些绿油油的麦田和旁边郁郁葱葱的树林。美就在这道风景里；看到这一景致的人必须心中有爱才能欣赏到美。听也是一样，只有心中有爱才能体会到火车在铁桥上呼啸而过的声音跟鸟儿的啼叫声同样美妙。所以，一定要观察——聆听窗外鸽子咕咕的叫声，仔细观瞧停落了两只绿鹦鹉的罗望子树。能将这番美景尽收眼底之人，一定是与景色融为了一体——他们看见了河流，看见了小船在水面划过，看见了船上满载的村民，听到了村民们在一边划船一边歌唱。这些都是世界的一部分。如果你声称与它们脱离关系，那就是在放弃爱与美——想与地球本身隔绝。但是，你所隔绝的只是由人组成的人世，构成人类社会的所有要素总是你无法隔绝的。纵使远离尘世，你也无法弃绝世间的文明、传统和知识。声称放弃美和爱实际是因为害怕这两个词以及它们背后的含义。美与感官现实及其性暗示和蕴含其中的爱是相关联的。声称放弃美和爱让所谓的宗教人士变得以自我为中心，可能他们的层次比普通人高些，但仍然是以自我为中心。如果失去美和爱，那件不可测知的事物则根本不会来到身边。如果你仔细观察就会发现，那些托钵僧和圣人们其实离这种美和爱很远。他们可能对之高谈阔论，但是他们不过是苛刻的自律者，在残忍地控制自己的欲望和抵制需求而已。因此，从根本上说，尽管这些僧人身着藏红色或黑色教服，或者身披红衣主教的教袍，他们个个都是凡夫俗子。宗教与其他行业一样，当然没有所认为的那般神圣。他们其中的某些人竟然和商人一样，凡事都以利益为重，他们不应该摆出那副超凡脱俗的架势。

"但是先生，您不觉得这样说太刻薄了吗？"

不觉得。我们只是在陈述一个事实而已。事实既不刻薄，没让人开心，也没让人不开心；事实本就如此。人们大多拒绝承认事实。然而事实显而易见，就摆在眼前。孤立是生活的方式，也是世道常情。每个人，如果凡事以自我为中心，不论他结婚与否，也不管他怎样大谈合作、国籍、成就和成功，都必然将自己与他人隔离起来。自我封闭到了极限就会成为神经质，这种神经质的人——如果有才华——有时候能创造出艺术作品和优秀的文学作品等。这种从满是噪音、野蛮、仇恨和享乐的世界中隐退就是一步步在走向孤立，不是吗？只有印度托钵僧才会以宗教和上帝的名义这么做，具有竞争欲的人也认为这就是社会结构的一部分。

与世隔离的确能让人获得某些力量，使人在一定程度上接触到质朴和节俭，给人一种拥有权力的感觉。权力不论为谁所有，奥运冠军、首相、教堂头目或寺庙住持，感觉都是一样的。任何形式的权力都是邪恶的——如果可以这么说的话——权力在握的人永远无法开启真理之门。与世隔绝不是发现真理之道。

为了好好生活，合作是必需的；但在古鲁和追随者之间不存在合作关系，古鲁毁了门徒，门徒也毁了古鲁。在一个教、一个学的关系中，怎么可能会有合作、共同协作和探索呢？他们又怎么会一同踏上旅程呢？古鲁和追随者之间的等级区分是人类社会结构的一部分，不论是存在于宗教领域、军队还是商界里，其本质都是世俗的。你能放弃外在世界，但却脱离不了世俗。

超凡脱俗不是躲在深山老林里，穿着破旧的衣服，过着食不果腹的日子，诵读虽令人振奋但却毫无意义的经文。如果只是放弃了世界，却无法在内心抛开人世间的嫉妒、贪婪、恐惧、权力欲以及智者和愚者之间的等级差别，就不是超凡脱俗。当你追求某种成就，不管是荣誉，还是我们所谓的理想或上帝或其他什么，那都不是超凡脱俗。接受本质上世俗的文化传统，即使躲在深山老林离群索居，也不能去除这种世俗之气。无论在何种境况下，事实都不在那个方向。

我们必须独善其身。独善其身不是孤立自己，而是意味着摆脱贪婪、仇恨、暴力及其任何细微迹象，独善其身是摆脱令人痛楚的寂寞感和绝望心理。

独善其身是置身于所有宗教、国家、信仰、教条之外，做一个外在者。唯有这样我们才能领悟到纯真。纯真能使人在混乱的世界里生存，却不与其同流合污。真理无路可循，美德之花不在任何路上沿途绽放。

冥想是彻底无为

不要把冥想看作是体验的延续和扩展。体验见证的总是人生过往，冥想则是终止所有个人感受，让人彻底进入无为。体验根植于过去，受限于时间；它所导致的有为实际是无为，带来了无序，而冥想则是彻底无为，在这种状态下，头脑洞悉到现状，不再纠结于过去。冥想不是对任何挑战的回应，它本身就是种挑战行为，不存在对立面。冥想摒除体验，在人的意识和潜意识里每时每刻都在继续，不局限在平日的某个时段。冥想是夜以继日的连续性行为——总是在观察者缺席的状态下观察这个世界。因此，对冥想者而言，日常生活与冥想之间没有分别，宗教生活和世俗生活也没有什么两样。只是对于受时间所限的观察者来说，它们才是彼此分离的，这种分离中满是混乱、痛苦和困惑，而这恰是社会的现状。

因此，冥想既不是个人行为，也不是社会行为；它超越两者，又包含两者。这就是爱：冥想就是绽放的爱。

晨起时还很凉爽，渐渐地，天气热了起来。穿行于这座城市，发现每条街道都是那么狭窄、拥挤、脏乱、嘈杂，人口爆炸的感受扑面而来。机动车道也被行人占用了，不得已，汽车只好缓慢前移。混合着响成一片的喇叭声，天气变得更为燥热。开出城区，眼前不禁豁然开朗。又驶过几家工厂，我们终于来到了乡下。

乡下的空气干燥。前段时间刚下了场雨，树木们正巴望着再降一场甘霖——估计没那么快。汽车从几位村民身边驶过，追上了前面的牛群和几辆牛车，又绕行超过了霸在路中央不肯让道的水牛；我们沿途还路过了一座旧庙，虽年久失修，但它仍未失古老圣殿的气势。冷不防地，从路边树林里走出一只孔雀，它宝蓝色的脖颈在阳光下熠熠生辉。孔雀一副根本不把汽车放在眼里的架势，神气十足地穿过马路，消失在田间。

此后，汽车开始攀爬陡峭的山坡，偶尔两旁沟壑纵横。天气越来越凉爽，林间的空气愈加清新。兜兜转转了好一阵子，我们最后停在了一所房子前。那时，天色已晚，夜空中群星闪耀，几乎触手可及。寂静笼罩大地，好像蔓延到了每个角落。此时此地，人独居一室，撇开一切烦扰，可以尽情地观看星辰、体察内心。

有人说，前天有只老虎捕杀了头水牛，根据老虎的习性，它必会回来取走猎物，问我们想不想在夜深时亲眼见识一下？我们自然十分乐意。接着他又说，"那我就在水牛尸体附近的树上为大伙儿准备个藏身的地儿，然后在树下栓头活羊，这样老虎在运走死水牛前必会先来树下捕杀新的猎物。"我们一听为了满足自己的好奇心竟然让羊活活地命丧虎口，就说那还是算了。又说了会儿话，提议者起身走了。当晚，朋友又说，"我们不如自驾车到森林里，或许真能碰上那只老虎？"于是我们驱车西行，往森林里开了五六英里也没碰到老虎。打道回府的途中，我们打开了车的前照灯，此时对看虎已不抱什么希望，开车时也压根没再想这回事儿。汽车拐了个弯，忽然———只老虎惊现在马路中央，它身形硕大，目光如炬。我们停下车，这个庞然大物低沉地咆哮着，一步步逼近车子，向我们发出警告。这只猛兽离我们很近，就站在汽车的散热器前。之后它回转身，围着汽车转了一圈。当它从车边经过时，我们按捺不住想伸手摸它，同来的友人赶紧抓住我们的手臂，用力地拽了回来。他本人多少了解些老虎的习性。这只老虎的躯干颀长。当时车窗都开着，我们闻得到它身上的气味，并不刺鼻。在它身上，有种迸发而出的野性，威力和美感并存。过了一会儿，老虎离开了，走回树林，一路仍低声咆哮。我们也继续赶路，返回到林间小屋。

这位男子是跟自己的妻子和几个孩子一起来的。尽管他们吃穿不愁，生活也不错，但看起来并不快乐。好长一段时间，孩子们都坐在那儿沉默不语，直到有人建议出去玩耍，他们才跳起身，兴高采烈地冲到了屋外。这户人家的父亲算是位官员，但他好像是迫不得已才做这份差事，一副愁眉苦脸的样子。他问道：

"什么是幸福？为什么不能永远都拥有幸福呢？我有时的确感到非常开心，但有时却痛苦至极。我一直努力让自己快乐一些，然而，生活中总有悲苦。难道就不能一直把幸福留住？"

什么是幸福？你知道自己什么时候快乐吗？快乐是转瞬即逝的吗？快乐就是享乐吗？享乐可能持续不断吗？

"先生，我认为，至少对我而言，享乐是我所理解的幸福的一部分。我无法想象没有享乐的幸福是什么样子。享乐是人类最基本的本能，如果剥夺了享乐的权利，人生还有什么幸福可言呢？"我们是在探讨关于幸福的问题，对吧？如果你心中已有答案，或者对此已形成自己的看法和判断，那你不可能把问题看得透彻、深远。探讨复杂的人生问题，必须从一开始就挣脱羁绊、心态自由。若达不到这种境界，那就好比动物被拴在木桩上，只能在绳子允许的范围内打转。事实总是如此。束缚我们的往往是自己深信不疑的理念、规则、信仰和人生体验。在检验和观察周围事物的时候，由于我们习惯性地以它们为标准，自然就会阻碍我们对事物做深入探究。因此，如果可以的话，我们建议你不要事先假定或主观相信，而要用你的双眼去明察秋毫。如果幸福是享乐，那么幸福也是痛苦。享乐和痛苦是分不开的，它们常常联系在一起。

什么是享乐？什么是幸福？打个比方。当你观察一朵花的时候，如果你把花瓣一片片撕落，这朵花就不复存在了，最后你手里剩下的只是花朵的一部分而已，它已无法展现花的全部美丽。一个道理，现在我们看待这个问题时，也不要做理性剖析，以免把事情弄得乏善可陈、空洞无用。面对这个问题，我们要用关爱之情、理解之心、轻抚之手，而不是手撕花瓣那样撕扯它。所以，请不要解析这个问题，不然的话，只会落得两手空空地离开。还是暂且放弃作逻辑分析的念头吧。

快乐是受思想驱使的，对吧？我们想持续拥有这种感受，一旦这种感受连续出现，就是我们所谓的幸福来临了；但不要忘了，我们的想法也会让悲伤之感绵绵不绝。我们会想："我喜欢这个，讨厌那个；想保留这个，扔掉那个。"本来，思维赋予我们幸福和悲伤两种选择，但幸福却成了我们唯一想要的。当你说"我想一直沉浸在幸福之中"时，那只是你一厢情愿的想法而已，你是在怀念从前被自己称作享受或开心的日子。

因为留恋过去、昨天，或很多天以前的生活，于是你说，"我想一直活在曾有的幸福里"。其实，你是想把逝去的昨日变成眼前的现实，因为害怕它明天离你而去。你是想让幸福持续存在。但可惜的是，这种幸福根植于昨日的灰烬，并不具有鲜活的生命力。任何事物都无法在灰烬中重生——想法就如同昨日的灰烬。所以，你这么做是将过去的某件事看成了幸福，对你来说，幸福也就成了追随那个曾有的记忆。

生活中除了享受、痛苦、幸福和悲伤以外，还有其他什么吗？是否有人们还未曾想到的极乐和狂喜呢？因为思想都是非常微不足道的，也没有什么独特之处，所以在探究这个问题时，思想必须自我放弃，这样一来，放弃的规则就会随之而来，进而成为朴素之美。朴素既不苛刻也不残酷。苛刻的苦行与享乐和纵欲对立，是思想的产物。

思想清楚地看到自身的危险性，所以主动放弃了自我。通过这样深刻地自我放逐，整个思想结构趋于平静，这就是一种纯粹专注的状态。在这种状态下，极乐和狂喜自然而生。这种状态你无法用语言描述，语言所描述出的，从来都不是真实的。

终止所有的评价和道德观，才可能认清事实真相

冥想是内心宁静时的运动。它的运行方式就是让头脑宁静。思想波动可能并没有导致真正的行动，但却让人心神不宁。而这份宁静既不是思想的产物，也不是思绪纷乱结束时显现的状态。

只有大脑本身平静下来，思想才可能宁静。长久以来，大脑细胞已经习惯按固有的模式对外物反应、推断、申辩和断言——若要它平静，唯有认清事实真相才行。所以，只有放弃观察者的身份，放弃以自我为中心，放弃自我体验，只有在这种宁静状态下开始的行动才可能不会招致混乱——那时的行动才是认识现状。只有在这种终止了所有的评价和道德观的寂静之中，才可能认清事实真相。

这座古庙早在神佛出现以前就建好了。神佛塑像们好像囚徒一样，自雕成之日起就一直被供奉在里面。古庙的墙体厚重，几根柱子伫立在

回廊里，上面雕刻着骏马、神佛和天使，看起来还算精美。从廊柱旁经过，人们可能会情不自禁地问自己：要是它们突然都活过来了，包括画中隐约呈现的神灵，那该是怎样一番景象呢？

　　这座古庙历史悠久，尤其是古庙最深处的圣殿，其沧桑久远得几乎令人难以置信。清晨的阳光照进曲折的回廊，投下清晰的暗影。在回廊间游荡，你不由自主会感慨这到底是怎么一回事——人类为什么会构想出神灵，又是怎样用双手把它们雕刻出来，之后为什么要把它们供奉在寺庙和教堂里对它们顶礼膜拜？这座古庙几乎和人类的历史一样古老。古时的庙宇都带有神奇的美感和力量，给人拔地而起的气势。庙里的神佛们身披丝制外袍，头上或颈部戴着花环，在钟声、颂歌声和燃香缭绕中醒来。几个世纪以来，人们都是燃香敬拜神像，整座古庙到处弥漫燃香的味道，这种香气四处飘散，方圆几里都能闻到。

　　来这里敬拜的人好像来自全国各地，有的贫，有的富，但只有特定阶层才允许进入。走进古庙，穿过一扇矮矮的石门，跨过一堵差不多已变成废墟的低矮胸墙，就到了由石头护卫把守的圣殿之外。走进圣殿，你会看到一些上身裸露的僧侣，正在神情肃穆地唱着颂歌。他们吃得相当不错，个个腆着肚子，双手皮肤细嫩。只是多年演唱颂歌让他们的嗓音变得嘶哑；殿里供奉的男女神像们都走形了。好久以前，它们肯定也是眉目清晰，但现在面部神情几乎看不清了。它们身上挂的珠宝肯定价值连城。

　　当颂歌声停下来时，四周一片寂静，似乎地球也停止了自转。这里常年没有阳光，唯一可见的就是灯芯在灯油中燃烧时发出的微弱光线。油灯常年点着，将屋顶都熏黑了，一片神秘的黑暗笼罩着整座圣殿。

神佛必须在神秘而昏暗的氛围中膜拜,否则,它们将无以存在。来到外面的空地上,阳光普照。仰望湛蓝的天空以及随风摆动的高大棕榈树,你不禁疑惑:人类为什么要膜拜自己头脑想出来的、自己双手刻出来的自己的形象呢?在殿内不由自主产生的恐惧感,现在随着那可爱的蓝天,好像都飘远了。

他是个年轻小伙子,衣着整洁,面部线条鲜明,双眼闪亮,朝我微微笑了一下。我们坐在一个小房间的地板上,从那儿能俯瞰一座小花园。花园里种满了玫瑰花,从白到黑,几乎各色齐全。一只鹦鹉倒挂在树枝上,亮晶晶的双眼下是红色的鸟喙。它正盯着一只小它很多的鸟看。

他的英语说得很棒,但在考虑用词时很犹豫,谈话时表情严肃。他问道:"什么是宗教生活?我曾请教过很多古鲁,他们给我的都是标准答案,如果可以的话,我现在也想向您请教相同的问题。我曾有份很不错的工作,但自己还没有家庭的负担,就把它辞了。我本人深深地被宗教吸引,很想弄明白,在宗教信仰所剩无几的当今世界,究竟怎样才算过宗教生活?"

如果可以的话,我建议暂时把什么是宗教生活放一放,先来探讨什么是世俗生活,你看好不好?这样,或许我们反倒能理解什么是真正的宗教生活。所谓的宗教生活,地方不同、教派不同,教义阐释也各不相同;各类宗教组织为了既得利益,大肆宣传自己的教义,人们往往因此受到愚弄。如果我们能把这一切抛开——不仅抛开宗教信仰、宗教教义和宗教仪式,还抛开宗教文化中必然附带的对宗教的敬畏——这样我们或许就能明白什么是尚未受到人类思想影响的、纯粹的宗教生活。

但是,在那之前,让我们还是像前面提到的那样,先弄明白什么是世俗生活。真正意义上的生活，就是处理日常生活中无聊且繁重的事务，一成不变地完成例行公事，经历其间的种种挣扎和冲突；生活中到处是寂寥的痛楚、贫困的折磨、财富的肮脏，生活其中的人们满怀壮志、追求自我价值、体验成功和悲伤——这里面包含了人生的方方面面。这就是我们所谓的生活——活着就是输掉或赢得一场战斗，活着就是无止境地追求享乐。

与此对照的，或与此相反的，就是所谓的宗教生活或精神生活了。但是，相反的一面总是包含着与它自身相反的萌芽，所以，尽管一个事物看起来不同，实际未必如此。你可能只是给它换了个新的外衣，但里面曾有的和必定会有的实质却是相同的。这种二重性是人类思想的产物，由此常导致矛盾重重；而且这种矛盾无休无止。所有这一切我们都知道——或者是他人所述或者通过个人感受而得——这一切就是我们所谓的生活。

所以，宗教生活并不是在河的彼岸，它就在此岸——在充满人类所有苦难现世的此岸，这一点我们必须理解，这种理解本身就是种宗教行为——宗教行为不是忏悔祈祷，不是缠上腰带成为家族长老，不是戴上主教发冠坐上权力宝座，也不是被大象高高驮在背上。

从整体上认清这种状况，认识到人类的快乐和痛苦，才是最为重要的——而不是猜测宗教生活到底应该怎样。应该怎样都是虚构出来的；是人们发挥想象力将某种思想上升成了道德准则，这样的道德准则——无论它是社会道德准则，还是宗教或行业的道德准则——我们都必须予以否认。这种否认不是理性批判式的否决，而是在实际行动上脱离与道德无关的道德模式。

所以，真正的问题是：我们有没有可能跳出原有的道德模式？令人恐慌的混乱和痛苦都是思想制造的，这些混乱和痛苦阻碍了宗教的发展，干扰了宗教生活。思想认为自己能够摆脱原有的模式，但若真的摆脱了，其实也不过是思想上的一次跳跃，想到了另一种模式而已。新的模式没有实际对照物，因而只会产生另一种幻象。

超越这一模式仅凭转变想法是不行的。这一点你必须非常清楚，否则就会再次掉进思想的樊笼。毕竟，"你"不过是汇聚记忆、储存文化传统以及人类千年智慧的肉身。只有走出痛苦，走出思想的这个产物，你才能摆脱世上的争斗、仇恨、嫉妒和暴力。这种"走出来"的行为就是宗教生活，这种宗教生活不知道未来怎样，也不遵循任何宗教信条。

"您难道不觉得自己是在苛求不可能之事吗？您这不是在要求奇迹发生吗？我怎么可能在放弃思想的状态下'走出来'呢？思想可是我存在的意义！"

问题就在这儿！你存在的意义，也就是思想，必须结束了。这种以自我为中心的想问题和做事方式必须自然而然、自在从容地结束了。唯有这样，全新的宗教生活才能展开。

在灵光一现的顿悟瞬间，思想戛然而止

如果为了进入冥想，你故意持有某种态度或采取某种姿势，那你是将冥想看成一件玩物，看成可在内心消遣之事了，那不是冥想。如果你下决心让自己摆脱困惑和生活的苦恼，那是你内心的体验——也不是冥

想。在冥想中，意识和潜意识都不起任何作用；冥想者甚至没有探知冥想广度和美妙的意识——如果想调用意识和潜意识，去买本言情小说看看更合适。

在全神贯注的冥想里没有理解，没有认同，也没有对过往经历的回忆。在冥想中，时间和思想这两个中心都挣脱束缚，消失在无尽的空间里。

在灵光一现的顿悟瞬间，思想戛然而止。没来得及去刻意体验和铭记这一瞬间，瞬间就倏忽变成了过去。在那一刻——不属于任何时间范畴的那一刻——终极就在那转瞬之间来临，这一终极找不到象征物，没有代表人物，也没有标志性的神。

那天早晨，还是大清早，山谷里极其安静。猫头鹰刚刚停了叫声，它的同伴还未在远山回应。听不见一声狗吠，整个村庄还没有醒来。东方泛出红光，太阳即将升起，南十字星还在天空若隐若现。空气中没有一丝微风，树叶全都悄然无声，地球也仿佛停止了转动。寂静向四处蔓延，让人感觉得到，摸得到，闻得到，似乎有穿透一切的力量，与群山之外和树木之间的死寂完全不同；人与这份宁静融为一体，和它变得不可分割。这种情境下，区分噪音和寂静已无任何意义。那些一动不动的黑色群山，也如同人一样，融入了这种寂静的氛围。

寂静中泛着活力，与喧嚣并不完全对立。奇怪的是，那天早晨寂静如同香水般从窗外飘进来，还带给我一种纯粹的领悟和感受。抬眼向窗外看去，万物之间的距离仿佛都消失了，随着晨曦睁大双眼，我感觉所有事物都不同了。

"我对两性、社会平等和上帝都很感兴趣。这些是我生活中唯一要紧的事儿。政治、宗教及与之相关的宗教导师和宗教承诺、宗教仪式和忏悔告解，看起来都在侮辱人的智商。它们从未解答过任何一件事，从未真正解决过任何问题，反而只是助长了问题的一再拖延。那些宗教人士从各方面谴责性行为，还一味保持社会上的不平等。他们心中的神灵不过是尊石像，只是包装了爱和感情的外衣罢了。我个人认为那根本没用。我说这些只是想表明，我们可以暂且不考虑这些，而把注意力都放在三件事上：性爱、社会痛苦和我们所谓的上帝。"

"对我而言，性爱就像食物一样不可缺少。自然创造了男人、女人和夜晚的床笫之欢。在我看来，性爱的重要性不亚于发现了可能存在上帝这件事。还有，爱护街坊邻里和爱自家女人也同等重要。性爱并不困扰我。我很享受这件事。但我在内心深处，却对一些未知事物感到恐慌，而令我困惑的也正是这种恐惧和痛苦——这对我来说不是要解决的小问题，而是必须深入理解的大事儿。只有理解了，我才能真正摆脱困扰。如果您有时间，我想跟您一起探讨下这几个问题。"

我们能不能反过来看这个问题，这样或许更能深刻地理解其他问题；这样，或许我们会发现除了享乐以外，他们还包括其他不一样的东西？

你是希望更加坚定自己的信仰还是真的想认识现状——不是体验，而是真正用一颗悲悯之心和理性的头脑去认识现状？信仰是一回事，认识现状是另一回事。信仰和信念一样，都引人走向黑暗。它领你走进教堂，走进昏暗的庙宇，让你对宗教仪式心生愉悦。沿着这条路走下去，你却看不到真相。那儿只有幻象，只有人们根据想象力创造出的装饰教堂的各种物品。

如果你不承认恐惧，信仰就无关紧要，如果你依赖信仰和教义，恐惧就会为所欲为。信仰不仅仅意味着遵守教义规定的行为准则；即使你不属于任何教派，也一样可以形成某种信仰。你可以拥有自己的个人信仰——但它并不能给你澄明的顿悟之光。恐惧皆因思想而生，为了躲避恐惧的侵扰，人们才投身于信仰。这样思考问题的方式和专注于认识真理的自由心境是不同的。

头脑总伴有衡量的标准，因此追寻不到无法测量的事物。崇高在思维和理性的框架之外，无法测量，也不是情绪和情感的产物。否认胡思乱想就会带来专注；正如否认思绪万千爱就会来临一样。如果你追求崇高的境界，你是永远追求不到的；如果你幸运的话，这种境界必会降临于你——那时，开启你心灵之窗的是运气，而不是思想。

"这很难做到，不是吗？你要我否定构成自我的一切，而那个自我是我一直以来悉心培养和保持的。我曾想，要是所谓的上帝能永远存在的话，那有多好。上帝的存在让我感到安全；在它身上我寄托了所有的希望和快乐；但是你现在却让我放弃这一切。这怎么可能呢？我真的想这样做吗？而且，如果我真能做到，你会承诺给我什么回报吗？当然，我看你并没给我什么回报。但是，我真的能——这可不是嘴上说说——真的能完全放弃我一直赖以生存的这一切吗？"

如果你只是假装抛开一切的话，冲突、痛苦和无尽的苦难就会随之而来。但是，如果你认识到它的真谛——就像你看到了那盏油灯的真相，由摇曳的灯光、灯芯和黄铜灯台构成——那你必定会进入另一种境界。在那种境界里，爱不会带来社会问题；那里也没有种族、社会阶层和智力水平的差别。只有受到不平等待遇的人才迫切需要平等。只有位高者才需要保持他们的社会等级、生活方式和与他人的差别。而地位低的人则一直致力于改变身份，希望从被压迫者成为压迫者。所以仅仅有立法——尽管这种立法也很必要——既无法结束这种残酷的划分，也无法结束从事劳动类型和社会地位之间的差别。我们借助工作来提升社会地位，整个不平等的恶性循环也就开始了。社会自身创造的道德准则并不能最终解决社会问题。爱是没有道德规范的，爱也不是改革社会的良方。当爱变成享乐，痛苦将无可避免。爱也不同于思想，思想能带给我们快乐——如性爱的快感和取得成就时的满足感。思想能强化并赋予片刻的欢愉以连续性。因为念念不忘那份快乐，思想为下一刻的快乐提供持久的动力。这种对享乐的需求就是我们所谓的性爱，对吧？性爱能带来许多爱慕之情、款款柔情、关切之心和相知相伴，但除此之外，剩下的就是伴随而来的痛苦与恐惧。而思想，通过其促发的种种行为，则让痛苦和恐惧无休无止。

"但是你不能把快感从性爱中剥离！我要靠这种快乐生活下去；我真的很喜欢。对我而言，它远比赚钱、升职和名望重要得多。我也知道享乐过后，痛苦会随之而来，但是享乐带来的快乐远远大于痛苦，我不在乎那点痛苦。"

当你如此沉醉的这份乐事走到尽头时——或者随着年华老去，或者因为遭受意外，或者随着时光流逝——你就会陷入困境；从此以后，痛苦将如影随形地伴着你。但是，爱不是享乐，也不是欲望的产物，这也是为什么，先生，人必须要进入一种不同的境界的原因。在那种境界里，我们的问题——所有棘手的事情——都得到了解决。否则的话，你一味随心所欲，就总是难免陷入痛苦和迷茫。

真正的自由是认清事物的本质

很多鸟儿在空中飞翔，有的飞越了宽阔的河流，有的则在高空盘旋，张开的双翅几乎静止不动。在高空飞翔的多是秃鹰。它们在明媚的阳光下都变成了斑点，好像一枚枚钉子要钉住微风。近看落在地上的这些大鸟，它们露着光秃秃的脖颈，翅膀显得宽阔而沉重，看起来十分笨拙。几只秃鹰停在罗望子树上，乌鸦们正调皮地逗弄它们，尤为有趣的是，有只乌鸦追在一只秃鹰后面，想要落在它的背上。想摆脱无聊纠缠的秃鹰欲展翅高飞，可那只一直骚扰它的乌鸦竟从后面蹿上来，一下子落在它的背上。这个场面实在太奇妙了——一只飞翔的秃鹰背上落着一只黑色的乌鸦。这只乌鸦看起来非常享受，而那只秃鹰则想方设法要甩掉乌鸦。最后，乌鸦终于飞下秃鹰的背，飞过河流，消失在树林里。

一群鹦鹉成Z字形从河对岸飞来，一路响亮地叫着，仿佛在向全世界宣告它们的到来。它们身披翠绿色羽毛，长着红色的喙，好几只都停在那棵罗望子树上。鹦鹉们习惯在清早出发，沿着河流低飞，有时会高声叫着飞回来，但大都是整日在外游荡，或者偷吃田野的谷子，或者随便吃些能找到的果子，只有到了傍晚时分才飞回来。它们在罗望子树梢上只逗留了一会儿，然后就消失在了嫩绿浓密的叶子间。树干上的洞就是它们的住处，无论雌鸟还是雄鸟，个个看起来都很高兴，飞出来的时候唱响嘹亮的欢歌。傍晚和清晨，阳光各铺就不同的道路——早晨，一片金黄，傍晚，洒满银光——架在河的上方。难怪人类崇拜河流；崇拜河流可比通过宗教仪式和教义来崇拜某个形象好多了。河流充满活力，深深的河水充盈至堤岸，总处于运动之中；而河堤旁的小池塘里则总是洼着一潭死水。

　　人人都用类似的小池塘把自己孤立起来，然后慢慢腐烂；从未融汇到奔腾向前的水流中。不知为何，这条河的水质因人类不断抬高河床已变得很肮，但是河流中间部分的水流还算清澈，呈蓝绿色，水也很深。这条河流的景色壮丽，尤其是在清晨日出之前；那时，整条河静止不动，折射银色的光辉。当太阳升起、爬上树梢时，它发出金色的光芒，再后来又变成一条洒满银辉的道路；河水总是活泼跳动。

　　从那个房间可以俯瞰到整条河流。天气很凉爽，甚至有些寒意，刚刚入冬。一个年轻的男子坐在他妻子对面，妻子比他还要年轻些。地板又冷又硬，上面铺着条地毯，我们坐在上面。小夫妻对这条河并不感兴趣，当把河指给他们看时——跟他们讲河的宽度，河上的美景，以及对面的绿色河岸——他们只是出于礼貌看了一眼。他们坐了一路的汽车和火车，从北面一个很远的地方赶来，急切地想和我谈谈他们心中的困惑；至于这条河，他们或许可在以后有时间的时候再欣赏。

　　年轻男子说："有家庭、孩子、工作的羁绊，人永远不可能获得自由。直到临死之前，他都得承担他的责任。当然，除非，"他补充道，"出家当和尚，成为托钵僧人。"

　　他认识到自己迫切需要自由，但也感到在这个充满竞争的残酷世界里，他无法获得自由。听到他这么说，他的妻子看上去十分吃惊，但又很高兴自己的丈夫能这么严肃地看待这个问题，还能用英语表达得这么流利。她为自己有这样的丈夫感到自豪。当时她坐在丈夫的后面一点，所以他一点儿也没看到妻子的反应。

"人能永远自由吗？"他问道。"有些政论家和理论家，比如共产主义者，认为自由是资产阶级的东西，根本实现不了，也不现实，然而，民主政权国家一天到晚都在谈论自由，资本主义者也如此。当然，每一种宗教也都在鼓吹自由，承诺能给人自由，尽管他们都已经注意到人不过是自己的信仰和意识形态的囚徒——他们的所作所为已经否定了他们的承诺。我来这里就是想弄明白，不只在智力层面，人类，包括我自己，是否能在这个世界上真正获得自由。我利用假期赶到这儿来；因为正好有两天时间不用上班，可以从工作中解脱出来——从办公室的例行公事和我生活的那个小城市的日常生活中解脱出来。如果我有很多钱，那么我就更自由了，我能去任何我想去的地方，做任何我想做的事，也许会去学画画，或者旅行。但这是不可能的，因为我的薪水微薄，而且我要承担自己的责任；我就是自己的责任的囚犯。"

他的妻子完全不能理解这些想法，但是当她听到"责任"这个词时，立刻竖起耳朵来听。她可能想知道丈夫是不是想离家出走，从此四海为家呢。

"这些责任，"他继续说，"让我从里到外都不能自由。我很了解人根本无法摆脱诸如邮局、集市、办公室等这些公共场所，我也没想摆脱那些地方对我的束缚。我来这儿是想弄明白人真的有可能获得心灵的自由吗？"

鸽子在阳台上咕咕地叫，不停地扑棱着翅膀，鹦鹉发出高亢嘹亮的叫声，从窗外飞过，阳光照在它们翠绿色的翅膀上。

什么是自由？自由是因为思想在被一大堆问题和焦虑等等所困扰时产生的一种想法吗？或是一种感觉？自由是一个结果，抑或一种回报吗？

它位于进程的终点吗？若你从愤怒中解脱出来就是自由了吗？或者说你随心所欲做你想做之事就是自由吗？当你发觉责任已成为一种负担，然后把它推到一边，你是否就得到自由了呢？当你反抗或者妥协的时候，你有没有得到自由？思考能给你自由吗？行动呢？

"能否请您说慢一点，我有点跟不上。"

自由的反面是否就是奴役？如果你被关在监狱里，你知道自己身陷囹圄，也意识到了监狱对你行动的限制，那时你想象中的自由是不是就是你现在谈论的自由呢？想象能否给你带来自由，还是只是思想产生的幻觉？什么是我们真正了解的，以及现实中真正的束缚呢——不仅仅是外在的一些东西，如房子、家庭、工作这些身外之物——还包括内在的，如传统、习惯、控制和占有的快感以及恐惧、成就感等很多很多其他的东西。当成功给你带来巨大喜悦的时候，没有人会谈到要摆脱成功的牵绊去追求自由，或者根本不会想到这个问题。我们只是在感到痛苦的时候才谈及自由。无论从内心还是外在而言，我们都被这些东西束缚住了，而这种束缚就是现实。对现实的反抗，就是我们所谓的自由。人去反抗，去躲避，或者试图去压制现实，希望借此得到某种形式的自由。我们内心只知道两件东西——束缚和反抗；而反抗又制造出束缚。

"不好意思，我一点都没有听明白。"

当你抗拒愤怒或仇恨的情绪时，实际上发生了什么？你建起了一堵心墙，把仇恨挡在外面，但是仇恨还在那里；这堵心墙不过是让你暂时看不到它而已。再者，你下定决心不再愤怒，但这种决定也是愤怒的一部分，而且这种抗拒强化你的愤怒。如果你仔细观察，就能发现愤怒还在你的心里。当你反抗、控制、压制，甚至试图超越时——其实这些都是一回事，都是你个人意愿的真实表现——你是在不断加固反抗的心墙，这样你就会变得越来越受奴役、心胸越来越狭隘。正是出自这种卑微和狭隘，你才想要获得自由，也正是这种对自由的渴望，会让你在心里又筑起一道屏障，让你变得更加心胸狭窄。所以，我们只是从一种反抗和屏障转移到了另一种反抗和屏障——有时候，我们只是赋予了这堵反抗的心墙以不同的颜色、不同的特点，或者冠以它某些高尚的名字。不管怎样，反抗都是一种束缚，而束缚就会带来痛苦。

"这是不是就是说，在外面，我们就活该被人随意地欺侮，而在内心，我们愤怒之类的情绪都应发泄出来呢？"

你似乎没有仔细听我刚才说的话。当这种束缚是一种享乐时，你不会介意它带来的快感和那种愉快的心情；但是，当这种快感变成一种痛苦时，你就会反抗。你想要从痛苦中解脱，但是又抱着享乐不放。抓住享乐不放就是你的反抗。

有所反应是很正常的；如果对于针刺这类事你的身体没有任何反应，那说明你的神经麻木了。换作内心，也是一回事，如果你不做反应，那就有些不对劲了。但是，关键是你回应的方式和你回应的本质，而不是回应本身。当有人恭维你的时候，你会做出回应；当有人侮辱你的时候，你也会做出回应。这两者都是反抗——前者是对愉悦的反抗，后者是对痛苦的反抗。对于前者，你愿意一直保持下去，对于后者，你要么不加理会，要么想要回敬。但两者都是反抗。不论是保持还是抵制都是反抗的形式；而自由则是不作反抗。

"有没有可能我的回应既不是对享乐的反抗，也不是对痛苦的反抗呢？"

你究竟想什么呢？你究竟感受到了什么？这个问题你是要问我还是你自己？如果是旁观者，或外在媒介，为你解答了这个问题，你就会依赖它，那种依赖就会变成一种权威，这也是反抗。然后，你又想要摆脱那种权威！所以，你这不是以另一种形式提了这个相同的问题吗？

"你可以把这点指给我看，如果我看到了，那就不牵扯权威的问题，难道不是吗？"

但是我们已经为你指出什么是真正的自由了。真正的自由就是，认识事物的本质，不做任何带有快乐和痛苦的反应。自由就是认识现状，认识现状就是自由。你只能在自由中才能认识现状。

"这种认识也许算是一种获得自由的行为，但是它对我摆脱束缚，也就是挣脱现实，挣脱所认识到的事物，又有什么影响呢？"

当你说认识现状也许是一种获得自由的行为的时候，这不过是一种假定，因而你的认识现状也变成了一种假定。这样你就无法真正认识到现实了。

"我还是不懂。我认识到我的岳母欺侮我；难道她会因为我认识到这点了就不再那样对我了吗？"

认识你岳母的行为，认识你自己的反应，不进一步做出愉悦或者痛苦的反应。在自由的状态下去认识。那时，你采取的行为可能是全然不在意她说的话，或者径直走开。这种走开或者不予理会就不是反抗。这种无选择的意识就是自由。从这一自由引发的行为是不可预知的，不能系统化，或者无法纳入社会道德的框架之下。这种无选择的意识与政治无关，不属于任何"主义"，也不是思想的产物。

冥想是心灵之光，是绽放的爱

"我想要知道上帝，"他的情绪非常激烈，几乎是在大声喊叫了。秃鹰仍旧停在经常停的树上，火车正从桥上咔嚓咔嚓地驶过，河水还在继续往前流淌——河面宽阔，静水流深。那天清早，从远处就可闻到河水的气息；站在高高的河堤上，俯瞰河流，它的气息直抵心脾——在清晨的空气中，它是那么清新而澄澈。白昼的到来并没有破坏这番景致。鹦鹉尖声叫着，飞过窗前，飞向田野，过一会儿，它们就会飞回到那棵罗望子树上。十多只乌鸦正从高空中飞过河流，它们有的会停落到树上，有的会飞向河对岸的田间。这是一个冬日的早晨，空气清新，天气很冷，但是阳光明媚，万里无云。站在河岸，沐浴着清晨的阳光，渐入冥想。在静静的早晨，阳光反射到河面，点点碎金在水面轻舞，清晨的阳光也融入了冥想中——你不必用理智赋予这抹晨光某种含义，只是用双眼单纯地看着它即可。

光，和声音一样，都是非常奇妙的东西。画家们试图把它呈现在画布上；摄影师们想用相机捕捉它的踪影；光是一盏孤灯穿透漆黑的夜，光是脸上绽放的神采，光是眼底隐藏的光芒。双眼所见之光并不是水面上的光线；那种光如此不同，如此广阔，人类狭窄的视域根本容纳不了。那种光，就像声音，永不停息地运动——无论在人的身体外部还是内心——就像大海的潮汐，永远起伏不定。如果你能保持非常平静的心态，就能与它同在，不是在想象中或者停留在感官上；但你意识不到自己与它同在，你完全脱离了时间的概念。

光的美妙，就像爱一样，触摸不到，也无法用语言形容。但它就在

心灵的革命是唯一的出路 | 59

那里——在暗影处，在旷野中，在房间里，在阳光反射的窗户上，在孩子们的欢笑里。没有光，你看到的这一切都几乎没有意义，因为光就是一切；而冥想的光就在水面上。光一直都在那里，傍晚在那儿，整个晚上在那儿。当太阳从东方升起，爬过树梢，整条河流披上金装时，它还在那儿。冥想是心灵之光，它照亮了前进的路；没有光，就没有爱。

他身形高大，胡须刮得很干净，头也剃了。我们坐在一个小房间的地板上，从那儿能俯瞰那条河。因为是冬天，地板很凉。他几乎没随身携带什么，看起来颇有男子气概，是个不惧怕别人闲言碎语的人。

"我想要知道上帝。我知道现在信仰上帝已经不是什么时髦的事儿了。那些学生们，也是现在的年轻一代，他们思想上叛逆，崇尚政治运动，不管要求合理、不合理都敢提出来，他们藐视一切宗教信仰。他们做得很对，看看现在牧师们都做了些什么！自然，年轻一代也不需要从宗教中获得什么。对他们来说，那些庙宇和教堂代表着对人的剥削。牧师们所信奉的世界是由不同等级构成的世界观——包括救世主、宗教典礼及所有那些无聊之事，他们根本不相信。我赞同他们的看法。我曾帮一些年轻人来反抗这一切。但是我还是想知道上帝。我以前是一名共产主义者，但很久以前就脱离了党组织，因为共产主义者也有他们自己的神，他们的信条和理论家。我以前真的是一个狂热的共产主义者，因为他们在最开始的时候就给出了承诺——承诺会进行一场真正的伟大的变革。但是现在，资本主义有的，他们也都有了；他们已经顺应世界潮流了。我曾经涉足社会改革，在政治活动中也非常活跃，但是现在我已经彻底退出来了，因为我认识到，仅仅依靠科学和技术，人类永远无法从自身的失望、焦虑和恐惧中解放出来。也许确实有一条唯一的路。无论如何，我并不迷信，而且我认为我对生活也无所畏惧。生活中该经历的我都经历过了，就像你看到的，我的人生还有很长的路要走。所以我想知道究竟上帝是什么。我以前问过很多行脚僧，他们永远重复同样的话，上帝就是那些神秘莫测之人，他们给你一些解决问题方法。我对这些诡辩之词很怀疑。所以才来到您这儿，觉得我必须得找到答案。"

我们默默地坐了一会儿。鹦鹉从窗外飞过，高声地唱着歌，阳光照在它们翠绿色的翅膀上，红色的喙上。

你觉得你能找到答案吗？你认为只要求索就能找到答案吗？你认为自己能体验到吗？你能用心中持有的标准测知那深不可测的吗？你想要怎样去找寻呢？你怎么知道自己找寻的方法是可行的呢？你又用什么方式去确认你找到的呢？

"我真的不知道，"他回答说。"但是当真实来临时我一定会知道。"

你的意思是说你可以通过自己的头脑、心灵和智慧了解上帝吗？

"不是。了解上帝并不依靠其中任何一样。我非常了解感官认识的危险。我知道稍不留神，幻想就会产生。"

去了解就是去体验，不是吗？去体验就是去认知，而认知就是记忆和联想。如果你所说的"了解上帝"是过去某件事的结果，是一种记忆，是以前发生的一件事情，那就是对已发生之事的"了解"。你能知道正在发生的事儿，"真正"在发生的事情吗？或者说，你能知道某件事结束以后旋即会发生什么吗？"真正"在发生的超出时间范畴；而"了解"总是在时间范畴之内。

你从时间的角度来看待正在发生的事，并用时间为之命名，进行阐释并记录，这就是你所谓的了解，这种了解既符合逻辑，也满足当下的认知。进入这一了解的领域,你想要把隐藏在群山另一侧或者树后的东西带出来。而且你坚持认为你必须了解,必须体验并拥有那些东西。但我想问问,你能把势不可挡的河水锁在你的头脑当中,握在你的手里吗?你所拥有的只是词语,只是双眼所看之物、语言所描述的景致,以及对那些语言的记忆。你所记住的并不是河水——永远都不是。

"好吧,"他说道,"那么我怎样做才能有幸看到上帝呢?在我漫长而勤奋的求索生涯中,我发现没有任何事物——任何机构或社会行为模式——能够拯救人类,任何东西都做不到。所以,我停止了求索。但是,必须拯救人类,人类无论如何都必须从当前的状况中走出去,所以我热切地想看到,上帝是否能在人们的呼唤下,挺身而出把人类从无比的焦虑中解救出来。暴力四处蔓延,正在吞噬人类。对于赞同还是反对上帝的争论,我是再熟悉不过了。曾经,我也是满怀希望,但现在已不抱任何希望了。我真的是已经无能为力了。我在绝望之中向您请教这个问题,希望能重燃希望之火。我根本看不到任何光明,所以才来您这儿请教这个问题:您能帮助我揭示真相吗——如果有真相的话?"

我们又沉默了一会儿。鸽子咕咕的叫声飘进了我们的小屋子里。

"我知道您的意思。以前我从没有这样完全地沉默过。这个问题就在那儿,在这种沉默之外,每当我想要冲破沉默去探索这个问题时,沉默就消退了。所以您的意思是不是,只有在这种沉默中,在这种彻底的、完全无法预知的沉默当中,才会有无可测量的事物呢?"

又有一辆火车哐当哐当地驶过那座桥。

这样想就会招致种种愚昧行为和对神秘主义的狂热——神秘主义是一种模糊的、难以言传的感情,会让人产生幻觉。不,先生,这不是我们想要表达的意思。放弃幻觉是很难的——幻觉涉及政治、宗教,还有对未来的幻想。我们自己从未发现过任何事物。我们认为自己发现了,但那是最大的幻觉之一,是我们的思想在作怪。想要捋清这团乱麻,看透人类作茧自缚为自己编织的疯狂外衣,我们需要一个非常非常清醒的头脑去认清这种真相,然后获得自由。这两样东西,认识现状和自由心境,绝对是必需的。自由来自想要去认识现状,自由也来自人类一直以来对于科技和宗教探索所寄予的希望。但是,这种希望会导致幻觉,而能认识到这些都是幻觉才是真正的自由。自由来临之时,它会不邀自来。那时,头脑本身就成了不可测量之物。

只有在了无牵挂中,才能找到绝对的自由

他是位上了年纪的僧人,追随者众多,保养得不错,头刚刚刮过,身上穿着件遁世者常穿的橙黄色僧袍。他带着根已伴他多年的手杖,脚上穿着双破旧的沙地鞋。我们拣高地上的一个长椅坐下,河流尽收眼底,右边是一座铁路桥,左边是绕过巨大弯道蜿蜒而下的河流。那天早晨,河对岸笼罩在一片浓雾之中,树木只露出顶端,好像漂浮在绵延的河面一样。空气中没有一丝微风,燕子贴着水面低飞。这条河古老而神圣,人们都从远处赶来,在这里等待死亡的降临,或者死后在这里火化。人们膜拜这条河,为它唱赞歌,赋予它最神圣的地位。什么样的污物都往河里扔;你可以看到一些人在河岸上冥想,他们双眼紧闭,坐姿笔挺,一动不动。这条河为人们孕育了很多,但却被肆意污染。雨季来临的时候,

河水能上涨二十到三十英尺，上涨的河水把垃圾都冲走了，河水漫过堤岸，淹没了两岸的土地，但留下的淤泥却成了两岸农民丰富的肥料。河水流经很多巨大的弯道，有时还能看到整棵被巨大水流连根拔起的大树顺水漂浮而下。水面上还有动物的尸体，上面盘旋着秃鹰和乌鸦，为了争夺食物你追我打，偶尔，也会看到人类尸体的残肢，一只胳膊或一条腿，甚至整个尸体漂流而过。

那天早晨，这条河看起来非常美，水面如镜。另一侧河岸似乎离得很远。太阳好几个小时前就升起来了，但是浓雾尚未完全散去，这时的河流，就像是某种神秘的生物，静静流淌着。这位僧人对这条河非常熟悉；他在河边度过了很多年，身边围绕着众多弟子。他几乎是理所当然地认为这条河会永远在那儿，只要人还活着，这条河就会一直这样下去。他已经完全习惯了它的存在，在那儿投注了自己的悲悯之情。现在，他仍然用自己千万次来一成不变的眼光看着这条河。人一旦习惯了同一种美或丑，那每天也就体会不到什么新鲜感了。

"你为什么，"他带着相当具有权威的口吻问道，"反对道德，反对我们一直以来都坚信是最为神圣的经文呢？可能你已经被西方世界腐蚀了，在西方，自由就是放荡，除了一小部分人，他们甚至都不知道什么是真正的戒律。很明显，你从来都没有读过我们的神圣典籍。那天早上，当你与人谈论时，我也在场，对于你说的那些关于神灵、牧师、圣人和古鲁之类的言论，我感到极度震惊。如果没有了这些人，人类可怎么活下去？如果有人可以的话，那说明他已经成为一个物质至上、老于世故，没有任何同情心的人了。你似乎对我们坚信的最为神圣的一切知识都持否定态度。为什么？我知道你是认真的。这么多年来，我们远远地追随你，把你当成自己的兄弟,以为你是我们中的一员。但是,当你声明抛弃所有这一切的时候,我们就形同陌路了。非常遗憾,我们走了不同的路。"

什么才是神圣的?庙宇里供奉的偶像,那个符号,那个神圣的字眼吗?神圣在哪里?在那棵树上,或者在那个背负很多重物的农妇心中?其实,是你把那些自认为圣洁的、有价值的、有意义的东西赋予了神圣的内涵,对吗?但是这些人用智力创造出来、用手雕刻出来的偶像,究竟有什么价值呢?那个农妇,那棵树,那只鸟这些活生生的事物,对你而言,似乎只是一闪即逝。

你把所有的生命都分成了神圣和不神圣,道德和不道德。这种分法引发了痛苦和暴力。要么任何事物都是神圣的,要么所有事物都是不神圣的。要么你说的话、你的言论、你的思想、你的赞歌是严肃认真的,要么是它们欺骗了你,让你陷入一种着魔的状态,产生了幻觉,因此,也就没什么认真可言。世界上确实存在这神圣之物,但是神圣的事物是语言无法表述的,也不存在于雕塑中,或者人类自己想出来的意象里。

他看上去非常困惑,也非常不确定这样的谈话会得出什么结论,所以他插话说:"我们事实上不是在探讨什么是神圣的,什么不是神圣的,我们探讨的是你为什么要反对行为准则?"

行为准则,就像人们通常所理解的,是和政治、社会或宗教约束力相一致的。遵从所隐含的意义,不就是模仿、压迫或者某种超越实际状况的形式吗?在行为准则的约束下,显然会持续在内心挣扎,产生扭曲心灵的矛盾感。遵守是因为会得到所承诺的或者有可能有所回报。自律是为了有所得。为此,人们才去遵守、顺从,而这种模式——无论是共产主义模式、宗教模式,还是自设的模式——就成了一种权威。在权威面前当然没有一点儿自由而言。行为准则意味着去学习；而学习原本是否定所有权威、拒绝顺从的。这很明显,认识到这点无需作任何逻辑分析。认识到整个行为准则体系中隐含的这一切,其本身就是一个准则,即去全面地学习这个体系。但是,学习不是汇总所有的信息,而是认识这一结构并能很快地认识其本质,这才是真正的行为准则,因为这样你才是真正在学习,而不是一味地遵守。想要学习,就必须拥有自由。

"这是不是就意味着,"他问道,"你尽可以做自己想做之事,可以无视国家的权威吗?"

当然不是了,先生。很自然,除非这个国家的法律法规做了修改,否则你必须遵守法律或警察的指令。你必须按规定在马路的某一边开车,不能到处乱开,因为还有很多其他车辆,所以人人必须遵守交通规则。如果每个人想干什么就干什么——其实我们私底下倒是常常这样——那么就会极为混乱;这就是社会现状。经商者、警察,几乎每个人都在传统礼仪的掩盖下,追逐他自己隐秘的欲望和想要的东西,这就给世界造成了混乱的局面。我们想要通过一些法律条文和规则等来掩盖这种局面。这就是不自由。世界各地都有一些人是饱读过现代或古代神圣典籍的,他们不断重复这些典籍里的言论,把它们用赞歌的形式唱出来,不断地引用,但在心里,他们却是残暴、贪婪、渴望权力的。这些所谓的神圣典籍对人们有什么重要意义呢?它们没有任何实际意义。对人类来说,真正要紧的是如何摆脱自私自利,如何结束从未间断过的暴力行径,结束彼此间的仇恨和敌对——那些典籍、庙宇、教堂和清真寺并不重要。

在僧袍之下,这位僧人开始惊恐颤抖。他也有自己想要的东西,他承受着欲望的煎熬,只不过是借僧袍逃避事实罢了。

为超越人类的这些痛苦,我们把时间都花在哪些书更为神圣的争论之上,这是极为幼稚的行为。

"那么,你也必须否定传统……是吗?"

把过去带到现在,用过去的一些术语来解释当下的某些运动,这种做法摧毁了当下活生生的美妙。在这片土地上,或者说任何一片土地上,都处于传统的重压之下,从高宅大院到乡野茅屋,传统都是根深蒂固。无论是现代的还是古代的,传统都没有什么神圣之处。我们的大脑承载了昨日的记忆,这就是传统,我们因无法面对一些新事物,因此很担心会遗失这些记忆。传统成为我们安全感的源泉,但是大脑一旦处于安逸状态,它就开始退化。所以,我们必须轻装上路,惬意而轻松地上路,不必驻足任何神庙,也不必拜倒在任何社会或宗教英雄的纪念碑前——心中只要有美和爱,那就够了。

"但我们僧侣一向都是独来独往,不是吗?"他问道。"我已经声明放弃自己曾经所在的尘世,也已经发誓要过一种安贫乐道的生活了。"

你并非了无牵挂,你还被自己的誓言束缚着——就像人在结婚时所发的誓言会一直如影随形地跟着他一样。如果可以指出的话,我们说你不是独自一人,那是因为你是个印度教教徒,这就像如果你是佛教徒或者穆斯林,或者天主教徒,或者共产主义者的话,你也并非独自一人一样。你是做过承诺的,既然如此,你就是把自己献给了某种形式的信念,那你又怎么会是在单独行动呢?"独自"这个词本身就意味着完全不受影响,意味着纯真、自由、完整、非破碎。当你了无牵挂之时,你就将只是作为局外人在这世界上生活。只有在了无牵挂之中,我们才能找到绝对的行为与相互合作;因为爱总是完整的。

不要遵从任何既定的方式，也不要遵随宗教导师

　　那天早上，河面的银光晦暗了很多，天气阴沉沉的，特别寒冷。树叶上落了一层尘土，到处都覆盖了薄薄一层尘土——房间里、阳台上、椅子上。天气越来越冷了——喜马拉雅山一带一定下了场大雪；刺骨的寒风从北方刮来，甚至鸟儿都察觉到了。那天早上，河水流动得有些异样；水面上风过无痕，河水几乎一动不动，让人感觉时间仿佛凝滞了。这条河真美啊！难怪人们把它看作是一条圣水河。你可以坐在那儿，坐在阳台上，然后自由自在地一边观赏河水，一边进入冥想。这不是在做白日梦；你的心念没有飞向任何方向——心念根本不存在。

　　当你观察河面反射的光亮，不知不觉就好像迷失了自我。闭上双眼，你感到有种巨大的穿透力，它带你进入一个满是福佑的空间。这就是极乐。

　　那天早晨他又来了，还带了个年轻人。他就是那位跟我谈论行为准则、神圣典籍和传统权威的老僧人。他的脸洗得干干净净，显得很有神采，僧袍也是新洗的。同来的年轻人看起来非常紧张，老僧人可能是他的古鲁，他总是等老僧人先开口再说话。他望向那条河流，但脑子里在想别的事。一会儿，那位遁世者老僧说道：

　　"我又来了，但这次是想谈谈爱和有关肉欲的问题。我们都曾发过守贞的誓言，但都有情欲方面的困扰。誓言只是帮我们抗拒不可抑制欲望的一种方式。我现在老了，不再有欲火中烧的感觉了。在我宣誓之前，我结过婚。后来妻子去世了，我就离开了家，度过了人生中最为悲痛的一段时间，包括难以忍受的生理欲望的折磨；我日日夜夜都在和那种欲

望苦斗，那段日子相当难捱，充满了孤独感、挫败感，害怕自己失去理智，神经敏感到一触即发。即使现在，我也不敢多回想。这个随我一同前来的年轻人，我想他也在经历我曾有的苦恼。他想要远离尘世，像我当年一样，也发誓要过一种清心寡欲的生活。我和他已经谈过好几周了，我觉得如果我们和你一起谈论那个问题，也就是关于性爱和爱的问题，将会更有收获。我希望你不介意我们说得这么直白。"

如果我们要从自己身上找到问题的答案，首先，我的建议是，不要带有任何立场或者态度，或者从任何原则出发去考察问题，这会阻碍你深入探讨。如果你反对性，或者你坚持认为性在你的生活中很必要，那么性就会成为生活的一部分，任何这样的假设都将阻止你真正看清问题。所以，我们应该将任何结论置于一旁，这样才能自由地去看，去观察。

天空中掉了几个雨滴，鸟儿都安静下来，大雨马上就要来了，叶子也会再次变得清新碧绿，散发出亮泽。空气中到处弥漫着雨的气息，一种奇异的静谧笼罩着暴风雨来临前的大地。

我们现在有两个问题——爱和性。前者是个抽象的概念，后者是每天都有的生理冲动——这种现象是真实存在的，不能否认。我们首先看看爱究竟是什么，不是将它作为一个抽象的概念，而是看看它实际是什么。爱是什么？是不是只是一种感官享受？这种享受因思想的不断强化而变成享乐，进而成为带给你巨大快感或者性爱享受的一段体验，是这样吗？又或者，爱是不是日落时的壮美？是不是你触摸和欣赏的那片娇嫩的绿叶？是不是你闻到的那朵花散发出的芳香？爱是享乐或欲望吗？或者两个都不是？爱有没有神圣和世俗之分呢？或者爱是不可分离的、完整的、不能被心念分割的事物？没有所爱之物，爱还会存在吗？或者爱只是因为有了所爱之物才产生的吗？你是不是因为看到了某个女人的脸，然后就在心中产生了爱——这样的话，爱不就是因感官、欲望而起，带有享乐性质，并且成为被思想延续了的爱吗？又或者，爱是一种内心状态，你在其中可以用款款柔情去回应吗？或者爱是因思想而生的，所以所爱之物变得很重要，还是爱与思想毫无关系，是完全独立于其之外的，是自由的呢？如果不懂爱这个字以及这个字背后的意义，那么我们就会备受折磨，或者变得对性神经过敏，或者受它的奴役。

爱是不能被思想拆分成碎片的。如果思想能将其分成很多碎片，如冷漠的、有人情味的、感官享受的、精神层面的、我们国家的和你们国家的、我敬仰的神的和你崇拜的神的，那么爱就不再是爱了，它会变质——成为可以被记住和宣传的东西，能给人们提供便利和安慰的东西了。

性是心念的产物吗？性爱——包括享乐、快感、陪伴和款款柔情——是不是一种被心念强化而形成的一段记忆呢？在性行为中，有种忘我和自我放逐的感受，有种对生活无所恐惧、不再为生活焦虑和担忧的感受。记住这一状态下感受到的柔情和忘我，而且要求不断重复，不断咀嚼曾有的感受，直到下次有机会再体验这种行为。这是柔情吗？或者说只是对某件已发生之事的回味，且通过重复希望再次捕捉到这种感觉呢？这种对某件事的重复，无论多么令人享受，难道不是一个毁灭的过程吗？

那个年轻人突然说话了："性是一种生理冲动，就像您刚刚说过的，如果真是具有毁灭性的话，那么吃饭不也具有毁灭性了吗？因为吃饭也是一种生理冲动。"

如果一个人在非常饥饿的状态下吃饭——这是一回事；如果他很饿，

但是他的心念却在说"我必须要好好品尝一下这种和那种食物"——那么这是另一回事,它是念想,这才是具有毁灭性的重复。

"在性爱中,您怎样才能知道哪种情况是像饥饿一样的生理需求,而不是像贪婪一样的心理需求呢?"年轻人问道。

你为什么要把生理需求和心理需求分开来呢?或许那不过是另一个问题,一个完全不同的问题呢。为什么你要把性和看到壮美的山川或是看到可爱的花朵分开来呢?为什么你把后者看得如此重要,却完全忽略了前者呢?

"如果性是一种完全不同于爱的东西,就像您说的那样,那么还有没有必要发生性关系呢?"这个年轻人问道。

我们从未说过爱和性是两种分开的东西。我们说的是,爱是一个统一体,不能分割,而思想,从本质上来说,是碎片化的。当思想占据主导地位的时候,很明显是没有爱的。人们通常都知道——或许只知道——对于性的思量,就是不断咀嚼享乐的滋味。因而我们必须要问:有没有不存在于念想或欲望中的"性"呢?

那位托钵僧全神贯注地听着。现在他开口说道:"我曾经抗拒过性,发了誓言要反抗性爱,因为依据传统和理性,我知道一个人为了净心专致的宗教生活,必须拿出能量。但是现在我认识到这种与性的抗争耗散了我很多的能量。我在这上面花了过多的时间,也浪费了过多的能量,甚至比我曾经花在性爱上面的能量还要多。所以刚才你说的——任何一种形式的冲突都是一种能量的浪费——现在我懂了。冲突和争斗比起看到一张女人的脸,甚至是性爱本身,都更耗神费力。"

有没有一种爱是无关乎欲望和享乐的呢?有没有一种性是无关乎欲

望和享乐的呢？有没有一种爱是完整的，没有念想的侵扰呢？性爱只存在于过去，还是每次都是崭新的呢？念想当然是陈旧的，所以我们一直在旧念与新念之间做比较。我们从过去的事情出发来问问题，我们想要从过去的角度来得到问题的答案。

所以当我们问：有没有一种性是无关乎整个念想运行和作用机制的，这是不是意味着我们还没有从过去之中走出来呢？我们常常受制于旧事物，以至于我们感受不到自己正在向新的事物迈进。我们曾经谈到爱是完整的，而且是"永新"的——"新"不是和"旧"相对，因为这样的话新的就又是旧的了。任何关于存在无欲之性的断言都是根本没有价值的，如果你懂得了关于念想的全部含义，或许就会得出另一种结论。然而，如果你坚持自己不惜任何代价也要得到享乐，爱便会荡然无存。

那个年轻人说道："您提到的那种生理冲动确实就是这样一种需求，即使它可能与念想不同，但却是它滋生了念想。"

"或许我能够回答我这位年轻的朋友，"托钵僧人说道："因为我都经历过。这些年以来，我训练自己不要看女人，已经彻底控制住了自己的生理需求。这种生理需求不会生成念想；而是念想控制了它，利用了它。念想通过这种冲动生成形象和画面——这样冲动就被念想奴役了。很多情况下，其实是念想产生了冲动。就像我先前说的，我开始认识到我们这些人欺骗和说谎的极端本质。我们身上存在很多虚伪的地方。我们永远不'看'事物的真实面目，只能是不断地制造关于它们的幻想。我想您是要告诉我们，要用一双清亮的眼睛去看万事万物，而不要凭过去的记忆；这一点您曾经反复在谈话中提到。这样一来，生活就不会成为问题了。我已经这么老了，才开始意识到这点。"

这个年轻人看起来对答案还是不完全满意。他希望能够按照他自己的意志，根据他自己精心确立的模式来生活。

这就是为什么认识自己那么重要，不要遵从任何既定的方式，也不要遵随宗教导师。这种自始至终的无选择意识可以终结一切幻象和虚伪。

现在，大雨倾盆而下，空气似乎凝固了，只能听到雨点敲打屋顶和树叶的声音。

二、在加利福尼亚讲谈

真理不是思想的产物

冥想不是只体验日常思想和感觉之外的事物,亦不是追求幻觉和欢愉。不成熟和狭隘之人可能并且确实幻想能按照自己所受的训练去扩展觉知和体验。在当今世界,思想不成熟的人或许最有能力获得成功,让自己扬名,他所追随的大师就是这类人的代表。所有这些人都是无缘冥想的。冥想不属于追名逐利之人,追名逐利者只找寻自己想要的,他从中获得的满足感不过是连他自己都胆颤的伪善道德观。

有信仰、遵循教义的人按照自己的意志行事,也无法进入冥想境界。进入冥想,自由是必需的。并非先有冥想,后有自由;自由——是对所有社会道德观和价值观的否定,它才是冥想的第一步。冥想不同于公众集会,公众集会很多人都可以参加并从中得到祝愿,而冥想则要求独自一人,且总是超越社会行为的界限。真理不是思想的产物,也不是思想整合后形成的所谓真理。要进入积极的冥想状态,必须彻底否认整个思想体系。

那天早晨,海面非常平静;晴空万里,海水就像湖水一样湛蓝。海鸥和鹈鹕飞翔于海天之际——那些鹈鹕缓缓低飞，厚重的羽翼几乎轻触到了水面。蔚蓝的天空映着远处朝霞浸染的群山，几丛绿色灌木点缀其间。朝霞里，一只红鹰从远山间腾空而起，掠过溪谷，消失在树林之间。

在这个世界里，阳光夺目，极具穿透力，但并不刺眼。空气中混合着漆树、柑橘树和桉树的味道。接连几个月这里滴雨未下，大地焦渴得裂开了缝隙。山中不时会看见鹿的身影。有一次，我在山间漫步还看到了一只浑身是土、毛发蓬乱的大熊。这条山路时常会有响尾蛇出没，偶尔也会看见长角的蟾蜍。小路上人迹罕至，路上尘土飞扬、崎岖、寂静。

眼前是只母鹌鹑和她的儿女们。周围的鹌鹑一定不下十几只，它们纹丝不动，佯装自己并不存在。往上爬得越高，山越荒凉。由于缺水，这里压根儿没人住过，也看不见飞鸟，几乎没什么树木，阳光热辣灼人。

爬山到这个高度的时候，突然，身边不远处惊现一条响尾蛇，它摆动尾巴，发出刺耳的警告声，不由得吓人一跳。再看前面的那条响尾蛇，它整个身体绕着尾巴蜷缩着，三角形的脑袋正骇人地冲着你。还有几英尺的距离，响尾蛇不至于攻击到你。看到对面的人瞪着自己看，响尾蛇也一眼不眨地盯着人。双方警觉对视的时候，你尽可以观察响尾蛇那肥软灵活的身体，留神观察它可能怎么会伤害到你；但实际并没什么危险。僵持了一会儿，响尾蛇伸直脑袋，尾巴对着人，欲转身离开。这时，你若再靠前，它就会再次蜷起身子，把尾巴放在身体中央，做出攻击状。

人蛇如此交锋，几次过后响尾蛇便累了。那时，你尽可以走开，来到海边。

海边的这座房子很漂亮，正对着草坪的窗子敞开着。室内墙壁雪白，布局合理。寒夜里生起火炉，看着熊熊的火苗，光影重叠，很是惬意。

室外寂静无声，唯有阵阵的海涛声不绝于耳。

房间里有两三个人，在全方位探讨当代青年和电影等问题。其中一个人说："我们可以请教一个问题吗？"好遗憾，这个提问好像忽然把山川和蔚蓝大海营造的气氛搅乱了。"我想知道你们是如何看待时间的。我们或多或少都知道些科学家和科幻小说家对时间的解读。人们似乎总是被时间这个问题所困扰，对无休止的昨天和明天感到困惑。从远古直到现在，这个问题一直占据人们的心头。哲学家们曾经对时间做过一些思考，宗教也自有对时间的一套解读方式。我们能一起谈谈这个问题吗？"

我们是深入讨论这个问题还是浅尝辄止呢？如果我们要认真地思考时间这个问题，就要彻底忘记宗教人士、哲学家和其他人对于时间的说教——他们任何人的话都不能相信。我们这样并不是漠视或不屑于他人的言论，而是要弄清这个问题，我们必须推翻一切所谓的权威。如果能做到这一点，那我们就可以开始探讨了。

除了钟表上指示的，到底还有没有时间存在呢？我们对很多事情都被动接受，顺服的观念在我们头脑中根深蒂固，以至被动接受对我们来说已经是再自然不过的事了。但是，除了已经逝去的无数个昨天外，到底有没有时间呢？时间是昨天、今天和明天的连续，还是根本不包含昨天？是什么将无数个逝去的昨天连接在一起的？

因带来果，果又转化成因，因果相互转化；它们之间没有分别，共同处在一个运动之中，我们把这个运动称为时间。随着这一运动，我们用双眼和心灵去观察和体验世间万物。我们从时间的角度去认识世界，用过去的术语解释现在，把对现在的这种解释与未来连在一起，这就是时间的连续性。

思想陷入从过去到现在再到将来的这个进程里，并问道："时间是什么？"这个提问本身是关于时间运行机制的，而思想隶属于时间，所以，这个问题根本没有意义。思想产生于过去，正是基于此，它才把时空分成了过去、现在和未来。如若不然，思想就会说"只有现在"，忘记现在本身就是过去的结果了。

我们的意识就是由这样的时间链构成的，在这个时间链内我们追问："时间是什么？如果没有时间的话，昨天都发生了什么？"这些问题都在时间的范畴之内，由思想提出的关于时间的问题是没有答案的。

又有人问：是不是既没有明天也没有昨天，而只有今天呢？这个问题是在认清了时间的结构和性质的基础上提出来的，是从思想的角度来看这个问题，但不是思想提出了这个问题。

那么，事实上有明天吗？如果我们要赶火车的话，当然是有明天的，但是，有能让我们感觉痛苦、快乐或有成就感的明天吗？或者是不是只存在和过去没有联系的现在呢？只有思想停止了，时间才会停止。所谓当下就是停止思想的那一刻。这个当下不是一个想法，而是一个事实，它只存在于思想机制停止的时候，当下的"感觉"与字面所指的时间之义截然不同，因此，不要让我们困扰于昨天、今天和明天这几个单词了。当下只有在自由心态下才能认清，而自由的心态并不是思想能带给我们的。

接着人们又会提出这样的问题："什么是当下的行动？"我们只知道属于时间的行动、某段记忆中的行动以及过去与现在之间的行动。在这段间隔或空间内，所有的困惑和冲突都开始了。所以这个问题实际是在问："如果根本不存在间隔，行动又是什么呢？"有意识的头脑会回答："我做事总是自发的。"但事实上,并非如此;不存在自发这样的事情,我们做任何事情都是受到制约的。实际存在的才是唯一的事实;而实际存在的就是当下。由于接触不到当下,思想开始建构关于当下的理想意象,而现实和理想中意象的差别,就是思想所创造的痛苦。

摒弃昨日去认识现实,就是当下。当下就是昨日的了无痕迹。

冥想只会在你毫无察觉间降临

冥想是永不停止的运动。千万不能说他正在冥想或计划留出点儿时间进行冥想。冥想是不可控制的。冥想的福佑并不会因为生活有规律或者遵循特殊的惯例或道德准则就会降临。冥想的福佑只会降临那些心灵真正开放之人。思想的钥匙打不开心扉,饱读诗书并不能让心无惧。然而,当心像无云的晴空般敞开,冥想的福佑就会悄然地不期而至。但是,千万不要守护、保留或是崇拜这份福佑。一旦动了那样的念头,福佑将会永不复来,那时任凭你怎样努力都将于事无补。在冥想之中,个人是无足轻重的,冥想之美不在个人,而在于冥想本身,对此,你不能有任何渴求。不要望着窗外奢求不知不觉中将冥想拥为己有,也不要坐在黑暗的房间里静待它的到来。冥想只会在你毫无察觉间降临,断断续续地带给你欣喜。

巍峨的高山俯视着浩瀚蔚蓝的大海,绵延数英里。山上差不多光秃秃的,只见一些低矮的灌木在忍受太阳的炙烤。山地起伏处挺立着一些树木,虽然也被灼热的太阳和野火折磨过,但依然站在那儿,安安静静,散发出活力。尤为引人注目的是,山上有棵巨大的老橡树,它伟岸高耸,周围的小山仿佛都臣服于它的威仪之下。另一个山顶处也耸立着一棵树,它被肆虐的野火烧死了,树杈上光秃秃的,看不见一片叶子。放眼欣赏这些山脉的壮美和在蓝天映衬下它们尽显的轮廓,你发现整个天空仿佛是被这棵枯树独自撑起的。这棵树曾经枝繁叶茂,可惜枯死了,它将再也感受不到春天的爱抚了。但它独耸山巅的优雅和美丽却赋予了它无限的生机,就连观赏者也好像与它融为了一体,顿生出无依无傍之感,时间也仿佛失去了意义。如同山谷中的老橡树一样,这棵枯树好像会永远耸立在那儿,它们一个生机勃发,一个灼烧致死,但却是山中唯一引人驻足观赏的景致。它们都被太阳炙烤过,被山火灼烧过,都在共同等待冬雨的润泽。这两棵树,一棵活,一棵死,从它们身上,你能看到生命的整个演绎过程,包括自己的人生。爱,就隐藏在它们之间,纵然受人忽视,却也从不苛求。

　　这户人家养着一只母浣熊和她的四个孩子。我们到达那里的当天,它们正在阳台上,看到有人进来,立刻表现得非常友好。小浣熊们的眼珠黑黑的,闪闪发亮,小爪子软软的,紧张兮兮地等着有人过来喂食,浣熊妈妈则远远地站在一边。第二天晚上它们又来了,用柔软的爪子把食物从我们的手中拿走,一副驯服和被宠爱的乖巧模样,让人不由得惊讶于它们的美丽和举动。几天后,它们就和我们熟络起来,人前人后地转,在它们身上,你能感觉到旺盛的生命力。

　　这天天气宜人清爽,明媚的阳光下每棵小树和灌木都清晰可见。有个人从山谷而来,来到山顶上位于溪谷边的这座小屋。房屋附近长着几棵松树和高大的竹子,远处是绵延不绝的山脉。

他是个很有希望的青年,还未受过野蛮文明的腐蚀。他想要的就是静静地坐着,内心保持沉静,不仅四周的山林让他有这样的想法,他内心对安静的迫切渴求也让他别无选择。

"我在这个世界上扮演什么角色呢?我同现存的整个世界有什么关系呢?这种永无止境的冲突意味着什么?我和我的爱人同床共枕,但这并不是生活的全部。所有这一切都如同一个遥远的梦,逝去又回来,时而激情澎湃,时而百无聊赖。我见过一些朋友吸食毒品。他们因此变得蠢笨、呆滞。恐怕我也一样,即使没沾染毒品也会被日常了无生气的生活和自己的孤独感消磨得单调乏味了。走在人群里,我什么也不是。我重复着他人走过的路,从没遇见过一位正直廉洁之士、一位清雅高洁之人。因此,如果您有时间的话,我想来到这里同您交谈。我不是来请您回复我所提出的问题,我很烦恼,虽然我很年轻,但常常感到很沮丧。我周围的无望的老辈人内心都充满苦痛、残忍、伪善,做事易于妥协、谨小慎微。他们没有任何可以给予我的东西,奇怪的是,我也不需要从他们那里得到什么东西。我不知道自己想要什么,但是我知道自己一定要过一种富足而有意义的生活。我当然不想把自己圈在办公室里,然后逐渐成为体态臃肿、毫无价值的那群人中的一员。有时候,面对孤独和远空中的星星我会独自哭泣。"

我们一起静静地坐了片刻,屋外的松树和竹子享受着和煦的微风。

云雀和雄鹰在飞翔时从来不留踪迹。然而,科学家却和许多其他专家一样,会留下足迹,我们可以步步紧随其后,也可以加快步伐,继续他们未竟的工作,我们或多或少能知道这种累积的科研成果将把我们带去何方。但是真理并非如此,真理之路了无痕迹,真理可能就在下段路的转弯处，也可能远在千里之外。我们必须不断追寻，才会发现真理。但是如果我们停下求索的脚步，去为他人绘制一条可以追随的道路，或者为自己的生活设计一幅蓝图，真理永远也不会到来。

"这是诗意的幻想还是事实？"

你认为呢？对我们来说，一切事物只有被升华、被抽象以后我们才能去实际运用它，只有在为它加入其他元素后才能去崇拜它。你可以将一根棍子带回家，放在架子上，每天在它前面摆放一束鲜花，这样过些时日，这根棍子就有了许多不同的意义。我们的思想可以为任何事物赋予意义，但这种意义实际毫无意义。当一个人问到生活的目的时，这就好比你去崇拜那根棍子一样。糟糕的是我们的思想总是不停地创造新的目的、新的意义、新的快乐，并且又总是将它们毁掉，无休无止不停地折腾。然而，心灵沉静之人从不试图追求在现实之外的事情。一个人既要像雄鹰一样，又要像科学家一样，并且要知道这两种特性是不会同时呈现的。但是，这并不是说这两者是完全分开的，它们两个都必不可少。可是，如果科学家想变成雄鹰，雄鹰在飞翔中留下了足迹，苦难也就离世界不远了。

你还很年轻，千万不要失去自己的纯真和随之而来的敏于接受性。这是一个人唯一的财富，而且也是必须拥有的财富。

"敏于接纳一切是人存在的全部和目的吗？它是我们身上能发现的唯一无价之宝吗？"

如果一个人失去了纯真，那他就会对周围事物木然无知。即使你有丰富的人生体验，经历了众多的人间悲喜，但如果你对这些都漠不关心，那头脑又怎会是纯真的呢？只有纯真的头脑才能发现真理。而只有真理能让人敏锐地去感知和接受周遭世界，而那就是自由的心态。

"你说失去纯真一个人就不能发现真理，而若发现不了真理人就无法变得纯真。这是个恶性循环，对吗？"

只有随着昨日的逝去人才能变得纯真。但是，我们总是放不下过去，头脑中总是萦绕着过去某些残存的、破碎的记忆，而正是这些记忆才使得我们的头脑停驻在某个时间内。因此，时间是纯真的敌人。每天，对于头脑所捕捉到的和拥有的任何事情，我们都必须放弃，否则，就不会有自由。只有在自由心境中，人才能感怀并接纳一切。它们不是一个在前，一个在后——而是处于同一运动之中，同来同去。真正充实的心灵才是纯真的。

冥想是活在当下的纯真

冥想是头脑中不存在任何已知事物的空无状态。已知的属于过去。头脑的空无不是积累的结果，相反，它意味着不去做任何积累。只是在当下，那些曾有的东西才被清空了。清空不是思想行为而是种实际行动，是通过实践表明什么才是现实。过去是从一个结论到另一个结论的运动，以及根据结论判断什么是现实。所有的判断，不论属于过去还是现在，都只是一种结论，而阻碍头脑忘却已知事物的正是这种结论；因为已知总是结论和决断的汇总。

已知事物是意志运行的轨迹。意志的功能就是将已知事物串联起来，因此动用意志不可能清空人的头脑。头脑的空无状态强求不来；只有当思考者意识到思想是如何运行的，而不只是思想本身时，这种状态才会自然生成。

冥想是活在当下的纯真，永远是独自一人的行为。头脑完全独立于外物，不受任何思想碰触，停止做任何累积。所以，头脑的空无状态永远是在当下。对于这样只活在当下的人来说，从过去演化而来的未来也不见了。冥想是一种运动，不是结论，因此没有任何结果要去追寻。

这是一座大森林，到处是松树、橡树、灌木和红杉。一条小溪蜿蜒而下，欢快地向前流淌。蓝色的和黄色的小蝴蝶似乎无花可采，向山谷那边悠悠飞去。

这是一座古老的森林。高大、粗壮的红杉树似乎更为古老。走在森林里，人卸下"武装"，不再喋喋不休，不再炫耀才学，体验到一种异样的氛围。森林里无路可循，你必须把车子停在远处，然后踩着覆有厚厚松针的地面前行。

听到我们的脚步声，一只松鸦马上向其他动物发出警告。这个警告非常有效，林中所有动物都似乎停止了活动，你能感觉到它们紧张的注视。森林里遮天蔽日，静谧触手可及。

两只红松鼠拖着长长的、刷子似的尾巴，从松树上下来，边走边谈，爪子抓挠树皮的声音都能听得见。它们在树桩周围互相追逐，跳上跳下，满心欢喜，不仅对彼此有强烈的亲密感，还因一起嬉戏和爱恋而变得心意相通。它们真的很开心。跑在上面的松鼠会突然停下来看在下面跑动的那只，一会儿下面的也会停下来，互相对视。它们尾巴上翘，鼻子一掀一掀地抽动，用爪子指向对方。两只松鼠不仅敏锐地观望彼此，它们

心灵的革命是唯一的出路 | 83

也注意着周围的情况，对坐在树下的那个看客似乎还有几分责备。现在，它们已经忘了看客的事儿；只知道彼此的存在，你几乎能感觉到它们对相依相伴的沉醉。它们的小窝一定在树的高处，不一会儿，两只松鼠戏耍累了；一只跳到了树上，另一只则跑到地面，消失在另一棵松树后面。

那只蓝色的松鸦用敏锐而好奇的目光打量着它们和坐在树下的那个人，然后它高声叫着，起身飞走了。

乌云开始笼罩，可能不久之后就是一场雷阵雨。

她是个高学历的分析师，目前在一家大诊所工作，年纪很轻，打扮入时，穿着及膝盖的短裙，显得很紧张，一眼就能看出她是在受什么困扰。坐在桌子旁，她说话有些啰嗦，开始慷慨激昂地表达她对事物的看法，对窗外美丽的花朵似乎从没看上一眼。和煦的微风吹过，树叶窸窣作响，高大、粗壮的桉树迎风轻舞。她随意地吃着东西，对自己吃的是什么显然并不在意。

在紧邻的那间小屋，她说："我们分析师就是要帮助患者去适应那个有很多弊病的社会，也有成功的案例，但少得很。我也知道，任何成功的案例其实都拜造物主所赐。我分析过很多患者，我并不喜欢自己的职业，但是我必须谋生，而且世界上病人这么多，也需要分析师的帮助。我认为医生不一定能给患者多少帮助，尽管我们也尝试去使用新的药物、化学品和医学理论。除了医治病人以外，我还努力尝试让自己与众不同，变得不同于一般人。"

你努力让自己独特，但难道你真的和他人有什么不同吗？你为什么要做无谓的努力呢？

"但是假如我不努力这么做,我不就和那些中产阶级的家庭主妇没什么区别了吗?我不想和她们一样,这也是我不结婚的原因。但是我真的很孤独,孤独使我选择了这个职业。"

但也正是这种孤独感最终让你渐渐有了自杀的念头,是这样吗?

她点了点头,泪流满面。

你这样孤独、恐惧,苦苦地追求与众不同,不都是整个意识行为造成的吗?这种意识迫使人们去追求,去找寻与某物的认同感,或者到现实生活中去验证。大多数医学分析师都会按照自己导师和学派的那套理论去做研究,而自己仅仅是对这套学说稍作修改罢了。

"我属于新的学派,我们避开象征性的事物而直接面对现实。我们摒弃了从前大师们的种种教条,而按照患者的实际状况来对待他们,但事实上我们的这种做法又创造了一个新的学派。

我来这儿不是为了同您讨论医学上的学派、理论和大师,我是来谈我自己的。我不知道该怎么办。"

你和自己试图医治的病人难道有什么区别吗?你不也是社会的一分子吗?而这个社会也许更令人困惑,甚至比你还病入膏肓。因此,理解自己的意识行为才是更为根本之事,不对吗?

是这个社会的诸如文化、宗教等种种巨大的压力把你弄成了这个样子。这些压力迫使你既追求经济利益,又关注内在的提升,结果你疲惫不堪。或者你应该与社会和解,也就是说接受社会病态的一面并和它一起生活,或者你也可以完全背弃这个病态的社会,找到一种全新的生活方式。可问题是,如果你不放弃原来的思想,你就找不到这种新的生活方式。

心灵的革命是唯一的出路

你真正想要的是安全感，对吧？你一心一意要追寻的东西就是——要与众不同，变得更聪明、更敏锐、更加有才干。在追寻的过程中，你实际是在试图找到一种绝对的安全感，对吧？但是真有这种安全感吗？追求安全感实际是制造了混乱。在人际交往、追求信仰和人们的行动中都不存在安全感。因为如果人人都追求安全感的话，社会必定失序。安全感只能催生无序。无序感在内心不断增加，当你发现这种情形，势必就想要结束这一切。在意识或褊狭或宽广的领域内，思想总试图找到一个安全的落脚点。因此思想总是带来无序；秩序并非思想的结果。只有无序消亡了，秩序才会现身。在思想的领域内是寻不见爱的，正同画笔描绘不出美一样。人必须自己主动放弃内心的这种无序感。

她变得非常安静，陷入了深深的沉思，眼泪不可抑制地顺着双颊流下。

每次冥想都会有全新的感受

睡觉和保持清醒同等重要，或许前者更重要。假如白天头脑保持警醒、注意力集中，能仔细观察生活的内外变化的话，晚上冥想作为福佑就会来临。那时头脑清醒，冥想的魅力从寂静深处飘忽而来，这是任何想象力和奇思妙想都无法带给我们的。冥想悄然而至：产生于意识静止之时——不来自意识之中而是意识之外，不在思想的范围之内，而在思想无法企及之处。因此，冥想之中没有记忆，因为记住的总是过去之事，冥想不是对过去事物的再现。冥想来自充实的内心，并非源于才智和能力。冥想可以每晚都光顾，假如幸运的话，每次冥想都会有全新的感受。这种新不是指它与前一次冥想不同，而是指它完全没有受到前一次冥想的影响，还指冥想也会呈现多样性但却能在变化中保持不变。因此，睡眠对于冥想来说无比重要。这种睡眠不是指精疲力竭后进入的酣睡，也不是指在药物辅助下进入的安睡，而是指在放松状态下进入的睡眠。好比身体保持警觉就能对刺激敏感反应一样，在这种睡眠状态下头脑对任何外界变化都是敏于感知的。冥想有时轻如微风；有时则深不可测。如果头脑沉湎于对某次冥想的美好记忆，那冥想的种种欢愉就会自然隐退。所以，重要的是不要去试图占有冥想，也不能产生占有它的念头。千万不能把占有欲带到冥想中来，因为冥想没有根基，也没有任何头脑可以占有的实质性内容。

几天前，我们进入到峡谷深处。这座峡谷被不毛的荒山所簇拥，出没其间的各种鸟类、昆虫和小动物们都悄无声息。我们沿着缓坡一直爬到一块高地上。在那儿极目远眺，四周高低起伏的山脉隐现于落日的余晖之中。这些山脉通体透亮，好像是从内部点亮了似的，根本无法熄灭。但是，随着时间一点点逝去，落日的余晖也渐渐地退去，西面夜空中的群星愈加闪亮起来。这是个令人愉快的夜晚，整个宇宙仿佛就在身边，被一种奇怪的静谧所笼罩。

我们人体不能自己发光发亮；所能拥有的只是他人给予的人造光环，即知识之光，也是才智和能力赋予我们的光环。这种光环不可能持久，它的消逝难免让我们痛苦；思想之光也终将消散，变成自己的幻影。但是，潜藏在我们内心深处的光辉却永远不会暗淡。人的内在光华不同于市场经济下的商品，它无法在人前展示。这种光华无可追寻、不能培养，想象不到，构思不出，总是活跃在思想之外。

他是一位颇有声望的法师，曾在寺院内外虔心修行。

"我感觉您对冥想的一些言论是正确的；人无法控制冥想。但是，这是不是就意味着我们不能去追寻冥想，不能为之祈求，不能为它做任何事情，不论所做的是故意以某种姿势入定，还是以什么态度对待生活和自己呢？我们到底能够做些什么？语言在冥想之中有什么作用呢？"

我们因为内心空虚而去追求，而去向外求索，借此或者填补那份空虚或者逃离空虚。这种因内在贫乏而表现在外的追求活动既缺乏实质内容，不具有实用性，也没有明确的目标。这种追求注定矛盾重重，没有止境。因此，不要试图向外求索。但是，向外求索的努力也会把方向由向外调成向内，展开向内的追求和探索，并致力于找到现在被称为"内在"的东西。所以，这两种方向的运动在实质上是一样的。它们必须都终止才行。

"您的意思是要我们完全满足于内心的空虚之感吗？"

当然不是。

"那我们到底该怎么办呢？空虚感还在，现在又加上了近乎绝望的心情。您知道，当人无法按自己心愿去追求的时候，这种绝望感甚至会更强烈！"

向内探查和向外求索都毫无意义，当你意识到这个事实时，还会有绝望感吗？你是满足于你发现的事实？还是接受内心的空虚？不，都不是。因此：向外求索、向内探查、接受空虚，这三件事情都被你否决了。

也就是说，你反对头脑在这种空无状态下做任何运动。此时，头脑里真的是空无一物了，因为思想运动体现的就是思想本身。思想不做任何运动，因此也就不存在促发运动的实体了。就让头脑保持空无的状态好了。就让它处于这种状态吧。头脑此时忘记了过去、将来和现在，也摒弃了转换的过程，这种转换过程也属于时间范畴。因此，此时头脑里既没有时间，也没有衡量。那时，头脑果真空无一物了吗？

"这种状态时有时无，即使这不是空无状态，那也显然不是您所讲过的冥想时的极乐状态。"

忘了曾经说的话，也忘了它的来来去去。如果某件事来了又去，那它是属于时间的。这时，就会有观察者说："它在这儿，它不见了。"实际上，这个观察者是在衡量、比较、评价，因此，这并不是我们所谈论的空无。

"您是想让我变得麻木无知吗？"这位大师大笑道。

当没有衡量和时间存在的时候，空无还会有边界和轮廓吗？那么，你还能把它称作空无或虚无吗？那样的话，它既无所不包，又空无一物。

察觉让思想和身体不陷入分离与冲突

昨晚，大雨下了整整一夜。清早起床后，漆树、鼠尾草和潮湿的泥土混合的气息扑面而来。这里的土壤颜色红红的，似乎比棕壤更具有泥土气息。此时太阳已升至山巅，绽放出神奇的赭褐色光芒。大雨洗净了树和灌木的满身尘土，它们在阳光下熠熠生辉，周围的一切都透着欢快的神情。这里半年多都没下雨了，你可以想象雨后的大地该是多么开心。

不仅仅大地，大地上的一切——参天古树、高大的桉树、胡椒树和橡树也都沉浸在喜悦之中。那天早晨，就连鸟儿的欢唱也别有韵味。注视着周围低矮的群山和远处巍峨的蓝色山脉，不知不觉你就沉涵其中，浑然忘记了自己和周围的一切，所能感受到的只有这份美丽、广袤和向四处伸展的大地。那日清晨，静谧从绵延不绝的山峦间蔓延而出，与内心深处的沉静奇妙融合，那种感觉就像是大地和苍穹的无言对接，让人不禁陶醉在造物主的神奇馈赠之中。

当天晚上，沿着峡谷走进这座小山。脚下的红壤潮湿、松软，地里的庄稼粒鼓穗满，预示又是一个好年景。沿陡峭的山坡爬了数英里，突然陡坡急转直下。转至山坡另一侧，一片寂静感陡然袭来，勾起了内心的无比寂寥。进入山谷深处，这种寂静感变得更加强烈而急促，更加的不可抗拒。思维完全停止了，四周唯有寂静。继续往前，这种寂静似乎罩住了整个大地。树木间没有一丝微风，它们在黑暗中静静地伫立。想想真是奇怪，白天这些树还是那么热烈地敞开双臂欢迎你，可是现在，它们虽然身形依旧迷人，但却显得冷漠、退缩，远远地与人拉开了距离！三个猎人从此地经过，他们带着强弩硬弓，头上绑着探照灯，专门来这儿猎捕夜里活动的鸟类，对周围的美景和静谧好像丝毫都未察觉。这三个人一心打鸟，杀气腾腾，周围的景物似乎都在惊恐万状地望着他们，深深为他们遗憾。

那天早上，我的小屋里来了三十来个年轻人，他们都是大学生。由于从小就在这种气候里长大，他们个个体格强健、丰满、高大，浑身洋溢着热情。他们中只两三个人坐在椅子上，我们大都席地而坐，身着迷你裙的女孩儿们显得有些不大自在。其中一个男孩最先说的话，他嘴唇颤抖，头低垂着。

"我想过一种不同的生活。不想沉迷于毒品和性，也不想过无名鼠辈的生活。我想生活在世外桃源，却被现实捆住了手脚。我和一个女孩发生了关系，第二天我的情绪一落千丈。我想过一种平静的生活，心中充满真爱。但是，内心的各种欲望和社会的诱惑却不停撕扯我。我想顺从自己的欲望，但又与之抗争。我想生活在高山之巅，却总是在谷底徘徊，我一直生活在那种状态里。我不知道自己该怎么办，对周围的一切也失去了兴趣，我的父母对我爱莫能助，那些我曾讨教的教授们也没什么对策。他们和我一样困惑、郁闷，事实上，或许更严重，因为他们比我年长那么多，可到现在不也一样没弄明白这个正困扰我的问题吗？"

重要的是不要对"如何看待性——赞成还是反对"这个问题妄下结论或决断，不要陷在无益的概念性阐释里。我们不妨以全局的眼光来观察我们所在的这个世界。和尚立下独身的誓言，因为在他看来，要升入天国，他必须戒色，但在接下来的余生里，为了践行自己的誓言，他却要一直同身体对性的需求做斗争：他与天斗与地斗，为了苦苦追求所谓的光明，余生却在黑暗中度过。我们每个人都难免陷入思想斗争中，就像和尚一样，一方面欲火中烧，另一方面却要为了信仰压制这种欲望。我们都是肉体凡胎，肉体都是有需求的。对于肉体的需求，我们所在的社会通过各种方式进行强化和影响，包括广告宣传、半裸女郎、强调享乐和大谈社会道德。我现在说的社会道德观是指对社会秩序所持有的观念，而我们当前的社会显然是既无序，也没有道德。与此同时，我们身体的感受也被社会极大满足，比如可以享受到更多也更适合我们口味的食物、饮料和电视节目。现代社会还把人们的注意力都集中在性这件事上。每一天，关于性的话题通过各种渠道被大谈特谈——如书籍、访谈、极度开放的社会观念。这类事情铺天盖地地向我们袭来；仅仅对它们视而不见是没有用的。我们必须理解这个社会所包括的全部生活方式，认识这其中存在的荒谬信仰和种种分歧，认识到将整个人生都虚掷在办公室和工厂是多么了无意义。而在所有这一切的末端，就是死亡。对世界的这种混乱状况，我们必须认清才行。

现在，请从那扇窗户向外看看吧，看看那些被昨夜雨水冲刷过的奇伟山脉，看看加利福尼亚独有的流光溢彩，看看那些萦绕山间的美丽光华，屏息感受那混合着泥土气息的清新空气。你越对这些感兴趣，就越能敏锐地捕捉到这些绝妙而又令人无比惊异的光和美。你对它们关注得越多，你的理解力也就越强。欣赏美景，跟看见漂亮女孩儿没什么两样，都会带给你快乐和享受。你对大山的感受不会在你看到女孩儿时消失；只是你这样做实际上是把生活划分成了不同的部分，在这样的划分里，你会感到伤心和矛盾。就像当你把山巅和山谷分开看时，也会在内心产生冲突一样。但是，区分并不意味着你可以躲避或者逃离冲突，也不意味着你可以纵情于性或其他嗜好，以使自己远离冲突。理解冲突并不意味着你从此就可以随心所欲，可以像植物那样生长或像牛那样生活。

理解这一切，但是不要深陷其中，更不要依赖它。也就是说永远不要否认一切，永远不要试图根据自己的生活准则下任何结论或在思想上和语言上抵达任何状态或拟定原则。能觉察到刚刚所揭示的整幅图景就是智慧的表现；促使我们采取行动的恰是这份智慧，而不是结论、决定或者某项思想准则。

我们的身体，如同我们的思想和心灵一样，由于受到教育及我们所遵循的社会行为准则的束缚，已经变得毫无生气。这些社会准则压抑我们心灵的敏锐性，让我们处于纷争中，毁了我们的美丽、柔情和乐趣。这一切只有我们真正观察到了，不是口头上说说或理论上领悟了，我们的身心才可以变得高度敏感。这样，我们的身体就会发出正确的需求指令，头脑就不会被语言、象征物和陈腐观念所左右。之后，我们就可以宠辱不惊地面对生活，不计较是在山巅还是低谷；这样，思想和身体就不会陷入分离与冲突之中了。

三、在欧洲讲谈

冥想是在专注状态下的一种运动

冥想是在专注状态下的一种运动。我们无法获得专注,因为它不为个人所有。当观察者作为中心,从那个中心关注周围事物并施加决定性影响时,便是个人因素潜入到了观察里;因此,他所观察到的都是破碎的、有限的。冥想中的专注无边无际;它属于澄明清醒的状态,一切思想都被排除在外。思想植根于逝去的昨日,它总是让头脑混沌不清,因此,思考就是在黑暗中运动。意识到这一点会让人变得专注。但是,意识却无法带人进入冥想的专注;意识属于刻意的专注行为,在思想领域内进行,是可以被控制或调整的;意识到这是伪专注才会真正进入冥想的专注。冥想不是智力发挥作用的过程——智力活动仍然是在思想的范畴内。冥想是摆脱了思想的束缚,沉浸在真理狂喜中的一种运动。

那天早晨屋外飘着雪花,刮着寒风;早春的绿意已爬上枝头。在白雪的映衬下,原始森林中高大的山毛榉树和榆木的树干泛出独特的灰绿色。秋天的落叶还铺在地面,脚踩在上面舒适柔软。林中的树木形态各异,它们共同营造出一种独特的氛围,漫步其间,不由得让人忘我般陶醉。

突然，太阳出来了。东边的天空是广袤的蔚蓝色，西边却是黑压压的彤云密布。就在太阳突破云层的瞬间，春天来临了。在这个静静的春日，你感到了大地的美，感到了大地与万物浑然一体的美。在此时此刻奇特光影的映照下，轻覆着薄雪的冬青树闪亮耀眼，随着观察角度的变化，颜色不停地变幻。冬青树上奇异的色彩与人和整座树林完全融合了。你浑然不觉自己身在何处，时间和空间也仿佛停滞了。

他告诉我他相信宗教，有一颗虔诚的心，但至今仍不属于任何特殊的宗教组织。当然，他和所有教会的大师们都探讨过，虽然受益匪浅，但长谈后他还是怀着深深的失望选择了离开，好在，他并没有因此而怀疑一切。他说自己仍然还在找寻一种极乐状态。他曾在大学任教，后来为了体验冥想和探索真理便放弃了教书的工作。

"您看得出，"他说，"我知道生活是支离破碎的。我自己，作为生活的一分子——也是破碎的、与众不同的。多年来，我一直努力地让自己变得完整，设法将自己融入这个社会。我也曾试图找到一种认同感，您知道，现代社会一向善于毁灭人的认同感。我想知道，到底有没有什么办法可以让这种破碎的生活变得完整起来呢？"

我们把我们的生活划分为家庭和社区，家庭和国家，家庭和办公室，政治和宗教生活，战争与和平，有序和无序，这种划分可以一直继续下去。沿着这条道路我们艰难前行，尝试实现身心的和谐，尝试在爱心和嫉妒之间找寻平衡。我们对这种生活现状再熟悉不过了，并且试图从中找出某些和谐的因素。

那么，是什么造成这种分裂的呢？很明显分裂是存在的，比如黑与白、男人与女人等等，但问题是这种分裂的源头和实质是什么呢？我们必须找到它，否则总是难以避免分裂。但是，您认为这种二元对立的根本原因是什么呢？

"对于这种看似永无止境的二元对立我可以找出很多原因，对于人们为消除这种对立曾做过的尝试，我也可以举出很多例子。我可以在理性层面分析这种对立的成因，这方面，我自己尝试过，跟别人也多次合作过，但仅此而已。我还尝试通过冥想或运用意志力来感受万物之间的统一以及天人合一，但结果还是徒劳。"

当然，只发现这种二元对立的原因是不够的，这无法保证问题就能得到解决，这和人知道为什么恐惧以后仍会感到恐惧是一个道理。当最为看重的是清晰阐释思想的时候，理性的探讨就会造成实际行动的迟缓。二元对立的根本原因在于自我和非我的区分。自我总是试图与非我统一，非我可以是妻子、家庭、社区以及人类自己创造的上帝的形象。自我总是在寻找一种认同感，但是它所认同的事物都仍然只是一个概念、一段记忆和一种思想体系罢了。那么，存在二元对立吗？就客观世界来说，二元对立是存在的，比如光和影，但是从心理的角度看，是不是存在二元对立，就应该画个问号。可是，我们有的人连想都没想就认可心理上存在二元对立的观点，这就跟我们理所当然了接受客观世界存在二元对立一样，都是社会影响我们的一部分表现，而我们对社会施予我们的影响向来都是不质疑的。但是，在心理层面存不存在分离呢？在这个世界上，只存在客观的"是什么"，即"现实"，而不存在主观上的"应该是什么"，或曰"理想"。"理想"是人们在整合思想后提出的，目的是用以避免或克服"现实"。所以，这种划分实际是体现了实际和抽象之间的矛盾。抽象指那些虚幻的、浪漫的和理想化的事物，即"理想"。实际存在指的是"现实"，除此以外，其他一切事物都是非真实的，而造成二元分裂的正是这些非真实的事物。疼痛是实际存在的；而不疼则是思想感受到的快乐，这种快乐带来了疼痛与无痛之间的分别。思想总是具有分裂性的；它体现了观察者和被观察事物之间时空上的距离。所存在的只是"现实"，只有认识到"现实"，去除观察者的思想，二元对立才能结束。

思想不等同于爱；但是思想却像快乐一样，不但包含爱，还带来了在爱中隐藏的痛苦。否认并不存在的，余下的就是存在的现实。否认不属于爱的，爱就会在本我和非我的消退中显现。

纯真和博大是冥想之花

纯真和博大是冥想之花。没有博大的空间，便没有纯真。纯真并非不成熟。或许从身体上看你已经成熟了，但是，如果头脑还没有摆脱过去经历留下的多种印痕，那么，广阔的空间就不可能随爱而来。阻止人们保持纯真的正是这些过往经历所留下的种种印记，如果将头脑从这些经历的持续威压下解放出来，那就是冥想。

太阳渐渐西沉，尽管巴士和出租车还在路上穿梭，噪音仍不绝于耳，但一种神奇的静谧却聚拢而来，你忽然感到自己周围的一切都静止了。这种超然物外的感觉贯通天地，相信你也有过这样的经历。静谧常常不期而至；它神奇地从天而降，罩住整个大地。这是造物主对我们的馈赠，它将夜色之美烘托得无边无际。雨后闪亮的小路、停在路边的汽车、空无一人的公园，似乎都被静谧包围着；即使路上说笑着走过的情侣也丝毫未搅扰这份寂静。

夜幕下，光秃秃的树木伸展着柔美的枝条，它们在等待春天的到来。春天就要来了，它正加快脚步来拥抱这些树木。大地已长出嫩绿的小草儿，果树也盛开出花朵，乡下一派万物复苏的景象。站在山顶俯瞰这座城市，圆形的屋顶比比皆是，一个比一个有气势，一个比一个高，松树的树顶倒是看起来平平的。夜晚的灯火似乎点亮了云朵，这些云朵聚集在地平线处，层层叠叠地一直蔓延到了远山处，堆积成无数引人遐想的形状，看起来竟像是在空中建起了一座无人探秘的城堡。云朵在天空中错落有致，好像都被点亮了，发出暗红色，其中几块云红彤彤的，好像是从内部被点着了一样，正在燃烧。

这些云朵不会创造空间；它们只是处于空间之中。空间无限地、永恒地延伸着。

一只画眉鸟在附近的灌木丛中欢唱着，祝福之音经久不息。

来访者有三四个人，都各自带来了妻子。我们都坐在地板上，高高的窗台挡住了我们的视线，从这个位置根本看不到外面的花园和对面的院墙。他们都属于高级知识分子：一位是科学家，一位是数学家，还有一位是工程师，都是各自领域内的专家，做事循规蹈矩，从来没有逾越过自己所属领域的界限——与大雨过后泛滥的河水是截然不同的。但请大家不要忘了，河岸两侧的土壤之所以受到滋养恰是因为河水溢过了堤岸。

工程师问道:"您经常谈到空间。我们都很感兴趣,想知道您所谓的空间到底指什么。桥梁把河水两岸或是两座山之间的空间连接起来。空间是由充满水的大坝构筑而成的。我们同膨胀的宇宙之间存在着空间。我和您之间也存在着空间。您是这个意思吗?"同来的另外几个人也都支持这么说,他们来之前一定讨论过这个问题。其中一个人继续说:"我可以用更为科学的术语把这个问题用另一种形式再讲一遍,但都是殊途同归。"

有分开的空间,有合并的空间,也有无限广大的空间。人与人之间渐生隔阂的空间里存在分裂,是有限的空间;你实际是什么样的人和你对自己设想的意象之间是有距离的;类似的情形还存在于你和自己的妻子之间;现实中的你和理想中的你是有差距的;你所看到的山和现实中的山也是如此。时空之美在于没有时间的边界和界限。

那么,在不同的思想之间存在空间吗?记忆之间呢?行动之间呢?或者思想之间是不是根本就不存在空间?理由和理由之间存在空间吗?健康与病态之间呢?——是因变成了果,果变成了因吗?

如果思想与思想之间存在断裂的话,那么思想就可以永远是新的,但是,思想之间总是连贯的,不存在空间,所以思想总是陈旧的。或许你还没有意识到某一思想的连续性;或许你在放弃这个思想的一周后又再次追随它,时间虽然不同,但是它对你的影响还是在原有的界限之内。

因此,全部知觉,包括觉察到和未觉察到的——这个词也许不当,但此处不得不提——都存在于有限而狭窄的传统、文化、风俗和记忆的界限之内。技术可以让人类登上月球,人类也可以在峡谷上搭建桥梁,抑或给有限的社会空间带来秩序,但是所有这些又会再次衍生无序。

空间不仅仅存在于这个房间的四面墙壁之外；这个房间也自成一个空间。观察者在自己的周围筑起了一个封闭的空间，划定了一个范围。处于这个范围内，观察者再去观察他的目标，这样一来，他又在观察物四周创造了另一个新的空间。

夜晚，当观察者仰望星空时，他所见的空间是有限的。或许，观察者可以借助望远镜看到几千光年之外的空间，但即使这样他的观察范围也依然是有限的。存在于观察者和他所观察对象之间的是空间，人们用时间把这一空间填满。

思想自己所包含或跨越的空间不仅仅是物理上的，也是心理上的——如昨天、今天和明天。只要观察者存在，空间就会像监狱那样束缚他的自由。

"您这么说，是想告诉我们有一种不存在观察者的空间吗？这似乎是根本不可能的，或者这只是您一厢情愿的想法而已。"先生，自由是不能受到一点儿束缚的，无论束缚它的空间多么令它感觉舒适或装饰何等华丽。假如一个人要与自由对话，那么，他就不可能在记忆、知识和经验的束缚之内进行。自由要求我们打破一切束缚，无论你是多么乐于接受这种有限的无序、一定程度上的奴役或者在一定限度内的劳苦。

自由不是相对的；它或是存在或是不存在。如果没有自由，人们就必须接受狭隘和受到限制的生活，在这样的生活里充满冲突、痛苦和悲伤——只能在细微之处带来微小的改变。

自由是无限的空间。一旦空间不足，就会发生暴力——这就好比捕食者和小鸟们会为了捍卫它们自己的空间和领地而与外来者作战一样。在法律和警察的制约下，暴力程度或许是有限的，正如捕食者和鸟儿们，如果它们只是为了各自需要的有限空间而战，那由此引发的暴力也同样是有限的。人和人之间的空间是有限的，所以注定存在侵略行径。

"先生，您是不是在告诉我们，只要人类生活在他们自己创造的领域之内，他们就总是会和自己以及这个世界做斗争呢？"是的，先生。所以我们现在触及自由这个中心话题了。

在社会文化狭窄的范围内，是不存在自由的，没有自由，社会就出现混乱。为了逃离无序的生活，人们试图在意识形态、理论以及他们的信仰之中寻找自由。但这种逃避并不是自由。人与人之间是被囚禁自己的方寸之地分开了。那么，给自己带来这种制约的思想最终能打破这个结构，超越这个空间，自行终止吗？很明显，思想做不到。这是我们首先要认识的一点。理性不能在其本身和自由之间搭建桥梁。思想和理性一样，只是对记忆、知识和经验的反应，总是陈旧的。而旧事物永远都无法和新事物之间相连。从本质上说，思想只是观察者和他自己的偏见、恐惧和焦虑的结合体，这样一个思想者——由于他的孤立性——显然是在他的四周划定了一个范围。因此，观察者与其观察的对象之间总是存在着一定的距离。观察者试图通过建立某种关系来保持这种距离——因此便产生了冲突和暴力。

以上讨论的内容都不是凭空捏造的。任何形式的幻想都会毁灭真理。自由存在于思想之外；自由意味着无限的空间，这种空间观察者无法创造；带我们抵达这种自由境界的就是冥想。

思想活动不停止，即头脑中没有宁静，就不会有冥想所需的无限空间。与思想不同，这种宁静无法用时间堆积而来。时间永远不会带来自由；只有当心灵不再为言语所蒙蔽，秩序才可能出现。

思想和时间只会产生界分和破碎

　　冥想的头脑是沉静的,这种沉静思想无法孕育。它不是夜深人静时的静止无声;而是指当思想——及其所有相关的意象、语言和理解力——完全停止时的寂静。这种冥想的思维是一种宗教思维——而这里所说的宗教与教堂、寺庙和教堂的圣歌无关。

　　宗教思维是爱的迸发。正是这种爱使得人与人之间不再冷漠,不再分离。在这种爱面前人与人之间无所谓距离的远近。它不会把人们分成一个和多个,它是能终止所有分歧的那种博爱。像美一样,爱是不能用语言来测量的。冥想者就是在这种寂静之中展开冥想的。

　　这里几天前刚下过雨,今天晚上,天空依然阴云密布。往远看,群山上方云朵漂游,阳光正开心地从云缝中迸射而出。仔细观瞧,你发现这些云朵全都形态各异。

　　金黄色的夕阳正落在一两座高山山巅处的乌云之上,这些乌云如同暗绿色的柏树一样坚实,看到此情此景不由得让人心生宁静。广阔的空间、山上的孤独伫立的树木、远方的圆屋顶,以及人们围坐在一隅的交谈都汇入这种宁静之中。看到红红的落日,你推测明早的天气一定很好。果不其然,翌日的天气不错,蔚蓝色的天空上不见一朵浮云。暗色的柏树树篱衬托着黄色的花朵和开满白花的树木,春天的气息已飘到了每个角落。青草叶上露珠点点,春天从黑暗之中缓缓走来。

　　来访者谈到他的儿子刚刚去世了。本来他的儿子有份不错的工作,不久就会荣升为他所供职的大公司的主管。这位父亲还没有从丧子的悲痛中缓过来，但他一直极力控制自己的情绪。他属于有泪不轻弹的那种人。他工作勤勉，把一辈子都献给了技术性工作。看得出，他很少耽于幻想，生活中复杂的、微妙的以及心理上的问题几乎不曾困扰过他。

近来儿子的去世对他来说可谓当头一棒，他说："这是件令人悲痛的事儿。"

对他的妻儿来说，这件事更是难以接受。"我怎样才能劝他们别再难过了呢？就像您曾经讲给我们的那样？我本人研究过这个问题，或许能够化解这份悲伤。但是我的老婆和孩子们怎么办呢？"

悲伤无处不在，我们每个人都会遭遇撕心裂肺的痛苦。这种悲伤是生活的种种变故带来的。对于人类来说，悲伤总是不时袭来，有时甚至令人窒息；如果走不出悲伤，人就会变得痛苦和愤世嫉俗。

您所谓的悲痛是什么引起的呢？是因为儿子离世？是为自己难过？还是因为你和儿子间的血缘关系被切断了？你的悲痛包含自怜的成分吗？或者你难过是因为你儿子在世人眼里原本前途无量？

假如是自怜，那么这种自我关注，这种在生活中封闭自己的因素——尽管看起来还是在跟人交往——一定会不可避免地导致痛苦。这种孤立自己的过程，这种日常生活中关注自我的行为、这种追求的目标、这种对自我重要性的注重、这种与人分离的生活方式，不管你意识到没有，必定会带来一种孤独感，而对此，我们从来都是用尽各种办法去逃避。自怜是孤独产生的痛苦，这种痛苦就是所谓的悲痛。

还有一种悲痛来自无知——不是缺少书本知识或技术理论或经验不足的那类无知，而是那种我们已经理所当然接受的一些无知做法，包括接受传统的时间观念和进化观念（传统观念认为进化是从"现实"到"理想"）、服从权威及其暴力、接受危险和痛苦、全然不知自身的结构。这就是人类无处不在散播的痛苦。因此，我们要明白自己所谓的悲痛到底指的是什么——悲痛意味着痛苦，意味着失去了那些我们认为美好的东西，是因为缺少安全感而导致的悲伤，以及因为不断追求安全感而来的痛苦。你的情形属于哪种痛苦呢？我们必须弄清楚这点，否则我们永远不会从痛苦的阴影中走出来。

这种对痛苦的理解不应仅停留在语言层面，也不应只是做理性分析。你必须清楚地知道自己痛苦的是什么，就如同当你触摸那朵花时能真切地感觉到它的存在一样。

不透彻地了解这份悲痛，我们又怎么可能结束它呢？你可以去教堂或寺庙或用买醉的方式逃避悲痛——但是所有逃避，无论借助于上帝还是性，结果都一样，都无法化解这份悲痛。

因此，就像绘制地图前要摸清每条大街小巷的位置一样，我们必须弄清悲伤的来龙去脉。如果你想假借时间之手去淡化这份痛苦，那么时间只会适得其反地强化痛苦的冷酷无情。你必须在瞬间认清悲痛的全部——看清它的全部，之后是它的每个细节，而不是先看细节，再去整体感知。要结束悲痛，时间必须停止。

痛苦无法通过思想终止。而时间一旦停止，令人产生悲伤的思想就消失了。产生分裂和分离的正是思想和时间，而爱既不属于思想也不属于时间。

请不要依靠记忆去认识悲痛的全部。倾听悲痛的全部低语；与它融为一体，因为你既是观察者，又是观察的对象。只有这样，悲伤才能结束。

除此以外，别无他法。

了解自我才能走出迷津

冥想从来都不是祈祷。祈祷和祈求都源于自怜。人们总是在遇到困难或感到悲伤时才去祈祷；但感觉幸福、快乐时从不去祈求。自怜在头脑中根深蒂固，是人们与外界分离的根源。这种分离或自认为的分离促使人们去寻找与没有分离之物的认同，而在这一过程中却平添了更多的分离与痛苦。为了摆脱这种困惑，人们向上天或者向自己的丈夫，甚至向头脑中某类神灵呼喊。这种呼喊或许能够得到回应，但是这种回应也只是自怜的回音，人与外界仍然处于分离的状态。

重复说某些话或祈祷是一种自我催眠，也是自我封闭和具有毁灭性的行为。思想总是出现在已知事物的范围之内，对于祈祷的回应也只是就已知事物所做的反应。

冥想远非如此。在冥想的世界里，思想无法进入；其间没有分离，因此也无需认同。冥想是光明正大的，毫无秘密可言。在这里，一切都显露无遗，都是清晰的；爱的美丽也随之而来。

这是个春日里的大清早，一些薄云从西边蔚蓝的天空轻轻地掠过。公鸡的打鸣声早早就划破了夜的寂静，大公鸡一连叫了两个小时来宣布新一天的开始，这在这个拥挤的小镇可是件怪事。树上的叶子依然稀稀落落，散见纤细、柔美的嫩叶，映衬出早晨晴朗的天空。

假如此时的你非常安静，头脑中没有闪现任何念头，你就会听到隐约传来的教堂钟声。它肯定来自很远的地方，在公鸡啼鸣短暂的间歇，声波由远至近悠悠飘来，穿过你的耳膜再传至更远的地方——你似乎凌驾在这钟声之上，随之飘远，消失在茫茫的远方。公鸡的啼鸣声和着远方低沉的钟声，产生了一种奇妙的效果。此时的小镇还未开始喧闹，空气中唯有这种声音在清晰地回响。这种声音你不能用耳朵倾听，而要用心去感觉，而且要在思想上除去对钟声和鸡鸣声的印象，这是一种纯粹的声音。它来自寂静，你用心感受它，并随它一道飘向永恒。这种声音不像乐声那样安排有序，不在两段乐章的间歇处；跟谈话结束后的声音也不同。这些声音都是人用思想或者耳朵，而并非心灵所捕捉到的。只有当你用心灵倾听时，世界才会充满这种纯粹之音，你的双眼也会因此看得更为清楚。

她是位非常年轻的女士，打扮入时，一头短发显得简洁、干练。从她的讲述中可以得知，她对自己已经不再抱任何幻想。她有自己的孩子，在生活中是个相当严肃之人。或许她还有些浪漫情怀，也还年轻，但东方在她眼里已经失去了神秘的光环——这或许也是好事。她的谈话简单、干脆，没有一点儿吞吞吐吐。

"我认为很早以前，在我的人生遭遇某件大事时，我的生活就随之结束了。当然表面上看，日子还是照样往前过，我拉扯着孩子，照顾所有其他的，看不出什么变化。但是，我已经变成了一个躯壳。"

大多数人，无论他们意识到没有，一直都是在慢性自杀，这点你难道看不出来吗？结束生命最极端的方式就是从高楼的窗户直接跳下去。

但是，自我毁灭很可能在最初产生抵触情绪和挫败感时就已经开始了。我们在自己的周围砌起一堵墙，在这堵墙的后面过着一种与世隔绝的生活——尽管我们也可能有丈夫、妻子和孩子。这种分离的生活就是自我毁灭的生活，而这恰恰是宗教和社会所认同的道德观。这种分离的行为构成一个持续的链条，导致争斗和自我毁灭。对个人也好，社区或民族也罢，分离就意味着自杀。想自我受到认同、做事喜欢以自我为中心、想独自承受痛苦，这些都无异于自杀行为。若信仰和教条缚住了你的双手，那也是在自杀。你把自己的人生投注在一件事上，做任何事情都围绕着它，一旦这个信仰之物或者上帝遭遇毁灭，你的生活就会随之远去，无所依托。假如你是个聪慧之人，会为生活虚构某种意义——这是专家们的一贯做法——但是，一旦把自己献身于那种虚无的意义，你就已经踏上了自我毁灭之路。所有将自己托付给信仰的行为都是自我毁灭，无论这么做是以上帝之名，还是以社会主义或其他什么说辞。

尊敬的女士——这可不是故意说残忍的话给你听——因为没能得到你想要的，你早就不存在了；或者因为你想要的已经弃你而去；或者因为你想穿过的那扇特殊之门向你紧紧关闭。正如悲痛和快乐是自我封闭的，接受和坚持也会带来分裂的痛苦。我们虽生犹死，总是在自我毁灭。只有终止这样的行为，生命才会复苏。

"我明白您的意思。我看清了自己的所为。但是，现在我该怎么做呢？如何才能从这么多年的死亡状态中复活呢？"

你复活不了了；如果可以的话，那你就是在因循旧有的模式，痛苦也会像风吹云彩般地尾随你。你唯一能做的就是要认清这个事实：独自一人秘密地过着与外界隔绝的生活，同时还要求快乐能持续——这种做法必会招致自我毁灭般的分离。分离中没有爱的身影。爱没有认同之物。享乐以及追求享乐只会修建囚禁自我的分隔之墙。要避免进入"死亡状态",必须结束所有委身于某人或某事的行为。了解自我就能走出迷津。

为了爱的降临,人类必须停止思想

冥想摒弃所有的语言。语言是思想,无法让头脑宁静。在宁静状态下开始的行动完全不同于语言所引发的行动;冥想让头脑摆脱一切象征物、意象和记忆。

春天的一个清晨,高大的白杨树上,嫩绿的叶子在微风中摇曳,山上的杏树、樱桃树和苹果树都花满枝头,整个大地一派生机与活力。柏树看起来安静、超然,繁花盛开的树木引人驻足观赏,一排排杨树在风中摇摆,在地上留下长长的影子。小路旁的溪水向前奔流,它终将成为昨日之河。

空气中花香弥漫,每座山都尽显独特之处。山间伫立着一些小屋,橄榄树环绕在它们周围,每座小屋前都栽种着一排排柏树,一条羊肠小道在山冈上蜿蜒。

这是令人神清气爽的清晨,满眼都是美景,彰显权势的小汽车看起来也没那么扎眼,一切都显得秩序井然。当然,每间房屋里可能难免存在无序和混乱——例如人们相互算计、孩子们哭闹、大笑,仿佛是一整根悲惨的链条无形地从一家延伸至另一家。春夏秋冬,寒来暑往,这个链条从未断裂。

但是，那天早晨出现了新生。那些柔嫩的树叶还没有经历过冬天和即将来临的秋天；它们是易敏于感知的，因而也是纯真无辜的。

透过窗户，可看见大教堂古旧的圆顶和五彩的钟楼，教堂由条纹状大理石建造而成；教堂内部则到处是悲痛与希望的象征物。这个早晨的确让人神清气爽，但奇怪的是几乎看不到小鸟的踪迹。当地的人们为了娱乐而猎杀小鸟，即使鸣叫，它们的声音听起来也是喑哑的。

来访者是一位艺术家，确切地说是位画家。他说自己有作画的天分，就好比有的人通晓如何建造桥梁一样。他留着一头长发，手指纤细，满脑子都是成名成家的梦想。他只是偶尔出来——谈谈话或是做些解释——然后就一头扎回画室。他说自己某些画作正在出售，还举办过好几次个人画展。对此他颇有几分自豪，这点从他谈话的声音中能感觉到。

军队驻守在对自己一方有利的围墙之内；商人们被钢铁和玻璃等制品包围；家庭主妇在厨房里忙碌，等待丈夫和孩子们归来。博物馆的管理人员、乐队的指挥也都各自在自己所在的那小块天地奔忙，他们每个人所在的领域都变得极其重要，彼此无关，相互对立。不仅如此，每个碎片化领域还各设荣誉，各有各的社会尊严和预测专家。宗教领域与工厂不相关，工厂与艺术家的生活没联系；将军与士兵是彼此分离的，牧师和教徒们也是一样。现代社会由这些不同的碎片组成，有志之士和改革家们就是试图将这些碎片拼合起来。但是，人类得以带着忧虑、罪恶和焦虑继续活在世上，正是通过这些分离的、破碎的、专业化的碎片实现的。人们是在与忧虑、罪恶和焦虑纠缠的过程中彼此间发生了联系，而不是在他们各自擅长的碎片化领域。

所以说，将人类联系在一起的是人类普遍具有的贪婪、憎恨和侵略本性，是这种暴力建构了我们所在的文化和社会。头脑与心灵将这个世界划分成"上帝与憎恨，爱与暴力"，在这种二元对立中，整个人类文化得以扩张和收缩。

人类的统一不在思想所构画的任何结构之中。合作并非人类理性的本质。爱与恨不可能实现统一，然而，这种不可能偏偏是头脑试图找寻并确立的。统一完全在这个领域之外，思想根本无法抵达。

思想建构了这种充满侵略、竞争和战争的文化，思想还要探求秩序与和平。但是，思想永远找不到秩序与和平。为了爱的降临，人类必须停止思想。

冥想是对过去的终结

头脑自己挣脱已知就是冥想。祈祷是从已知到已知；或许有些祈祷会得到回应，但它仍然是在已知世界里——这里充满冲突、痛苦和困惑。冥想是完全否认已累积在头脑中的信息。已知的就是观察者所有的，观察者只透过已知来看世界。从中观察到的意象都属于过去；冥想则是对过去的终结。

这个房间很大，一座四周栽种着柏树的花园尽收眼底，不远处是一座红屋顶的修道院。清晨，太阳还没有升起，借着修道院的灯光，你可以看到里面有修道士来回走动。天很冷，北风呼呼地刮，耸立在房屋和其他树木中间的桉树在风中极不情愿地摇摆着。桉树喜欢从海上吹来的微风，喜欢在风中摇曳自己婀娜的身姿，现在吹向它的北风太猛烈了。桉树站立在那里，从清晨到日落，日复一日，年复一年，彰显着大自然运行周期的固定不变，也给周围的树木、灌木丛和其他低矮的植物带来了底气。这棵桉树一定是棵古树，但它从来没有被人关注过。如果有必要，当地人把它砍倒用以建造房屋也不会觉得有何不妥。在这儿的乡下，树木除了用作美化环境以外并不受重视，大自然对当地人来说也无关紧要；在华丽的花园别墅周边栽树是为了衬托房屋优美的曲线。但是，和桉树在一起，任何一座房屋都显得黯然失色。它站在那里，自成一道风景，安安静静，内蕴无限生机。旁边的修道院及其周边的小花园，还有坐落在绿色植被中央的那间小屋，都在它的树荫庇护之下。桉树终年待在那里，乐得自在而尊严。

房间里有几个人，他们继续跟我谈起几天前讨论过的那个话题。他们大多是年轻人，或留着长发，或蓄着胡须，或穿着紧身裤，或穿迷你裙，涂抹着嘴唇，高挽着发髻。

谈话在轻松的气氛中开始了；他们对自己不太确信，或者说不太确定这次谈话能有什么进展。"当然，我们不能墨守成规，"其中一个人说道，"但是我们却又身陷其中。我们和老一辈人及其生活之间是什么关系呢？"

反抗解决不了问题，对吗？反抗只是一种反应，由此产生的回应往往导致自我约束。每代人都受上一代人的制约，仅仅反抗所受的约束并不能解放已经受了制约的头脑。任何形式的顺从也是一种反抗，难免引发暴力。学生中的暴力活动，城里的骚乱事件，抑或战争，无论是发生在你身上还是离你很遥远，都根本不可能肃清动乱。

心灵的革命是唯一的出路 | **111**

"但是，我们身在这样的社会当中应该怎样做呢？"

如果你要做一名改革先锋，那你就是在改善这个不断堕落的社会，从而去维持引发战争、分歧和分裂的体系。事实上，改革家对人类的彻底改变不过是个威胁而已，若真有什么改变的话，也只是某种程度的改变，因为你必须置身于所有的群体、宗教、社会道德之外，否则稍不留意，就会陷入旧有模式中。

只有当你不再妒忌，不再邪恶，不再醉心成功或追求权势时，才会成为一个局外人。只有当你知道自己是环境的一部分，是你创建的社会结构的一部分——是千百年来创造了当今世界的无数人中的一员时，你才有可能在心理上成为一个局外人。在把自己理解为人类一员的过程中，你就会发现自己和老辈人之间是什么关系。

"但是，怎样才能摆脱像天主教那样给予我们的深重影响呢？它在我们心中已经根深蒂固，甚至扎根在我们的潜意识里了。"

人，无论他是天主教徒、穆斯林、印度教徒，还是共产主义者，一百年、两百年，甚至五千年的宣传对他来说也只是描述相关意象的语言体系的一部分，这个体系进而构成了人的意识。我们所吃的食物、经济上的压力、所在的文化和社会共同制约着我们。我们身上反映出的就是那种文化，我们就是那个社会的写照，仅仅反抗它，就在反抗我们自己。如果你连自己是什么都不知道就反抗自己，那你的反抗注定徒劳无益。但是，如果你认清了自己的真实面貌，却没有妄加谴责，那么，由这种意识促发的行动就会与社会变革者或革命家的全然不同。

"但是，先生，我们的潜意识是种族的集体遗产，照您的分析，我们必须得了解潜意识才行。"

我不明白你为什么这么看重潜意识。它和有意识的思考一样无关紧要；重视它只会强化它。你一旦认识到它的真正价值，它就会像秋天的树叶一样飘落。我们认为有些东西有保留的价值，而有些则是可以被抛弃的。战争的确带来了某些表面的改善，但战争本身对人类来说却是最大的灾难。理性并不能解决人类的问题。思想，促使人们千方百计地克服并超越痛苦和焦虑。思想，让人们建造了教堂，虚构了救世主、精神领袖；思想，创造了民族的概念；思想，将一国之民分成不同的群体和阶级，并造成彼此间的争斗。思想，把人类分为男人和女人，并在带给我们无政府混乱和巨大的悲伤后，又虚构出了另一个结构把人们聚合到一起。思想做任何事情都不可避免会带来危险和焦虑。称自己是意大利人、印度人或是美国人，无疑是荒谬的，而这都是思想在作祟。

"但是，爱却能解释这一切，不是吗？"

你又错了！你能做到不妒忌，没有任何野心吗？或者说，你是在使用思想赋予了它某种含义的"爱"这个词吗？如果思想赋予了"爱"一定的含义，那它就不再是爱了。"爱"这个词本身并不是爱——无论你赋予它什么含义。思想就是过去，是记忆，是经验，是随每次回应挑战而积累起来的知识。这种回应往往是不充分的，因此会产生冲突。思想总是陈旧的；永远不可能是新的。当代艺术也是思想和理性的反映形式，尽管它把自己伪装成新的模样，尽管画中的群山不如现实中的美丽，好像是新的，但实际都是旧的。为了保证新事物的产生，必须彻底否定整个思想体系——包括对爱、上帝、文化、政治意识形态等的传统观念。新事物不可能符合旧有模式。而你们真正害怕的恰恰是完全否定旧有模式。

"是的，先生，我们确实害怕，因为如果完全否定旧模式的话，那还能剩下什么呢？我们又用什么来代替它们呢？"

这个问题仍是思想的结果；思想意识到了危险，于是害怕了，想要确认可以找到新事物用来代替旧的。这样你们就又陷入"思想之网"里了。但是，如果你们能真正否定整个思想体系，而不只是在语言和理性两个方面作探讨的话，或许就会发现新的事物——包括新的生活方式、看问题的全新角度和能采取的新的行动。否定是最积极的行为。在不知道何为真实的情况下否定虚假，否定隐藏在虚假中的明显事实，否定虚假为虚假，这些都是头脑立即行动起来摆脱思想困扰的表现。观察花时，头脑中带有或者不带有思想构建的有关花的意象，结果是完全不同的。能反映观察者与被观察事物即花之间关系的，就是这个在观察者头脑中形成的被观者的意象，而这个意象所体现的就是观者和被观者之间的巨大差距。

一旦这个意象消失了，时间间隔也就消弭了。

冥想总是新的，不着过去的痕迹

冥想总是新的，它没有连续性，因此不着过去的痕迹。

"新"这个字并不表示与先前截然不同的新鲜感，这个"新"颇有物是人非的意味，好比熄灭的蜡烛又被重新点燃后发出了新的烛光那样，尽管蜡烛还是原来的，但烛光已发生了改变。只有当冥想被思想曲解、重新解读并强加了某种目的时，它才是具有连续性的。思想强加给冥想的目的和意义变成了对冥想在时间上的束缚。但是，冥想是不受任何思想碰触的，它有自己独特的运行轨迹，与时间毫不相干。时间上的旧和新好比一朵花从昨天生根发芽到明天含苞待放。但冥想是一朵全然不同的花。它不是昨日经验之花，没有时间上的根。它即便存在连续性也与时间无关。

"冥想的连续性"这种表达容易让人误解，因为昨天冥想到的不会发生在今天。今天的冥想又是一次新的觉醒，是美德重新绽放出美丽。

一辆小汽车缓慢地穿行在大城镇川流不息的车流之中，穿行在狭窄街道的喧嚣之中。到处都是公寓楼，住着一户户人家，到处都是商店；城市的触角伸向四面八方，吞噬了周围的乡村。终于，汽车开出城区，来到了乡村绿色的原野、麦田和一大片黄艳艳的芥菜花之间。绿油油的麦田和黄灿灿的芥菜花形成鲜明的对比，就好像寂静的乡村和喧嚣的城市一样。汽车向北行驶，道路高低起伏。远处是树林、溪流，头顶是让人赏心悦目的蓝天。

春天的早晨，汽车穿行在林间，成片的风铃草随处可见，黄色的芥菜田自林边一直蔓延到天际；极目望去，绿色的麦田无边无垠。沿着公路经过许多村镇，拐上一条岔路继续往前就来到了这片生机勃勃的树林：树木枝头吐露出新芽嫩叶，空气中散发着泥土的芬芳；到处都是春天特有的气息和清新。仔细观察身边的景物——挺立的树木、娇嫩的叶子、潺潺的溪流，你会感到自己是如此贴近大自然。这不是浪漫的遐想，也不是想象中的幻觉，这是一种真真切切的感受——蔚蓝的天空、广袤的原野，它们就在你的身边。

继续向前来到一条林荫路，道路两旁是高大的山毛榉，仰起头，透过枝头的嫩叶可看见蓝蓝的天。这真是个令人愉快的早晨，紫叶山毛榉尽管高大挺拔，但仍未褪去稚嫩。

他的手很大，高大健硕的身躯把整个椅子都占满了，和蔼的脸上微微露出笑意。奇怪的是我们却没怎么笑。我们被压抑得太久了，被令人厌倦的工作和日常乏味的琐事弄得情绪低落。听到一则诙谐的笑话我们也会笑笑，但那种笑并非发自内心；人走向成熟后好像普遍要经受痛苦。我们从来不会因为看到溪水潺潺而开怀大笑；我们只会难过地看到自己眼中新奇的光芒一天天在黯淡；生活本应该充满快乐和希望，但思想却让我们痛苦和绝望，由此带来的压力更是让我们的生活变得晦暗。

对于寂静是如何产生并为人接受的这个特殊观点，来访者很感兴趣——这个问题他或许从没有遇到过。寂静是什么？你可以去买一块奶酪，但却买不到一份寂静。你可以栽下一株树苗，但却不能同样在心头播种寂静。思想上的寂静不会因任何心理活动而产生。听音乐时感觉到的那份寂静是由音乐本身产生并传递出来的。而思想上的寂静并非一种体验；当你意识到它时，它其实已经结束了。

某一日，坐在河边，望着河水，不要被它的流动、粼粼的波光、清澈见底的幽深弄得神情恍惚。凝望着河水，什么都不要想。你会感觉到自己的四周——你的内心、无声流淌的河水、静悄悄的树林———片寂静。但是，千万不要觉得自己到达了一种超凡的状态。这份寂静你无法带回家，也无法把它藏在心里或握在手中。如果你做到了，那说明它不是寂静，而只是一段记忆、一种想象、一次摆脱了日常嘈杂的浪漫逃避罢了。

万物皆因寂静而存在。今日清晨,你在听到了来自寂静的音乐声,因为那时你恰好也处在寂静里,音乐在寂静中超越了你。

只是,我们耳朵里充斥着杂芜的思想之音,根本没有倾听这份寂静。当你眷恋某人或某物的时候,寂静不可能现身,思想让它变成了社会的玩物,而这个社会的文化是嫉妒,社会中的神灵又是人们虚构并亲手制造的。寂静,其实就在你所在之处,就在你的心里,就在你的身旁。

冥想意味着汇集全部能量

冥想意味着汇集全部能量。冥想并非精挑细选般地将能量一点点积聚起来,如否定这个,否定那个,捕获这个,抓住那个;相反,它彻底否认任何浪费能量的行为,从不做什么选择。选择是混乱的结果;浪费能量的实质就是混乱和冲突。要时刻清醒地认清现状需要投入全部能量;这样就不会有矛盾或对立。但是,禁欲、发誓忠贞和安于清贫并不能汇聚全部能量,因为思想参与其中,所有的下决心和按意愿行事其实都是在浪费能量。思想就是被浪费的能量;但感知从来都不是。认识现状不需要下决心,认识到就认识到了,无所谓"我一定要去认清"。抛开观察者的身份去观察事物吧。在这种观察里不存在能量的浪费。浪费能量的是那些试图去观察的思考者。爱不会浪费能量,但如果思想把爱变成了享乐,则会消散能量。冥想的能量不断聚集,随着越聚越多,日常行为就成了冥想的一部分。

早晨,白杨树随着从西面吹来的微风轻轻摇摆。每片叶子都在轻声地向风儿述说；每片叶子都欢快地在春日的晨风中舞蹈。天还早。画眉正在屋顶歌唱。每天早晨和傍晚，这只画眉都会飞到这儿的屋顶上，有时静静地向四下张望，有时会试探地鸣叫几声等待回应。停留了几分钟后，画眉飞走了，它黄色的喙在晨曦中闪着光亮。此时，屋顶上空飘过来一片片云朵，向远看，这样的云朵天边到处都是，层层叠叠地，好像被人精心摆放过一样。云朵慢慢飘移，仿佛整个大地，包括地面的烟囱、电视天线、路对面高大的建筑物等都随着它们动了起来。不一会儿，云飘过去了，湛蓝的天空显露出来，透出只有在春日清晨才有的清澈。天格外蓝，时间还早，除了人行道上传来的脚步声和远处一辆货车驶过的声音外，街面上几乎静悄悄的。新的一天就要开始了。望着窗外的白杨树，你仿佛看到了天地间的至美。

他问："智慧是什么？您多次谈到智慧，我想知道您对智慧是怎么看的。"

观点及对观点的探求，都不是真理。你可以无限地探讨各种观点的对与错，但不论一个观点有多好、多么合理，它都不是真理。观点总是带有偏见的，难免受到观点持有者所在的文化、教育程度、获得的知识等因素的影响。为什么头脑非要受观点所累，非要知道你对这个人，或这本书，或这个意见是怎么看的呢？为什么头脑不能处于空无状态呢？只有在空无的状态下，头脑才能看得清楚。

"但是我们的头脑中充斥着各式各样的想法。我根据现任政界领导人的言行得到对他的看法，如果没有这种看法，我就没法决定是否给他投票。看法对于行动来说很必要，不是吗？"

看法或观点可以培养，可以加强，也可以固化，大多数行动都是基于你所说的那种喜欢或厌恶的原则。经验和知识的固化体现在行动里；这种行动把人与人分割并区分开来；阻止人们观察到事实真相的正是观点和信念。你问智慧是什么，认清现实就是智慧的一部分体现。如果人在身体和精神上失去敏感性，即灵敏的感知能力和清晰的观察能力，那也就没什么智慧可言了。感情用事和多愁善感会削弱感觉的灵敏性，在某个领域内敏感而在另一个领域内迟钝会导致矛盾和冲突，这都是没有智慧的表现。同样，把支离破碎的感觉整合到一起也不能带来智慧。智慧与知识和信息无关。知识总是属于过去；知识可以被用来处理当下的问题，但它也会限制当下的发展。智慧总是处于当下的状态，智慧不属于时间的范畴。

冥想是让头脑摆脱所有假象

冥想是让头脑摆脱所有假象。虚假的幻象是思想一手造成的。思想，尽管试图如实地反映现实，但这种如实却是相对的，因而不符合事实。所有的比较都是在逃避，会造成假象。如实不是某种原则，也不遵从某个模式，它是彻底地感知现实。冥想就是这种"如实"在寂静中的运动。

早上，天空有些阴沉，树林里静悄悄的。透过光秃秃树干间的缝隙，可以看见藏红花、水仙花、鲜黄的连翘花。从远处望去，绿色的草地衬着一小片黄色，走近一些再看，天哪！那黄色亮得简直令人炫目。但是，你并没有将自己视为这抹亮黄色，也没有把自己化身为广阔的空间，以至铺天盖地都是黄色。只是，看花的你消失了。存在的只是鲜亮的黄色，别无他物——四周一片寂静，画眉鸟悦耳的叫声、路人的交谈声、小汽车发出的刺耳刮擦声，全都听不见了。存在的只是那片黄色，别无他物。美与爱就在其中。

转身回到树林里。稀疏地掉了几个雨点儿，林子里空无一人。春天刚刚来临，因为是北方的缘故，树木尚未发出新叶，它们看上去仍有冬的萧瑟感，还在苦苦等待温煦的阳光及和暖的天气。一个人骑马经过。这匹马跑得浑身是汗，但是它动作优雅，高昂着头，气度不凡。相比之下，身穿马裤、足蹬锃亮马靴、头戴骑手帽的骑马人倒显得微不足道了。他骑在马上，与周围的自然景物格格不入，马儿反倒成了自然的一部分。然而，大自然正被人类一点点地毁灭。

高大的橡树、榆树、山毛榉静静地伫立着。地面上到处都是冬天留下的残叶，软软地铺了一层。这片林地似乎年代很久远了。林中几乎看不见小鸟，只能听见那只画眉鸟的叫声。天空很晴朗。

傍晚回来时，天空依旧那么晴朗。洒在大树上的余晖静静地移动，变幻出奇异的色彩。

光真的很神奇；你越看它，它越变得深邃、宽广；移动的光影将所有树木都笼罩其中。这种光影令人惊讶；至今还没有任何油画能完美展现它的美丽。这种美胜过落日余晖；远在视线所及之外，就像降临人间的爱。光影中，又看到了那片黄色的连翘花，大地沉浸在喜乐里。

她是带着两个女儿来的，但没让孩子们进来而是把她们留在外面玩儿。她是位年轻女子，很漂亮，穿戴很得体；看上去精明强干，不过略显烦躁。她说她丈夫在某家公司上班，她在家带孩子，日子就这么一天天打发。她的脸上掠过一丝忧伤，但马上用微笑遮掩住了。她问："什么是相处之道呢？我和丈夫结婚好几年了，我们彼此都深爱对方。但是我觉得还是缺了点什么。"

你真想深谈这个话题吗？

"是啊，我大老远来就是为了和您探讨这个话题的。"

你丈夫在公司上班，你在家里做家务，你们俩都有各自的理想和抱负，也都遇到过挫折和失败，经历过痛苦和不安。他想在公司担任要职，但又担心当不上——害怕被人抢了先。他被自己的志向和受到的挫折所困扰，苦苦寻求实现愿望的途径，你也一样。他回到家，身心疲惫，脾气暴躁，心怀忐忑，把紧张感也一并带了回来。你在家里带孩子，做家务，忙了一天也很累。你们俩喝点东西，聊聊天，本想放松一下紧张的神经，结果聊着聊着心里便不安起来。谈过一会儿话——也吃过了东西，接下来不可避免地上床休息。这就是所谓的夫妻相处——白天你们各有以自我为中心的事情要做，晚上回来床上见；这就叫爱。当然这其中也包含一点儿温柔、一点儿体贴，以及在孩子头上轻拍几下的关爱。你们在这样的日子中一天天变老，直到离开人世。这就是生活，而你接受了这样的生活方式。

"不这样又能怎样？我们就是在这样的生活中长大的，我们上学受教育，也是为了过这样的生活。我们想要安稳的生活，也想让生活中有一些美好的东西。除了这些，我不知道还能怎么样。"是不是对安稳的渴望束缚了我们？还是我们已经习惯了接受由丈夫、妻子、家庭构成的社会模式？这样的生活真的没有一点幸福吗？生活中是有幸福的，但要注意的事、要做的事太多了。如果要见识广博，你需要读很多很多书报，

心灵的革命是唯一的出路 | **121**

结果却没有多少时间来思考。显然，人们并非真的幸福，但还是继续着这样的生活。

这就是在夫妻相处中过日子——但显而易见，你们在生活中根本没有相处。你们可能在身体上会结合在一起，但时间很短，其余时间你们仍生活在各自独立的世界里，各有各的痛苦；没有真正意义上的融为一体，不仅仅在身体上，在更深更广的层面上也是如此。这是社会的错，是文化的错，难道不是吗？我们在这种文化中长大，又心甘情愿地任其左右。这是一个腐朽的、堕落、不道德的社会；而这个社会是我们创造的。这种状态必须改变，但前提是建立了这个社会的我们必须先改变自己。

"我或许明白了您的意思。可能我会有些改变，但他会吗？他乐此不疲地努力着，去实现自己的目标，成为他想做的那种人。他不会改变的。所以我们的生活还会和以前一样：我，无力地想打破这种彼此隔绝的日子，而他牢狱般狭小的空间却越来越坚固。这样的日子有什么意义呢？"

这样的生活方式的确没有意义。但我们的生活就是这样，每一天都会有残酷和丑陋，偶尔也会闪现些许快乐；所以我们别无选择，除非不在这个世上，那就另当别论了。女士，其实明天是不存在的。明天只不过是思想创造出来的概念而已，目的是为了实现卑劣的野心。思想创造出很多个明天，但实际上并没有明天。要明天死去是为了完全地活在今天。只有这样，整个存在才会改变。爱不在明天，爱不是思想的产物，爱没有过去也没有将来。当你完整地过完了一天，你会觉得这一天很充实，很美好——没有野心、嫉妒，不受时间的影响——这其中不仅有与他人的相处之道，也包括与花草、大地、天空等大自然的相处之道。在这样的相处之中有深切的纯真感，由此便会赋予生活完全不同的意义。

冥想不是回忆

你永远不可能试图去冥想：冥想一定是在不经意间发生。如果你刻意去追求这种状态，或者请教如何冥想，所获得的方法不仅会进一步制约你，还会强化你目前所受到的影响。实际上，冥想是对整个思想体系的否定。思想是有结构的，可能是理性的，也可能是非理性的；可能是客观的，也可能是危险的。当思想试图基于理性或在矛盾和神经质的状态下冥想时，会不可避免地把这种状态投射出来，并把自身的结构当成具有重大意义的事实。就好像有信仰者默想自己的信仰一样；他不但会强化因敬畏产生的信念，还会把这种信念神圣化。言语好比一幅画或某个意象，滑稽的是，许多人的目标就是崇拜这些画或者意象。

声音会编织自己的牢笼，思想的吵闹声就被关在了这个笼子里。是言语和声音把人分成了观察者与被观者。言语不光是语言单位，是一种声音，还是一个象征符，一次对某件事的回忆，回忆中包含的是某段记忆和思想的运行轨迹。冥想中完全没有言语的参与，语言机制是产生敬畏的根源。

早春时节，奇怪的是树林里并不是很冷。树上还没多少新叶，天空还没有随着春天到来而欢喜得变成蔚蓝色。栗子树还没有发芽，但早春的味道已经开始在空气中弥漫。树林里几乎看不见一个人影，只能听到汽车从远处经过的声音。清早，我们在林中散步，感受到了些许料峭的春寒。他一直在和我讨论，提出质疑，问我他该做什么。

"不断地分析、自省，还要时刻警惕，这一切好像没了尽头。我尝试过很多方式；什么样的导师都拜见过，也试过几种不同的冥想方式——

您知道的，差不多各种方法——但即使对方讲得口干舌燥，我还是感觉空洞无物。"

你为什么不从问题的另一端，从你不知道的那一端——从你站在此岸望不到的彼岸开始呢？从未知，而不是已知出发试试看。不断地自省、分析只会强化和进一步约束已知。但如果从未知的另一端去想，这些问题就不存在了。

"但我该怎样从另一端或另一个角度想呢？我不知道，不明白。"

当你问我"我该怎样从另一角度想"的时候，你仍是从这个角度想的。所以，不要纠缠这样的问题，而是从你一无所知的彼岸，从另一个不会被狡猾的思想所蒙蔽的角度去想。

他沉默良久。一只雄山鸡扑棱着翅膀飞过，消失在灌木丛里。过了一会儿，当雄山鸡再次出现的时候，我们看它正趾高气扬地站在四五只雌山鸡中间。阳光下，它色泽艳丽的羽毛和雌山鸡如枯叶颜色的羽毛形成鲜明对比。

他在全神贯注地思索，根本没看到山鸡，当我们指给他看时，他说了句："真漂亮！"但只是嘴上说说，头脑仍被那个问题占据着：怎样从一个不知道的角度去想呢？一只早起的蜥蜴，拖着长长的、绿绿的身体，正趴在一块岩石上晒太阳。

"我实在想不出该如何从另一端去想。我真的不理解这种模糊的表述，至少对我来说，它是没有意义的。我只能从已知的这一端去想。"

但你知道的是什么呢？你知道的只不过是些已经结束的事情，都已经过去了。你知道的只是昨天。我们说的是：从你不知道的那些开始，然后从那儿开始生活。如果你说"我该怎样才能过那种生活"，那说明你仍未脱离昨天的模式。但是，如果你与未知的在一起，你就能自由地生活、自由地行动，并且最终得到爱。如果你说"我知道爱是什么"，那说明你其实并不知道。爱不是一段记忆，不是对美好往事的回忆。既然如此，那么就接受未知吧。

"我真的不知道您在说什么。您把这个问题弄得更糊涂了。"我只是在让你做一件很容易的事。我的意思是，挖掘得越深入，面临的问题就越多。这种挖掘本身就是制约，即使一锹锹地挖下去，你也不知道会挖到哪儿。你希望新的阶梯为你而挖，或者希望能给自己挖出一段阶梯，通向一个完全不同的世界。但是，如果你不知道那个世界的实际样子，那么无论你挖出或踩出的台阶有多深多远，最后到达的也只是已知空间。所以丢掉这种方式，从另一端开始吧。静下心来，你就会知道该怎么做。

"但是我不知道该怎样才能静下心。"

你又回到"该如何"的老问题上来了，对于"如何"的追问根本不会有什么结果。所有你所知道的都是错误的。要是你知道的话，就说明你已经身在坟墓了。存在是不可知的，事实并不是你所知道的。

在寂静之光里，所有的问题都迎刃而解

在寂静之光里，所有的问题都迎刃而解。这束光不是来自思想古老的运动，也不是来自揭示自己内涵的知识。时间或者任何意志行为都无法将它点亮。这束光产生于冥想。冥想不是个人私事；也不是个人追求享乐；享乐总能将人与人分离并区分开来，而在冥想中，你、我之间不

存在界限。在冥想中，寂静之光击溃了所有关于"自我"的知识。自我每天都不同，自我可以被无限地研究下去，但是，不论你认为自我所到达的空间有多宽广，它也总是有限的。寂静是一种自由，这种自由随着所有常规的终止而来。

这是海边的一片小树林。终年不断的海风吹得松树都变了形，矮矮的，树枝上不见一颗松针。春天已经来了，但它永远不会光顾这片松林。春天就在那儿，却远离松林，远离持续的海风和咸湿的空气。春天就在那儿，悄悄地绽放，周围每一片草叶和树叶都在为春天欢呼，每一棵栗子树都开满了花，花儿犹如被阳光点燃的蜡烛一样，闪亮生辉。几只鸭子带着它们的小鸭在周围嬉戏，郁金香和水仙花开得正浓。然而，这儿的松林却一片冷清，连树荫都没有，严酷的气候阻碍了松树的生长，它们痛苦地扭曲着秃枝。松林离海边太近了。尽管它所在的这个地方很美，但它却带着难言的痛苦望着远处的树林。那天的海风寒冷、强劲；海浪翻卷得很高，春天被吹送到了内陆更远的地方。海面上雾气氤氲；陆地上空风起云涌，掠过沟渠、树林、平坦的大地，连地面低矮的郁金香也被吹弯了腰，一簇簇花丛形成的鲜艳色彩在原野上随风波动。鸟儿们都躲到树林里去了，但不是松林。附近还有一两只有着鲜黄色鸟喙的画眉以及一两只鸽子。不可思议的是，在水面上，竟然看到了那束光。

他很高大，体格健壮，手也很大，以前一定是位有钱人。他收集了不少现代画家的作品，有评论家说这些藏品都很不错，他为此颇感自豪。当跟人说起这事时，你能看见他眼中闪烁出的骄傲。他有一只大狗，活泼好动，喜欢玩耍；比它的主人更有活力。它希望主人带它出去，到土丘的草地上迎风奔跑；但主人让它坐着，它只好顺从地坐在那里，没过一会儿就百无聊赖地打起了盹儿。

与其说我们占有财富,不如说财富占有我们。城堡、房子、名画、书籍、知识,这些东西都变得比人更关键、更重要了。

他说他读过很多书,在他的图书室里可以看到著名作家的所有最新作品。他谈起了精神神秘主义以及各地出现的对毒品的狂热。他很富有,也很成功,但却无法掩饰他的空虚和浅薄,这一点,即使用他的书籍、绘画或者贸易知识也无法弥补。

这就是生活的痛苦之处——我们想尽一切办法来填补生活的空虚,但空虚依然存在。它的痛苦在于为了拥有而徒劳地付出了努力。这种努力产生了支配欲和自我主张,以及空洞的语言和对无可追回的美好往事的回忆。让人产生孤独感的正是这种空虚和寂寞,认识到这一点又持续让人感觉到孤独。

把人压垮的正是这种徒劳的痛苦。人脑比不上电脑,人只能靠大脑来面对生活中的各种问题,久而久之就被这些问题压垮了。或许,人只有在临死的那一刻才会为浪费的生命感到难过——不过那时已经太晚了。

于是财产、声望、成就、贤妻就变得特别重要,而悲伤会把爱驱走。爱与悲伤,如同鱼和熊掌,无法兼得。悲伤只会使人愤世嫉俗、玩世不恭;爱则在树林与山峦之外,让人获得自由。

冥想是从时间中解脱

冥想中没有想象和思想，它们都会导致束缚；冥想则带来自由。美德和享乐不同；它们一个带来自由，另一个则造成时间上的束缚。冥想是从时间中解脱出来。时间是观察者、体验者、思考者。时间属于思想；冥想远远超越时间的活动。

想象之事总是在时间的范畴里，无论躲藏在哪儿，如何隐秘，总会引发行动。这种思想行为不可避免会导致冲突，并受限于时间。冥想是对时间概念的天真无知。

从几英里外就能看见这座湖泊。踩着小路，弯弯曲曲地穿过谷子地和松林，你就来到了这里。这是一个整洁有序的村庄。路面很干净，农场上的牛、马、鸡、猪等家畜家禽也被安置得井井有条。翻过起伏的山冈，来到湖边。晴朗的天空下，湖两旁高山上的白雪在晨曦中闪闪发光。

这里已经几百年没经历过战争了，人们生活得很安逸。他们每天平淡而宁静地度日，渐渐地，对有作为的政府应该如何治理社会这类事情不仅提不起兴致，也变得漠不关心起来。

路面很平坦，管理得也很到位，足以让两辆汽车轻松地交错驶过；现在，翻过了山，你便置身于一座果园。稍远处有一畦烟草地。走近一些，还能闻到烟草花成熟时的浓郁味道。

清早，从海拔高的地方下来，你会觉得气温升高了一些，空气也没那么稀薄了。大地的宁静直抵心扉，你和它融为了一体。早春的清晨，微微的北风吹送着凉意，太阳刚刚升起，万物在阳光下拖着长长的影子。房屋旁，一棵高大、浓密的桉树在轻轻摇摆，一只画眉正在歌唱；从你站的地方就能看到它。那只画眉一定很孤单,因为那个早晨几乎看不见其他什么鸟儿,只有麻雀齐刷刷地排在花园的围墙上。花园疏于管理;草坪早该修剪了。每天下午,孩子们都会出来玩耍,喊声和笑声不绝于耳。他们在林间追逐,玩藏猫猫;欢笑声在空气中久久回荡。

午饭时,餐桌旁坐着七八个人。其中一个是电影导演,一个是钢琴家,还有一个是来自某所大学的年轻学生。他们谈论着有关政治、美国各地的骚乱、似乎没完没了的战争等话题。他们轻松地闲聊,想到哪就谈到哪儿。这时那个导演突然说道:"我们这些老一代的人在当今的现代社会已经没有立足之地了。前几天一位著名作家在一所高校演讲——结果被学生反驳得体无完肤,弄得他垂头丧气。他讲的内容要么不是学生们想听的,要么不是学生们关心的,要么就是和学生的要求相差太远。他大谈他的主张、他的重要性、他的生活方式,而学生们根本不吃他这一套。凭我对他的了解,我知道他是怎么想的。他真的落伍了,可他却不承认。他希望自己能被年轻一代所接受,而他们却不想要他那种可敬的、传统的生活方式——尽管他的书里也写到了形式上的变化……我个人觉得,"他顿了一下,然后接着说,"觉得自己和年轻的这代人没有任何关系。我觉得我们都是些伪君子。"

说这话的是一个曾拍摄过很多有名的先锋派电影的导演。他不是在抱怨,只是面带微笑、不置可否地陈述一个事实。他的可爱之处在于他的坦率以及其中略带的谦逊。

那位钢琴家很年轻。他放弃了很有前途的职业,因为他觉得诸如主办方出钱为一场音乐会做宣传这样的事,不过是喧闹的骗人把戏。他想过一种不同的、有宗教色彩的生活。

他说:"全世界哪儿都一样。我刚从印度回来,那里的老人和年轻人之间的鸿沟或许更宽;传统和长者的势力都相当强,或许年轻一代会被传统和老人的势力所吞没。但我希望,至少会有几个年轻人能抵御住传统的压力,开始过一种不同的生活。

"我到过很多地方,我注意到年轻人(跟他们比起来我算是个老人了)越来越远离传统社会。或许他们会沉迷在毒品和东方神秘主义的世界里,但他们身上体现出一种希望,一种新的活力。他们从不去教堂,拒绝听从肥头大耳的牧师,也不为等级森严的宗教世界所束缚,更不想和政治或战争扯上任何关系。新事物的萌芽或许就在他们中间。"

那个大学生一边吃着意大利面一边望着窗外,一直没说话;但他和其他人一样,谈话的内容都听进去了。他很害羞,尽管不爱学习,但还是上了大学,去听教授讲课——虽然教授并没教给他什么。他读过很多书;他喜欢本国文学,也喜欢英国文学,前几天吃饭时他还谈起过。

他说:"虽然我才刚刚二十岁,但和十五岁的孩子们比起来,我也挺不年轻了。他们脑子转得快,比我更机敏,问题看得更透彻,理解速度也比我快。他们似乎知道得更多,和他们相比,我真觉得自己老了。但我完全同意你们说的话。你们觉得自己是虚伪之人,说一套做一套。这一点看看那些政客、牧师就能明白。让我感到不解的是——为什么其他人也要加入这个虚伪的世界呢?明摆着,你们的道德败坏;想发动战争的也是你们。

"对我们来说,我们不憎恨黑人,或者棕色和其他有色人种。我们觉得和他们相处得轻松自在。之所以这么说是因为我经常和他们来往。

"但是你们,这些老一辈人,却制造了今天这个充满种族隔离和战争的世界——我们不想要这样的世界,所以才反叛。但是,这样的反叛如今却又成了时尚,而且还被政客们所利用,因此,我们也就失去了当初对这个世界的厌恶感。也许将来的某一天,我们也会变成所谓可敬的、有道德的公民。但现在我们憎恨你们的道德观,而且根本没有你们那种可恶的道德观。"

屋里沉寂了一两分钟;桉树静静地站在那儿,仿佛在倾听屋里餐桌旁人们的谈话。画眉和麻雀已经飞走了。

我们说:好!你说得对极了。去否定所有的道德是为了成为有道德的人。公认的道德观是受尊重的道德观,我敢说,我们人人都渴望受人尊重——也就是在腐朽的社会里做一个受人认可的公民。成为这样的人可以带来很多实惠,能保证你有份体面的工作和稳定的收入。这种公认的关于贪婪、嫉妒和憎恨的道德观,可以说是立足于社会的手段。

当你把这些统统否定,不只是嘴上说说,而是从心底里否定它们的话,那么你就是真正有道德之人了。这种道德源于爱,而不是出于追名逐利和获得权势的动机。如果你所在的社会脱不开追求名誉、认同和地位,那这个社会就不会有爱。既然这个社会没有爱,那么它的道德就是不道德。当你从内心深处否定这样的道德,就会在心里产生被爱所包围的美德。

思想或善举不会产生爱

冥想就是要超越时间。时间是思想在实现价值的途中跨越的一段距离。这段旅途通常只是披了新衣、添了新景的一段老路而已,这段老路不知所终,带给我们只是痛苦和悲伤。

只有当思想超越了时间,真理才不再是抽象之物。这样一来,极乐就不再是源自享乐的一个想法,而是语言所无法表达的实际存在。

头脑中清空了时间是真理显现时的寂静,认识到这一点是真正有所为;因此,所看和所为之间便不再有差距。在两者不一致的间隔处,冲突、痛苦和困惑肆虐丛生。凡摆脱了时间束缚的,都能永恒持久。

每张桌子上都摆着一盆刚从花园里搬来的水仙花。鲜嫩的水仙花刚刚绽放,依然散发着春天的朝气。旁边的一张桌上摆着百合花,奶白色的花瓣包裹着鲜黄的花蕊。看着奶白色的百合和亮黄色的水仙就像看到了蓝天一样,这种感觉不断扩展,直至无限,最后归于宁静。

几乎每张桌子都坐满了人,他们大声说笑着。有张桌子的旁边,一位女士正偷偷摸摸地把自己不吃的肉喂给她的狗吃。这些人似乎都吃得很饱,看这么多人一起进餐可不是什么悦人场景;或许在大庭广众之下吃饭本身就是没教养的行为。房间的另一头,一个刚刚酒足饭饱的男人正在点燃一只大雪茄,胖胖的脸上掠过一丝知足的神情。他身边同样很胖的妻子也点着了一根香烟。两个人都一副沉醉其中的样子。

而桌上的黄水仙似乎没有人关注,它们静静地开放,被摆在那儿只是为了装点气氛,此外别无他用;但是,当你注视着这些水仙花,会感到它们灿烂的黄色充溢了整个嘈杂的房间。颜色会施予眼睛这种神奇的

"魔力"。与其说是眼睛吸收了颜色，不如说是颜色占满了你的身心。你就是那种颜色；不是你变成了那种颜色——而是你就是那种颜色本身。无需验证和命名，浑然忘我才是纯真。如果没有浑然忘我，就会出现各种暴力冲突。

你忘记了这个世界的存在，忘记了这个烟雾缭绕的房间，忘记了人类的残忍，还有盘子里又红又丑的肉；身姿优美的黄水仙似乎带你超越了所有的时空。

爱就是这样。在爱中没有时间，没有空间，也没有身份。身份会带来愉悦，也会产生痛苦；身份会引发憎恨和战争，也会在人们身旁筑起围墙，把个人、家庭、社区包围起来。一个人扒着墙头和另一个人打招呼——他自己被围墙所包围；道德成了彼此沟通的言语，道德由此变得丑陋和虚无。

爱不是这样的；爱就像路那边的树林，林中总有树木离去，所以它从未间断过自我更新。在爱里没有永恒不变的东西，永恒是思想所追求的；爱是思想永远无法理解、无法触及和感知的一种运动。感觉到思想和感觉到爱是截然不同的；前者导致束缚，后者则会让美德之花绽放。爱之花不在任何社会、任何文化、任何宗教的领域内开放，思想却属于所有社会、所有宗教信仰及其他任何地方。爱是忘我的，没有暴力，享乐则充斥暴力，因为它的两大促因是欲望和意志。思想或善举都不会产生爱，否定思想的整个过程才能成就有为之美，这就是爱。没有爱，就没有真理的极乐。

就在那边，在那张桌子上，水仙花正在盛开。

冥想是极乐的觉醒

　　冥想是极乐的觉醒；它既包含所有感觉，又超越这些感觉。冥想不属于时间，不具有连续性。体验到幸福和交往的快乐，看到云携大地的壮观以及春日洒在嫩叶上的光泽，对眼睛和头脑来说都是欣喜之事。这种欣喜可以因思想形成，并存留在记忆里，但是，这并不是冥想的极乐，冥想的极乐里包含强烈的感知。这些感知必须是敏锐的，而且无论是思想、服从原则，还是社会道德都无法令它们扭曲。这些感知不受任何束缚，但这种自由地感知并不是沉迷：沉迷属于思想耽于的享乐。思想好比火的浓烟，极乐则是火焰，不带任何催人落泪的烟。享乐和极乐完全不同。享乐是思想的奴役，极乐则凌驾于思想之上。只有在理解思想、享乐和与之相关的道德观以及提供安适的纪律的基础上，冥想才能来临。冥想的极乐不属于任何时间或期间；它在这两者之上，因此无法估量。冥想的极乐不仅观察者看不到，思考者也体验不到。

　　思想无论用它的语言、象征物，还是用因它而生的混乱，都触及不到极乐；极乐并不是一个单词，生根于思想并由思想塑造。极乐来自于完全的空寂。

　　这是一个宜人的早晨，云彩掠过湛蓝的天空。刚刚下过雨，空气显得格外清新。每片叶子都是那样鲜活，阴郁的冬天结束了；在这明媚的春光中，每片叶子都知道现在已经和去年的春天没有丝毫的联系。阳光透过新叶流溢出轻柔的绿光，洒在穿越树林、通往城市大道的潮湿小路上。

　　孩子们在四处嬉闹玩耍，从不留意身边可爱的阳光。他们无需观赏，因为孩子本身就是春天。他们的欢笑和嬉戏已成为绿树、嫩叶和鲜花的一部分，这种感受相信你可以真切地体会到。这些新叶和鲜花仿佛在和孩子们一起欢笑、呼喊，甚至还化成了气球的一部分，在空中升腾。每一寸草叶、每一朵鹅黄的蒲公英、每一片纤弱的嫩叶，都和孩子们融合在一起，而孩子也成了这个世界的一部分。此时此刻，人与自然的界限消失了；但是，那些在驱车快速行驶的男人和那些刚从市场归来的女人，却没有意识到这些。或许他们从没有仰头看过这湛蓝的天，从没有驻足观察过这颤动的叶片以及这纯白的丁香。他们的心头被各种问题困扰着，根本看不到可爱的孩子和娇艳的春光。遗憾的是，他们却是这些无邪孩子的养育者。很快，孩子们也会成为快车道上驾车的男人或从市场上归来的女人；继而这个世界又将陷入阴郁，引来无限哀伤。而落在那片叶子上的爱也将随秋风飘零远去。

他是个有妻儿的年轻人，看起来教育程度极高，聪明绝顶，很善言辞。他舒适地倚坐在扶手椅上，翘着腿，双手交叉地放在大腿上，穿窗而入的阳光反射在他的镜片上。他说自己一直在探索真理——不仅是哲学意义上的真理，还有超越语言和制度的真理。

我想你是因为不满足才开始探索的吧？

"不，确切地说，我并不是对什么不满足，我的不满足程度跟普通人没什么两样，不满足不是我探索真理的原因。我的探索与利用显微镜、望远镜进行的探索不同，和牧师对所谓上帝的探索也不一样，我说不清自己在探寻什么；也无法明确指出来。好像这种探索是我与生俱来的。尽管我有幸福美满的家庭，但探索一直在继续，这不是逃避，只是我确实不知道我在找寻什么。我曾就此事和一些睿智的哲学家以及东方的传教士讨论过,他们都告诉我要继续探索,永远别停止追索,但这么多年都过去了,这个问题仍然一直困扰我。"

人应该去探索吗?探索的目标往往在对岸的某处,在需要时间和大跨步走过去的远方。探索和发现都在未来——都在那里,也或许就在那座小山旁,这是探索的最基本含义。这是现在,要发现的却远在将来。现实看起来不十分明朗,也没有多少生气。可能更加迷人也更难以企及的风景是在远山那边。科学家,如果将目光只集中于显微镜,将永远看不到墙上的蜘蛛,然而,束缚他的却不在显微镜下,而是在现实生活里。

"先生,您是说这种探索是徒劳的;未来没有丝毫希望;一切只存在于当下吗?"

所有的生活都是在当下,而不是在昨天的阴影抑或是对美好明天的希冀。要活在当下,我们就必须放手过去或未来。未来其实什么都没有,因为未来就是现在,而过去只是一个回忆。所以,不论探寻的过程多么令人愉快和欣慰,探索必定会越来越拉大未来和现实之间的差距。

不断探求人生目标是人类用以逃避的奇怪方式之一。但是,一旦探寻的目标实现了,所获得的就会变得像路上的鹅卵石一样毫无价值。如果活在当下,思想就不会被对过去的回忆或对未来美好的希冀所分割:人必须忘却过去和未来。这并非诗意的声明,而是一定要这么做。诗歌或幻想在活跃的现实面前没有立足之地。不是你否认美丽,而是爱无可追寻,爱就是当下的美丽。

"我想我开始意识到这些年探索的徒劳,也意识到我问自己和别人的那些问题以及别人所给予我的那些解答的毫无意义了。"

结束就意味着开始,而开始就是迈出第一步,这是第一步,也是唯一的一步。

头脑如被唤醒，智慧之灯就会点亮

　　他为人率直、爱好广泛、精力充沛、涉猎广泛，会讲多国语言。他不仅去过东方，对印度哲学略知一二，还阅读过所谓的神圣典籍，也向一些宗教大师们请教过。现在，他住在一所小房子里，那里草木青翠，可俯视整座山谷，欢快地沐浴在晨曦之中。

　　白雪覆盖的山峰在阳光下闪耀生辉，山巅处巨大的浮云正飘忽而过。今天一定是个大晴天。在那样的海拔高度，不仅空气清新，阳光的穿透力也极强。正值初夏，空气中还残留着料峭春意。山谷里一片静谧，尤其在每年的此时更是寂静无声，唯有牛铃声在回荡。松香味和新生小草的味道在山谷间弥漫。许多孩童们一边玩耍一边叫喊，清晨的空气中充满了快乐。大地美得令人心旷神怡。眼望蓝天绿野，一派欢愉景象。

　　"行动起来才是正当的——至少您是这样说的。我听您讲话已经好些年了，曾追随您去过不同的国家，已经领会了您的学说。但我不打算在现实中实践它，因为如果那样的话，您所倡导的就变成另一种模式，变成另一种可模仿的形式和被认可的新标准了。我知道这样做很危险。您说的很多话我都能理解，它们几乎已经融入我的生活。但或许这会阻碍我在行动上的自由——对于这一点您一再强调。我们的生活从来都不是自由和自发的。日子每天都得过，但同时我也一直在提防着，不让自己遵循自立的某种新模式。所以，我似乎过着双重生活：一方面是普通人的生活、家庭、工作等；一方面是您所给予我的教诲，对此我非常感兴趣。但是，如果我按照您所说的去做，那我就和遵守教义的天主教徒没什么区别了。所以，我想问您，如果一个人在生活中有指导自己的学说，但又不只是简单地遵从这一学说，那他在日常生活中该依据什么做事呢？"

我们有必要暂且撇开学说、老师以及尝试追随不同的生活这样的问题。生活中只有学习：在这种学习中，行动同步展开，学习与行动密不可分。如果分开了，学习就变成了一个想法，或者行动所依据的一套理想化的概念。然而，学习就是行动，两者间不存在冲突。这一点你要是理解的话，还会有什么困惑吗？学习并不是一个抽象的概念，一个想法，而是实实在在学习某些东西的过程。没有行动就无以学习；除非在行动中，否则你无法了解自己。你并不是先了解自己，然后再依据你所了解的采取行动，如果那样的话，做事就变成了仿效行为，变成符合你所积累的知识的行为。

"但是先生，每当我面临这样或那样的挑战时，我的反应总是和过去一样——这通常都意味着其间存在冲突。我想了解您所说的学习和这些日常情况有什么相关性。"

挑战一定总是新的，否则就不是挑战了。但是，你的反应和过去的一样，是不充分的，因此，这里面就有冲突。现在你问的是，我所说的学习跟了解这种情况有什么相关性。我认为，了解这种情况就是要去学习这里面所包含的各种反应，即学习这些反应是如何形成的、它们出现的背景是什么、制约因素有哪些。所以，就是去学习有关反应的整体结构及其本质。我所说的学习不是积累知识，不是你依据所积累的去回应挑战。这种学习是个动态过程，不为知识所束缚，如果被束缚住，那它就不是一种运动了。被固定和束缚的是机器、电脑这类东西，这是人类与机器最基本的区别。学习是观察和认识，如果你透过积累的知识去观察这个世界，那么你的认识是受到限制的，因此在这种认识中不会有任何新发现。

"您说人要学习关于反应的整体结构，这似乎意味着是对所学知识进行某种程度的汇总。但另一方面，您又所说学习太具流动性，所学的内容根本无法累积起来。这是怎么一回事呢？"

我们的教育其实就是汇集大量的知识，电脑可以更快捷、更准确地处理这项工作。这样的教育还有什么必要吗？机器就能接管人类的大部分教育活动。当你说，学习就是聚集大量知识，这也是人们普遍认为的，你实际是在否认生活是由关系和行为所组成的一种运动，不是吗？如果所有的关系和行为都是基于先前的经验和知识的话，那还会有真正的关系吗？关系的基础真的是记忆和与之相关的事物吗？记忆由意象和言语组成，当你将人际关系建立在象征物、意象和言语的基础上时，这样还能带来真正意义上的关系吗？

就像我们所说的，生命是存在于关系中的一种运动，如果这种关系与过去和记忆绑缚在一起，那么，它的运动必定会受到限制，继而让人极度痛苦。

"我非常理解您所说的话，我再请问：您依据什么行动呢？您说人在观察反应的整体结构中学习，同时又说学习阻止知识的积累，这不是自相矛盾吗？"

认识这种结构不是一种静态行为，这是个不断变动的过程，在这当

心灵的革命是唯一的出路 | **139**

中不存在矛盾。但是，当认识行为被附加在反应的结构时，这个结构就会变得比认识本身更重要，这种情况也反映了实际生活现状。我们现在说的是：认识行为远比这个结构的本质更为重要。然而，如果你不重视认识行为本身，却赋予学习这个结构以更多的重要性，就会出现矛盾。这样一来，认识是一回事，学习反应的结构是另一回事。

这位先生，你还问我依据什么采取行动。如果行动有起源的话，那就是记忆和知识，也就是过去。我们说过，认识就是行动；两者是不可分的。认识总是新的，行动也是如此。因此，认识日常的反应会带来新的发现，这也是你所说的自发性。愤怒刚开始的时候，你并没有认出这是愤怒。认出自己处于愤怒之中是几秒钟后才发生的。这种对愤怒的认知行为是无选择意识的结果呢，还是在原有基础上又做的选择呢？如果愤怒以原有的为基础，那么对愤怒的所有反应——压抑、控制、沉浸其中等，都属于传统的反应行为。但是，如果这种认识行为是未加选择的，那反应就会与此完全不同。

从所有这些情况当中出现了另一个有趣的问题：我们实际是依靠种种挑战行为，如杀戮、造反或其他动乱形式等让自己保持清醒，把我们从例行公事、传统和既定的秩序中拉出来的。

"有可能让头脑完全摆脱挑战吗？"

当头脑不断地更新思想，永不停歇地探索，不奢求安然靠岸，不受已有的利益和责任所牵绊，这时，头脑就有可能不再依赖挑战。但是，如果头脑已经被唤醒，其智慧之灯已经被点亮，那么，还有必要依赖什么挑战吗？

智慧就是认识现状

　　冥想是在空无状态下的行动。我们平常做事或是因为某些意见、结论和知识，或是基于某种猜测，而这样做事不可避免会导致"是什么""应该是什么"或者"曾经是什么"之间的矛盾。源自过去的行动，被称作知识，都是鲜有变动的，虽然可以调整和改进，但却扎根在过去。所以，过去的影子一直覆盖在现在之上。在关系中，人们基于意象有所行动，这些行动因此也是一种象征物和结论；关系成了过去的事情，成了一段记忆，没有生命力。跳出这种喋喋不休、混乱矛盾的情形，各种活动相续进行，被分解成了多种文化模式、团体、社会机构和宗教教条。从这些无休止的噪音中传出了变革社会、带来新秩序的"吼声"，好像新事物真的要出现了。但是，这种"呼喊"不过是从已知到已知，根本不会带来任何改变。要可能发生改变，必须否定已知；只有这样，行动的原因才不是某种模式，而是不断自我更新的智慧。

　　智慧不是洞察力，不是判断力，也不是批判性评价；智慧是认识现状。现状总是不停地变动，认识这种行为一旦停靠在过去，认识现状的智慧也就停止了。那样的话，支配人们行动的就变成了沉重的记忆，而不是认知的智慧。冥想一眼就能明了这一切。所以说，要真正去认识现状，头脑必须处于空无状态。在这种状态下有所行动，那种行动与思想活动完全不同。

　　雨下了整整一天，雨水顺着每片叶子和花瓣滴落下来。河床里涨满了水，河水清澈不再，浑浑浊浊地奔流向前。麻雀还是那么有活力，乌鸦及黑白相间的喜鹊也一样。群山笼罩在云雾中，勉强可以看见相对低

心灵的革命是唯一的出路　|　**141**

矮的小山丘。很久没有下雨了，呼吸着新鲜雨水滋润干渴大地的气息真的是种享受。如果你去过一连几个月都不下雨、每天都有火辣辣太阳炙烤的热带城市的话，那么，当第一场雨来临，闻到新鲜雨水滴落在古老、荒芜土地上散发出的气味，你一定会发自内心地欣喜。这里雨水的气息跟欧洲有些不同，相比之下更温和些，没有霸道地强行介入的意味。那种感觉就像是一阵轻轻的微风，很快就消逝了。

第二天早上，天空清新湛蓝，万里无云，山峰上的积雪闪亮耀眼，草原上即将铺满新鲜的嫩草，绽放出繁花朵朵。这是个无比美丽的清晨；爱就在每片草叶上。

他是位著名的电影导演，但令人吃惊的是，他一点都不自负。相反非常友好，脸上随时都挂着微笑。他拍摄过很多成功的影片，其他人都模仿他的作品。就像所有比较敏感的导演一样，他关注潜意识、神奇的梦、冲突等这些可以在影片里表现的元素。出于体验的目的，他研究过神学，也尝试过毒品。

人类的头脑被他们所在的文化——包括传统习俗、经济发展情况，尤其是宗教宣传等深深地影响着。头脑奋力反抗，不想成为独裁者或者国家暴政的奴隶，然而却很乐意屈从于教堂或者寺庙，或者是新近最为流行的精神教条的控制。看到那些无助的、痛苦的人，头脑很快就能琢磨出某个新的圣灵或者某种新的生命本源，而这个意象和说法旋即就会成为被崇拜的对象。

头脑，让世界陷于如此的混乱，说到底是自己把自己吓到了。它意识到了科学唯物主义观，意识到了科学所取得的成就以及科学对头脑的日益控制，于是开始拼造出一门新的哲学；往日的哲学被新的理论所替代,但是人类的基本问题还是没有得到解决。在由战争、纠纷和极端自私所制造的混乱中,一直存在着关于死亡的大问题。宗教无论是非常古老的,还是最近才出现的,都把人限制在某些教条、希望和信仰里了,这些教条、希望和信仰给这个问题提供了现成的答案,但是死亡这个问题可不是思想和理性就可以解答的;死亡是事实存在的,任何人都绕不开它。对于死亡是什么,你必须放弃追问才行。然而,这点显然做不到,因为人们向来都害怕放弃自己所知道的、最熟悉的,害怕放弃一贯所希望和憧憬的。

明天的确不存在,但是在现在的生活和未来的死亡之间却有许多个明天。人们带着恐惧和焦虑生存在这个割裂的鸿沟里,总是不自觉地关注必将死去这件事情。人们不愿意谈论死亡,用所知道的一切来装饰自己的坟墓。

放弃所知道的一切,不是某些特殊形式的知识,而是所有知道的,就意味着死亡。邀请未来,亦即死亡,来覆盖整个今天,那就是彻底死去;于是,生与死之间便不再有鸿沟。然后,死亡就是生存,生存就是死亡。

这个,很明显,没有人愿意去做。人们总是寻求新的事物;常常是一只手握着旧的,另一只手伸向未知领域探索新的,由此就不可避免地会产生本我和非我、观者和被观者、事实与理想之间的冲突。

当所有已知终止的时候,这种骚乱就会完全平息。这种结束就是死亡。死亡不是一种观念、一个象征符号,而是一个可怕的事实,而且,你不可能通过固守今天所有的,也是属于昨天的,或是通过崇拜希望的象征符从中逃离出去。

人必须放弃对死亡的追问;只有那样,纯真才会来临,只有那样,

心灵的革命是唯一的出路 | **143**

永生的新事物才会出现。爱总是新的,回想爱就是终止爱。

爱是一切的源起

　　这是一片辽阔而丰饶的草地,绿色的山峦在四周环绕。清晨,草地上一派生机,晶莹的露珠在阳光下生辉,鸟儿们对着天空和大地歌唱。繁花点缀着绿草,一棵孤树威武地伫立,显得是那么高大、壮美,在那日清晨,这棵树的存在别有意义。它在草地上投下长长的影子。树和影就现实与虚幻、象征与事实无语地交流,一种不同寻常的寂静在它们之间回绕。这真是棵华美之树,树叶在晚春的微风中轻轻起舞,还没有受到任何蚊虫叮咬的它,洋溢着健康气息,也透出摄人的威仪。虽然它不是华服披身,但却难掩自身的魅力。随着夜幕降临,这棵树收起了白日的张扬,即使大风在即,它也一副沉默无语、漫不经心的样子;太阳慢慢地升起来了,它也随之苏醒,慷慨地给草地、小山和大地送去美好的祝愿。

　　这天早晨,蓝色的松鸡在啼叫,松鼠们上蹿下跳地很活跃,大树孤独的美感摄人心扉。这种美深蕴于大树自身,并不是你看在眼里的美。尽管比这更美的景物你也见过,但面对这棵奇异的参天大树,你的眼神不由自主就变得不同。这肯定是棵古树,但你绝对不会将它与古老联系在一起。来到树荫下小坐,背倚着树干,你能真切地感受到大地,感受到这棵树的力量和超然。你甚至可以跟古树交谈,听它向你娓娓道来。但是,尽管你可以走近它,用手轻抚古树,摩挲它粗糙的树皮,观看蚁群向上攀爬，一种遥远缥缈的感觉却总是挥之不去。今早，它的树影非常清晰，好像长了触角似地要伸展到山的那边。要是你懂得冥想的话，这可真是个冥想的好地方。四周寂静无声，如果你的头脑同样敏锐、清晰，它也会慢慢地安静下来，不再受环境的影响，融入这露珠挂满草叶和芦苇的灿烂清晨。美，将永驻这片伫立着参天古树的芳草地。

他是位中年男子，身材保持得不错，看起来很健康，穿着也体面。他说自己去过很多地方，但都不是为特定事务而去。父亲留给了他一些钱，他借此见了不少世面，不仅饱览过不少自然美景，还去馆藏丰富的博物馆里见识过稀世珍宝。他说自己喜欢音乐，偶尔还亲自演奏。他看起来相当博学。与我交谈时他说道："人世间充满了太多的暴力、愤怒、仇恨。我们好像已经失去了爱，心中也没有美；可能我们从来也没有过。爱在人们心里成了廉价商品，相比于群山、树林、花朵之美，人造美似乎变得更为重要。孩子身上的美也将很快消逝。我一直都想知道到底什么是爱和美。如果你能抽出一点儿时间，我希望能与您谈谈这个问题。"

我们坐在溪边的长椅上，身后是绵延的铁轨以及点缀在山间的小屋和农舍。

爱和美无法分开。没有爱就没有美；它们密切相关，互不分离。我们人类如此重视开发自己的头脑和聪明才智，产生这么强的破坏力，以致它们开始主宰我们，侵犯我们称之为爱的东西。当然，语言就好比树影，并非真实之物。如果我们自恃头脑聪明，才智超群，不俯下身去感受水的柔美，对那片清新的草地视而不见，我们就永远不会知道什么是爱。在博物馆里，在华丽的教堂仪式里，在电影院和女人的容颜里，我们能找到爱吗？要是能找出自己已经怎样不再被生活琐事所纠缠，那岂不是更重要吗？当然，我不是说要去病态地膜拜自然，但我们的确脱离不了自然，倘若能的话，那岂不意味着我们也能脱离人类和自身吗？

遍寻不到爱和美，于是我们企图在他人身上和占有物中寻得，这些人和物由此变得比爱本身更加重要。占有意味着享乐，我们抓住享乐不放，自然就忽视了爱。其实，美不一定在我们周围，它就在我们自己身上。当周遭事物变得更加重要，我们将美赋予它们，我们自身的美就会被削弱。久而久之，随着世界变得越来越暴力，越来越疯狂地追求物质财富，博物馆和其他占有物就成了我们试图遮蔽赤裸、填补空虚的替代品。

"您为什么说，当我们在周围的人和物中找到美并从中体验到快乐时，我们心中的美和爱反而会减弱呢？"

任何依赖都会在心中滋生占有欲，我们自己随之也会被物化。我占有这座房子——我就"成了"这座房子；尽管马本身的俊美和威仪远远超过那位骑马的男士，但马匹引以为豪的却是骑在它背上的主人。因此，依赖身段优美或花容月貌必然会造成观察者自身的渺小感；这不是说我们必须排斥美的线条或者漂亮的面容，而是说当外在于我们的事物变得非常重要时，我们的内心就会变得贫弱。

"您的意思是，如果我对美丽的容颜动了情，我的内心就会生出卑微感，但是，要是我对俊美的脸庞或建筑物的线条没有任何反应，那我岂不变成孤立和麻木的了吗？"

确切地说，人若是孤立无援，肯定会心生依赖，依赖带来了快乐，也因此带来了恐惧。如果你对美没有任何反应，要么是因为你麻木、冷漠，要么是因为你持续未遂心愿而产生了绝望。

所以，我们总是被困在绝望和希望、恐惧和愉悦、爱和恨的陷阱里。

当内心空虚，我们会生出填补空虚的欲望。对立物之间互为无底洞，永远无法填满。这些对立物充实着我们的生活，也在生活中制造争端。互为对立的事物在本质上是相同的，它们都是从同一个根上生出的枝杈。但是，爱并不是依赖的产物，爱不存在对立面。

"难道世上没有丑吗？丑不就是美的对立面吗？"

这个世界当然有丑，正如还存在恨和暴力等一样。你为什么拿丑和美、丑和非暴力进行比较？那是因为我们有价值尺度，称之为美的东西被我们放在尺度的顶端，称之为丑的被放在了底部。你难道就不能不用比较的眼光来审视暴力吗？如果不再执着于比较，结果会怎样呢？你会发现自己将只专注于处理事实，你将不再纠结于各种观点或理想的状态，也将不再衡量利弊。放弃比较，我们就会立即着手处理现状；理想状态属于一个想法，是虚幻的，没有实际用处。美是无法比较的，爱也不能，当你说"我更爱这个，不爱那个"时，那其实已经不是爱了。

"回到我刚才所说的，意思就是，因为敏感，人很容易对美丽的容颜和花瓶之类的事物动心。这种未加思索的本能反应会在不知不觉中让人产生依赖感，并带来愉悦和其他您所描述的种种麻烦。照我看，依赖似乎是不可避免的。"

除了或许是死亡以外，还有什么是不可避免的呢？

"如果并非不可避免，那就意味着我能管理自己的行为，这种行为因此是机械的。"

领悟到这个必然的过程，就是为了让人不再机械行事。只有拒绝认识现状的头脑才会变得机械。

"如果我领悟到了这种必然，我还想知道它的界限在哪儿以及如何

心灵的革命是唯一的出路 | **147**

划定这个界限。"

你不用划定界限。但是,这种领悟自会带来它的行动。当你问"这条界限在哪里"的时候,那说明你的思想介入了,你是害怕被束缚住,想要获得自由。领悟不同于思想的运行过程;领悟总是全新的、主动的,而思想却是陈旧的、过时的。领悟和思考是两套截然不同的运行法则,它们永远走不到一起。因此,爱和美都是没有对立面的,它们不是内在贫乏的产物。因此,爱是一切的源起,而并非结果。

冥想与生命不可分割

教堂的钟声穿过树林,跨越河水,回荡在茂盛的草地上空。钟声每次都不同,听它是否穿过树林、跨越广阔的草地和湍急喧闹的小溪就能辨别。声音就像光一样,有寂静带来的特点,内心的寂静越深,就越能听出声音的美妙。那个傍晚,当太阳正骑在西山之巅,教堂的钟声传来。钟声如此美妙,仿若平生第一次听到,虽然没有远古大教堂的沧桑感,但却传递出了那个傍晚的气氛。天空中看不见一抹云彩。在那个一年中最长的一天,夕阳在遥远的北方迟迟不愿离去。

我们从未认真听过狗的叫声、孩子的哭声,或是路人的笑声。我们与世隔绝,只从隔绝的状态下去观看和聆听周围的一切。这种隔绝具有毁灭性,它包含着所有的冲突和混乱。如果你能静静聆听那些钟声,就会有凌驾于它们的感觉——或者说,钟声就会载着你飞越山谷,翻过那座小山。只有当你和钟声结合在一起,成为钟声的一部分时,那种美你才能感受得到。这种隔绝的状态唯有冥想才能结束,由意志或欲望引发行动或追寻曾品尝过的乐趣都无法做到。

冥想与生命不可分割;冥想是生命的核心,是日常生活的精髓。去聆听钟声、聆听农夫和妻子在路上留下的笑声、聆听小女孩骑车时拨响的车铃声吧。冥想能够打开生命的全部,不仅仅只是一部分。

"你认为什么是上帝?在现代世界里,对于学生、工人、政客来说,上帝已经死了。对于牧师,上帝这个词为他们在肉体和精神上都提供便利,既能让他们拥有一份稳定的工作,还能保障他们既得的利益。而对于普通人,我想,他们对上帝已是满不在乎,除非出现灾难,或者他想在所在的社区受人尊敬,不然,上帝对他们来说几乎没什么意义。我远道而来是想知道您相信什么,或者,如果您不喜欢那个词,我想知道您的生命中是否存有上帝。我到过印度,还拜会过许多大师和他们的信徒,他们都相信或者几乎都坚持上帝是存在的。如果可以的话,我想跟您讨论一下这个已困扰人类几千年的重要问题。"

信仰是一回事,事实是另一回事。前者导致束缚,后者可能只存在于自由。它们之间没有关系。不能为了得到自由而抛弃信仰或将其搁置一旁。自由不是一种奖赏,不是放在驴子前面的胡萝卜。重要的是,我们应该从一开始就认识到这一点,即信仰和事实之间存在矛盾。

信仰永远不会带来事实。信仰是人受到制约的结果,或者说是恐惧的产物,或者说是我们受外在和内在权威束缚的结果,仅能给我们安慰而已。事实则与这些全然不同,事实是引领不来的,它不是一段从这儿到那儿的路程。神学家从一个固定的位置出发,他信仰上帝、救世主,或克里须那,或耶稣基督,然后根据自己所受的影响和聪明智慧创造出理论来。他就像共产主义理论家一样,将自己与概念、公式捆绑在一起,他所创造的理念都是他深思熟虑的结果。

粗心之人会掉入这样的陷阱,就像苍蝇不小心撞上了蜘蛛网一样,落入其中难以自拔。信仰源自恐惧或者传统。已经存在了两千年,甚至几万年的宣传都是在描述宗教结构,以及相关的仪式、教条和信念。随着这种描述性语言变得极端重要,重复这些语言就会迷惑那些容易相信的人。轻信之人总是愿意相信、接受、服从,根本不考虑所相信、接受、服从的东西是好是坏,对自己有益还是有害。追随信仰的头脑不会去探求,它永远停留在公式或者原则的牢笼里,就像一只被拴在柱子上的动物,只能在绳子允许的范围内走动。

"但是没有信仰,我们就一无所有!我相信美德,相信神圣的婚姻,相信来世和趋于完美的进化。对我来说,这些信念非常重要,它们让我不走歪路、恪守道德;如果把我的信念夺走,我就会迷失。"

善良和变得善良是不同的。善良之花盛开不等于变得善良。变得善良是在否定善良,正如变得更好是否定现状;更好是在腐蚀当前所有。善良属于现在,是现有的;而变得善良则属于未来,是头脑被信念、比较和时间惯例所束缚时的创造物。衡量一旦出现,善良也就不存在了。

重要的不是你相信什么,也不是你所遵循的常规、原则、教条、观念是什么,而是要找出你为什么要拥有它们,为什么你的头脑要承受如此重负。这些东西必不可少吗?如果认真地看待这个问题,你会发现它们其实都是恐惧的结果,或者说是习惯性接受带来的后果。正是这种本能性的恐惧阻止你参与到真实存在的世界里,正是这种恐惧促使你全身心地投入某件事。参与是很自然的;你参与生活,参与到各种活动中;

你融入生活，融入生活的整个进程。头脑发挥功能和思考问题是呈碎片化的，投入去做某事是头脑在刻意而为之；即使这样也只是投入到生活中的一部分而已。你根本无法让自己刻意投入到你所认为的事情的全部，因为这样考虑问题包括在思想进程里，而思想总是分离的，总是碎片化地在发挥功能。

"你说得对，不具体说出投入到哪个部分，你就不能将自己全身心地献给它。而说出来就等于是把自己束缚在那个领域了。"

你所表述的仅是一连串词语，还是你刚才意识到了某种事实呢？如果是一连串词语，那么你所说的只是一种信念，没有任何价值。但如果是你刚发现的事实，那说明你是处在否定的状态里，你获得了自由。否定虚假并不是一个宣称。所有宣传都是假的，而人类一直靠宣传过活，小自日常生活中使用的肥皂，大到关系个人信仰的上帝，从来都如此。

"但是，您通过您的感悟将我置于困境，这难道不也是一种宣传吗？宣传你所认识到的东西？"

当然不是。你是在不听劝说和不受影响的情况下主动让自己进入一种所谓的困境中去的，而在这个境况里有你不得不面对的事实真相。这说明，你为了自己已经开始主动去认识眼前的事物，因此你是自由的，不受他人束缚的，不受任何权威控制的——不受话语、人和观念影响的。为了认识现状，信仰并不是必要的。相反，抛弃信仰才是必要的。只有在否定信仰，而不是支持信仰的状态下，你才会去认识事物。认识是个否定的状态，在这种状态下，事物的真貌会清晰显现。信仰是一套不必行动的准则，会导致虚伪，而这种虚伪正是年轻一代所抵制和反抗的。但若干年以后，年轻一代也会陷于这种虚伪。信仰是件危险品，如果一个人想看到真理，就必须远离信仰。政客、牧师、受人尊敬的人总是根据已有的准则生活，他们还强迫他人遵从那种准则。那些遇事不假思索的傻瓜会被他们的主张、承诺和希望所迷惑，准则的权威随之变得比对真理的热爱更加重要。因此，权威是邪恶的，无论是信仰的权威，抑或传统的权威，还是所谓的道德习俗。

"我能摆脱这种恐惧吗？"

当然，你提的问题不对，你说是吗？你就是恐惧；你和恐惧并不是分开的。恐惧在你心中催生"我会克服、抑制、远离恐惧"的常规想法，这种分离的假象是恐惧造成的，这也是传统给了我们恐惧是可以被克服的错误期待。当你认识到你就是恐惧本身，你和恐惧不是分离的，恐惧就会消失。那么，准则和信念就变得没有任何必要，从而你的生活中就只有真实，你就会发现真理。

"但是您还没有回答关于上帝的问题，是吗？"

去一个膜拜的场所看看吧——上帝在那里吗？它在石块上吗？在话语里吗？在仪式里吗？在受到美好事物刺激而产生的感觉里吗？宗教已经把上帝分为你们的和我们的、东方的和西方的，而且每个上帝都将另一个上帝谋杀了。去哪儿可以找到上帝呢？在树叶下？在天空里？在你的心中？或者说，上帝只是一个词、一个符号，代表一个不能言传的事物吗？显然，你必须抛开符号、膜拜的场所、人类编造的束缚自身的话语。只有这样，你才能开始探寻是否存在一个难以测知的事实。

"但是，当你抛弃了所有这一切，你会变得迷失、空虚、孤独，在这样的状态下，你又怎样去探寻呢？"

你处于这种状态是因为你同情自己，而自我怜惜是憎恶。你之所以这样实际是因为你还没有认识到虚假的就是虚假的。当你认识到了这一点，它会给你巨大的能量和自由，让你将真理看作真理，而不是将真理看成一种头脑的幻觉或想象。这种自由是必要的，从中你会发现那种不能言表的事物是否存在。但是，这不是一种体验，也不是个人成就。所有的体验，从这个意义上讲，都会带来一种分离和矛盾的存在状态。正是这种作为思考者和观察者的分裂状态才会要求更多、更广泛的体验，而且他也会得到他所要的——但却不是真理。

真理不是你的，也不是我的。你所拥有的东西可以被安排得井井有条、可以被奉若神明、可以被充分利用，这就是世上正在发生的事情。但是，真理无法被组织得条分缕析，像美和爱一样，真理并不在占有物所属的范畴。

直面事实真相就是诚实

如果你穿过某个小镇，镇上的某条街道上店铺林立——面包坊、相机专卖店、书店以及开门营业的餐馆——然后走桥下，途经女式时装店，过了另一座桥，路过锯木厂，之后进入树林，沿着小溪前行，观察你经过的所有景物。此时，你的双眼和所有感官都处于完全觉醒的状态，但脑中却没有任何想法——那么，你就会知道没有隔绝是什么含义了。沿着小溪向前一两英里——仍然是脑中没有任何想法——你看着湍急的流水，聆听它的吵闹，发现它的颜色竟是灰绿色！你观察树木，透过枝丫仰望蓝色的天空，看着绿色的叶子——仍然是脑中没有任何想法，没有任何词汇——那么,你就会知道你和青草之间不存在距离是什么含义了。

如果你继续往前走,走过一片青草地,草地上盛开着数以千计的鲜花,有你想象得出的任何颜色,鲜红色、黄色,还有紫色。昨夜的雨水洗去了小草的灰尘,它们绿油油的,显得更加葱郁——仍然是你没有做任何机械式的思考——那么,你就会知道什么是爱了。仰望蓝蓝的天,看着高处散开的云,绿色小山在天空的映衬下,展示出清晰的线条,你看着茂盛的青草、慢慢凋谢的花朵——观看时脑中没有任何古老的词语;然后,当你的头脑完全沉静下来,不受任何想法的干扰,自己作为观察者的身份完全消失了——那么,这时融合就出现了。不是说你跟花朵融合,或者跟云朵和连绵的群山融合,而是说你感觉自己完全不复存在了,你和其他的人或物不再分离。看着刚从市场归来的妇女手里拎着食物,看着阿尔萨斯狼狗和两个踢球的孩子,如果你看着他们,不想任何词语,不做任何评价,不跟他们建立任何关系,那么,你和其他万物的争端就会停止。这种没有言语、没有思想的状态是思维在延展,它没有界限、没有边界,在这个延展的空间里,我和非我可以共存。别以为这只是想象,或某段奇思妙想,或一些人渴求的神秘体验;都不是。这跟花朵上的蜜蜂、骑自行车的小女孩或登梯子粉刷房屋的男人一样,实实在在——由此,头脑处于隔绝状态时的冲突就会完全消失。你不再从观察者的角度观察这个世界,观察时不再注重评语和已有的标准。用爱观察世界与用思想是不同的。一个通往思想无法相随的地方,另一个走向隔绝、冲突和悲伤。受这种悲伤羁绊,你无法前往爱的领土。两地间的距离因思想所致,无论怎样努力,思想都到达不了另一处。

当你往回走,经过农舍、草地、铁轨,你会发现,昨天已经消逝了:

思想在哪里结束，生命就从哪里重新开始。

"我为什么做不到坦白诚实？"她问道。"我生来就不诚实。不是我想这样，但诚实就是从我身边溜走。我说的话经常不是我真正的意思。我不是说礼貌性的没有实质内容的交谈，这是为了交谈而进行的交谈。但即使我严肃起来，还是会荒谬地发现自己所说的话、所做的事很不诚实。我发现我丈夫也是如此。他说一套，做一套。他许诺的时候，你很清楚那不是他的原意；当你指出这个事实，他就会生气，有时候变得愤怒。我们俩都知道，我们在许多事上都不诚实。有一天，他向一个他相当敬重的人许下承诺，然后那人相信地离开了。但是，我的丈夫没有信守诺言，非但如此，他还找到借口说明自己是对的，而那个人是错的。这种我们跟自己和他人玩的把戏，您一定很熟悉——这是我们社会结构和社会关系的一部分。有时候，玩弄这种把戏甚至到了非常丑陋的地步，给人带来很多麻烦——我想我已经到了这个地步了。我深受困扰，不仅因为我丈夫，还因为我自己以及所有那些言行不一的人。政客许诺的时候，人们都知道他的诺言意味着什么。他许诺在世界上创造天堂，但你很清楚他会创造一个地狱，而且他还会将他的过错归咎于各种他不能把握的因素。人们普遍这么不诚实，到底为什么呢？"

诚实到底是什么意思？我所说的诚实就是清晰的洞察力，能认清事物本质的能力。但是，如果有一种原则、一个理想和一个人们普遍尊崇的准则的话，诚实还可能存在吗？如果存有困惑，人们能够坦率地面对吗？如果存有一种审美标准、诚实标准，美可能存在吗？如果在"现实"和"理想"之间存在差距，那么，诚实可能存在吗？或者说这种诚实实际就是教化式的、受人尊重的不诚实呢？我们在真相和猜测的夹缝中成长。两者之间——时间和空间之间的间隔——就是我们接受的教育、我们的道德观及我们的挣扎。看待这两者的时候，我们总是心神不定，心怀恐惧，却又抱着希望。在社会称之为教育的里面，有可能存在诚实或真诚吗？当我们说自己不诚实的时候，其实我们的意思是，我说的内容和真相之间相似。如果一个人说的话并不是自己的真正意思，可能是他想暂时给某事做出保证，也可能是因为他很紧张、害羞或者耻于说出真相。因此，紧张、忧虑、恐惧会使我们变得不诚实。如果我们想获得成功，我们在某种程度上就不能老老实实，我们必须讨好他人，我们必须学会狡诈、骗人。还有的人已经得到了权力或地位，但为了保护自己，他也不得不狡诈做人。所以，一切的反抗、一切的自我保护都是不诚实的表现形式。诚实意味着对自己不存在幻想，意味着破除幻想的根源——即欲望和愉悦。

"您的意思是说欲望会导致幻想！我想要一座房子，但是这里面根本没有任何幻想呀。我想我的丈夫拥有一个更好的职位——我还是看不出任何幻想。"

当欲望存在，我们总希望拥有更好、更大、更多的东西。当欲望存在，我们总会衡量、比较——而幻想的根源就是比较。好的不是更好的，我们的生命总在追求更好的过程中度过——不论是更好的卫生间、更高的职位，还是更有能力的神。对现状不满会促使改进现状——这其实是现实的持续，只是未经证实而已。改进不等于改变，正是这种持续的改进——即改进我们自身和社会道德——催生了不诚实。

"我不知道自己是否懂得您说的，我也不知道自己是否想弄懂，"她微笑着说。"就您所说的话语本身，我是听懂了，但是您说这些话的意图是什么呢？我发现这有点可怕。如果我接受您的观点，我就会认为我的丈夫很可能会失去工作，因为商界充斥着不诚实。我们的孩子长大以后也会为了生存而竞争、奋斗。从您的话中我发现，我们正在培养孩子做一个不诚实的人——当然，我是隐约从您拐弯抹角的说话方式里感觉到的——我因此为自己的孩子感到害怕。在这个到处都是不诚实和暴力的世界里，除非他们自己也具有某些这样的不诚实和残暴，否则他们该如何面对这个世界呢？我知道我说的事实很可怕，但这却事实啊！我开始发现自己是多么不诚实了！"

如果你的生活没有原则、没有理想，那么你每分每秒都会在欺骗中生活。直面事实真相——也就是要完全地接触真相，不是通过语言，或联系过去的事物或回忆，而是直接地接触——这样就是诚实。知道自己撒谎了，不为之编造任何借口，而是看到了撒谎这个事实，那么，这就是诚实；这种诚实蕴含着伟大的美。这种美不会伤害任何人。如果说某人是个骗子，这其实是对事实的认可；这是在承认错误就是错误。但是，为此去寻找理由、借口和辩解，就是一种不诚实，其中蕴含的是自我怜惜。自怜是不诚实的黑暗面。这不是说一个人必须要对自己无情，而是说要处处留心，处处留心意味着去关心和去观察。

"我来的时候，根本没有想到会听到这样的观点。我对自己的不诚实感到羞愧，不知道自己该怎么做，对此无能为力让我感到内疚，而对这种内疚的抵抗又带来了其他问题。现在，我必须好好想想你说的话了。"

我的建议是，不要对我的话细细斟酌。现在就把我的话当作一个事实吧。从这种认识当中，就会产生一些新的东西。但是，如果你认真思索我所说的，就又会陷入传统的窠臼中。

心灵的革命是唯一的出路 | **157**

心灵的革命是唯一的出路

对动物来说，追随和服从的本能是天生的，这种本能对于他们的生存来说是必不可少的，但是对人类而言，追随和服从则是危险的。这种追随和服从是在模仿社会模式，依从本来就是他自己创建的社会模式。这种模仿中没有自由，智慧发挥不了作用。如果能认识到人类服从和接受的这些特点，自由就会来临。自由不是随心所欲，在一个庞大而又复杂的社会里，随心所欲是不可能的；那样的话，个人和社会、众人和个人之间就会发生冲突。

炎热的天气已经持续很多天了；热气令人窒息，在这样的海拔高度，太阳光好像能穿透你身体的每一个毛孔，晒得人头晕目眩。积雪迅速融化，溪水随之变得愈发浑浊。巨大的瀑布奔腾而下，它的源头是一个大冰川，可能有一千多米长。这条小溪永远不会干涸。

那天傍晚，天气突变。乌云在山头堆积，电闪雷鸣，大雨从天而降；雨的味道满头满脸地扑来。

从那个小房间可以俯视河水，屋里有三四个人，分别来自世界不同的角落。他们似乎被同样的问题所困扰，但这个问题还不如他们自身的状态重要。而且，他们的精神状态也反映出了更多的问题。他们提的问题就像一扇门，通往屋里的许多房间，这个问题解决了，许多困惑也就解开了。他们这几个人的身体状况不是很好，每个人都郁郁寡欢，但各有不同的表现。他们都受过教育——不管这种教育意味着什么；说着不同的语言，看起来个个不修边幅。

"为什么人们不嗑药？很明显，你反对嗑药。而你那些知名的朋友不仅吸毒，写有关这方面的书，还鼓励别人也去那样做，他们可算是深刻体验了一朵小花的美丽。我们也嗑，我们想知道你为什么反对嗑药这种化学体验。毕竟，我们整个身体不过是一个生物化学过程，用另一种化学物质作用于我们的身体说不定能够给我们一种全新的体验，让我们接近真实。你没有嗑过药，是吧？既然你没有试过，你凭什么谴责这种行为呢？"

对，我们是没有嗑过药。为了体验什么是清醒，难道人必须要喝醉酒吗？为了知道什么叫健康，难道一定要让自己病倒才行吗？嗑药涉及很多事情，研究这个问题时让我们谨慎一点吧。嗑药有什么必要性？人们宣称毒品能够让我们的大脑进入迷幻境界，让我们展开无穷的想象，给予身体强烈的体验。显然，如果有人嗑药，那是因为他的感知力变弱，他的世界变得黯淡，生活肤浅、平庸、没有任何意义；他想通过嗑药来摆脱这种平庸。

知识分子把毒品看作一种新的生活方式。放眼全世界，到处都是不和谐、神经质的冲动、冲突，生活中充满痛苦和悲惨。有人意识到了人类的侵略性、残暴和极端自私，而这一切都是宗教、法律、社会道德所无法驯服的。

人类心中充斥如此多的混乱——同时还拥有这么高超的科学技能。这种不平衡给世界带来了灾难。先进技术和人类残酷之间不可填补的鸿沟正在制造混乱和苦难。这是不言而喻的。所以，知识分子玩弄起各种理论，如吠檀多派、禅宗、共产主义理想，等等——但总是找不到走出困境的办法。现在，他们开始寄希望于那个金色药丸，希望它们能为这个病态的社会带来活力、健全与和谐。发现这种金色药丸———度被认为是灵丹妙药——人们期待科学家能为他们发现灵丹妙药,并相信或许他们会研制出这种药。作家等知识分子提倡使用毒品来停止所有的战争,就像过去他们倡导共产主义或者法西斯主义一样。

尽管人的头脑拥有发现科学以及利用科学成果的杰出能力,但是头脑依旧浅见、狭隘、固执,而且还会继续如此,是吧?通过一颗药,你也许能够获得一种强烈的体验,但是,人类根深蒂固的侵略性、兽性和悲痛会就此消失吗?如果这些药品能够解决人类间错综复杂的问题,那我也没什么好说的,如果仅仅服用一粒金色药丸就能解决人类关系、渴求真理和结束悲苦等这些明显的问题,那又何乐而不为呢。

当然,这是个错误的方法,是吧?据说这些药物能够给人一种贴近真实的体验,因此能给人带来希望和鼓舞。但是,影子永远不是真实;符号也永远不是事实。这个世界里,我们处处可见膜拜,但膜拜的并不是真理,而是符号。因此,嗑药会让人接近真实的这种说法是虚假的,难道不是吗?

金色药丸永远都解决不了人类的问题。只有在我们头脑和内心中进行一场激进的革命,这些问题才能解决。这需要勤奋和恒心,观察和聆听,只有这样,我们才会变得高度敏感。

最高形式的敏感就是最高的智慧,人类发明的毒品从来不会赋予人类这种智慧。没有这种智慧,就没有爱;爱就是人类之间的关系。没有这种爱,人类心中就不会有动态的和谐。而这种爱,牧师、神、哲学家或者金色药丸都无法给予我们。

第二部分

改变是我们的当务之急

觉察到底是什么？

提问者[1]：您经常说"觉察"就是您要教给我们的，我很想知道您所说的"觉察"到底是什么。我试图通过聆听您的演讲和阅读您的书籍来理解它，但似乎没有多少进展。我知道觉察不是一种练习，我也知道您为什么会大力批判各种各样的练习、训练、体系、纪律或者惯例，我明白这么做的重要性。因为如若不然的话，一切都会变得机械，最后，头脑也会变得僵化、愚笨。如果可以的话，我想与您就"什么是觉察"这个问题深入探讨一番。您似乎额外赋予了这个词更深的含义，而我认为，我们其实时时刻刻都觉察到了周围发生的一切。我生气的时候我知道，悲伤的时候我知道，快乐的时候我也知道。

克里希那穆提[2]：我怀疑我们是否真的觉察到了生气、悲伤和快乐。或者我们只是在这些情绪结束的时候才觉察到的？让我们从头开始吧，假设我们对此一无所知，不要武断或玄妙地下任何断言。我们现在一起来探讨吧！如果真的深入探究，这个问题将展现一种头脑可能从未触及的状态，一个表层意识所无法到达的层面。现在，让我们从表象开始，然后再深入推进。我们通过双眼观看、通过感官感知周围的事物——花的颜色、花上飞舞的蜂鸟、加利福尼亚的阳光、有着不同音质和细微差别的声音、事物的深浅和高低、树影和树木本身。我们以同样的方式感

---

[1] 下文中"提问者"简称为"问"。——中文版编者注
[2] 下文中"克里希那穆提"简称为"克"。——中文版编者注

知我们自己的身体，身体又是我们用来感知这种不同表象的工具。如果这些感知停留在表层，就不会产生任何困扰。花朵、三色紫罗兰、玫瑰就在那里，仅仅如此。没有偏爱，没有比较，没有喜欢和不喜欢，在我们眼前的只是那个事物，不掺杂任何心理因素。所有这些表象的感官意识或觉察都相当清楚了吗？利用所有现代化高科技仪器，我们的感知还能够延展至星空、海底和科学观察的最前沿。

问：是的，我觉得这些我都能明白。

克：所以，玫瑰、宇宙以及宇宙中的人类、你的妻子（如果你有的话）、星星、海洋、群山、微生物、原子、中子、这个房间、门，它们都在那儿真实地存在。现在我们进入下一个阶段。你认为这些东西怎么样？或者你对它们有什么感觉？这些都是你做出的心理反应，我们称之为思想或者情感。因此，对表象的觉察是非常容易的：门就在那儿。但是，对门的描写就不是门本身了。当你带有感情地在描写门时，你看到的已经不再是门。这种描述可能是一个词，也可能是一篇科技文章或是一种情绪上的强烈反应；但都不再是门本身。从一开始就理解这一点至关重要，不然我们的脑子就会越来越乱。描述永远不是被描写出来的东西。尽管时至今日，我们还经常描写事物，而且我们必须这样做，但是，我们描写的对象和我们描述出来的并不是一回事，我们在谈话时应该谨记这一点。千万不要把描述事物的语言混淆为被描写的事物，描述性语言永远都不是真实的。当我们进入意识的下一个掺杂了个人因素的阶段时，我们很容易忘乎所以，随着描述性的语言而变得情绪化。

我们会对树、鸟、门产生一种表象上的意识，我们还会对这种意识做出反应，由此产生思想、感觉和情绪。当我们意识到这种反应，我们可称之为意识的第二个层次。也就是说,我们既能意识到玫瑰的存在,还能意识到我们对玫瑰的反应,只是我们通常都没有意识到这种反应。实际上,我们对那朵玫瑰的觉察和对我们所做出反应的意识是同一种意识,它们处于同一个运动之中,所以,关于意识内在和外在的提法是错误的。当我们通过视觉觉察到一棵树,且没有涉及任何心理活动时,关系中是不存在分裂的。但是,当我们对树做出心理反应,这种反应是受到制约的,是过去记忆和过去经历的反应,这种反应就是关系中的分裂,会导致关系中出现所谓的"我"和"非我"。这就是你如何把自己置身于与世界的关系中,如何创造出个体和集体的。因此,你看到的世界并不是真实的世界,而是由过去记忆组成的"我"与世界发生各种关系所组成的总和。这种分裂,就是我们称作"心理存在"的基础与发展,由此产生了所有的矛盾与分歧。你很清楚自己认识到了这一点了吗?当你看到那棵树,你不做任何评价。但是,当你对树做出反应,用"喜欢"和"不喜欢"来评判这棵树时,在这种意识中就出现了分裂,分成了"我"和"非我",这个"我"与你所观察的事物不同。这个"我"是关系中过去回忆和种种经历所做的反应之和。那么,我们能在不做任何评价的情况下意识并观察那棵树吗?我们能在不做任何评价的情况下观察那种反应和种种回应吗?如果做到了,我们就彻底消除了分裂原则,消除了"我"和"非我"分化的原则,不仅我们观察树的时候会这样,观察自己的时候也是如此。

问:我一直在试着跟上您的思路。您看我理解得对不对。我们能够觉察到一棵树,这个我能理解。我们能够对这棵树做出心理反应,这个我也能理解。这种心理反应是由过去的回忆和过去的经历组成的,是喜欢和不喜欢，这种反应是对树和"我"的划分。是的，我想我全都明白了。

克：这是不是跟树的存在一样清楚呢？或者这只是一个清晰的描述吗？切记，就像我们之前所说的，被描写的事物和描述不是一回事。你明白了什么？是事物本身还是它的描述呢？

问：我想是事物本身。

克：因此，在认识事实的过程中，是不存在这个被描述出来的"我"的。认识任何事实真相的时候，"我"都是不存在的。要么是有"我"，要么是认识现状；两者不能同时存在。"我"就是非真相。这个"我"无法看清，也不能觉察。

问：今天就到这儿吧，您看行吗？我想我已经找到感觉了，但是必须得好好消化一下。我明天还能来吗？

※　※　※

问：我想我已经理解您昨天所说的了，尽管我无法用言语表达出来。我们可以觉察到那棵树，也会对那棵树做出反应，这种反应是受到社会制约的，是冲突，是我们在记忆和过去经历的影响下所做出的反应，它是喜欢和不喜欢，是偏见。我还明白这种偏见会产生我们所谓的"我"或者审查员。我现在已经非常明白，这个"我"，即"自我"，是存在于所有的关系中的。那么，关系之外是否也有一个"我"呢？

克：我们已经认识到自己在反应上是多么严重受限了。你问我关系之外是否有一个"我"，我想只要还没有摆脱这种受到制约的反应，我们就永远只能是猜测这个问题的答案。这点你明白吗？所以，我们的第一个问题不应该是在这种受到制约的反应以外是否还存在一个"自我",而是我们的头脑能否摆脱这种制约,即摆脱过去的制约。我们在头脑中存储着我们所有的感觉。过去就是"我"。"自我"在当下是不存在的。只要我们的头脑是在过去的状态下运转,这个"我"就会存在,我们的头脑属于过去,我们的头脑就是这个"我"。

你不能说这有头脑,那有过去,不管这个过去是几天前,还是一万年前。所以,我们应该问的是:我们的头脑能够摆脱过去吗?现在已经有很多事情牵涉进来了,是吧?首先是认识了表象,其次明白了受到制约的反应,之后我们认识到头脑就是过去,头脑就是受到社会制约的反应,然后才能提出头脑能否摆脱过去这个问题。所有这些都属于意识的一个统一活动,因为这其中没有任何结论。当我们说头脑就是过去,这种认识不是口头下的结论,而是对事实的切实感知。法国人有一个词用来形容这种对事实的感知——"证实"。当我们问,我们的头脑能否摆脱过去,这个问题其实是那个"审查员",也是过去的"我"提出来的吗?

问:头脑能够摆脱过去吗?

克:这个问题是谁提出来的?是那个由许多冲突、回忆和经历组成的存在体吗?是它在提问吗?或者,是头脑感知到事实后,这个问题自己出现的吗?如果这个问题是观察者提出来的,那么,他是在试图摆脱他现在的自己,因为他说,我生活在痛苦、烦恼和悲伤中已经很久了,我想摆脱这种持续的挣扎感。如果他是抱着这种动机提出这个问题的,那么他的答案将会成为他的一个避难所。一个人要么逃避事实,要么直面事实。词汇和符号其实只是一种逃避方式。事实上,提出这个问题本身就是一种逃避行为,难道不是吗?我们来看看这个问题是否真的是一种逃避。如果是，这个问题只是一种噪音。如果没有观察者，内心就会一片宁静，就会完全否定整个过去。

问：您这么说，我又迷惑了。我怎么能在几秒钟之内就把过去忘得一干二净呢？

克：别忘了我们讨论的是觉察。我们谈这么多都是在说觉察的问题。

有树，有对树做出的制约性反应，这种反应也就是关系中的"我"，而"我"是冲突的核心。那么，是这个"我"提出那个问题的吗？——这个"我"，就像我们所说的，恰好属于过去的框架吗？如果这个问题不是基于过去的框架提出来的，如果提问者不是"我"的话，那么，就不存在过去的框架。然而，当框架提出这个问题时，也就是说框架是在与它本身这个事实的关系中运行，它被自己吓到了，企图逃离自己。如果这个框架并未提出这个问题，那么它就不是在与自己的关系中运行。再简明扼要地重复一下：有树，有词语，有对树的反应，也就是来自过去的"我"；然后就有了这样一个问题：我能够逃离所有这些混乱和痛苦吗？这个问题来自过去，如果问这个问题的是"我"，那么，这个"我"是在让自己永恒，而这根本是不可能的，"自我"属于过去，怎可能永恒？

现在，因为觉察到了这一点，这个"我"没有提这个问题！觉察到并且认清关于"我"的所有内涵后，这个问题就不会被提出来了。因为"我"认清了这个陷阱，"我"根本没有问这个问题。现在，你认识到所有这些意识都是肤浅的了吗？这种意识与只看到了树的表象的那种意识没什么两样。

问：还有其他类型的意识吗？意识还存在其他层面吗？

克：我们又得小心点，得非常清楚我们问这个问题时，我们是不带任何动机的。如果存有动机，我们就又落回到制约性反应的陷阱里了。当观察者陷入完全的静默之中，而不是被迫变得沉默，那时必然会出现一种不同类型的意识。

问：如果没有观察者，怎么还会有行动？您指的是什么问题？或者是什么行动？

克：再问一个问题，你是站在河的这岸提问的，还是河的彼岸呢？如果是在彼岸，你就不会问这个问题；如果在彼岸，你的行动就会从那里开始。所以说，你是意识到了河的这岸，包括它的结构、性质和它所有的陷阱，并且意识到试图逃离陷阱意味着掉进另一个陷阱。这一切单调乏味得多么可怕啊！意识已经告诉我们陷阱的性质了，因此我们主动地否认一切陷阱；这样，我们的头脑就处于一种空无的状态。头脑里既没有"我"，也没有陷阱。这样的头脑有一种不同的特质，还有一种不同层次的意识。这种意识没有意识到它是可以意识的。

问：我的天哪，这太难了。您说的看似真切、听似真切的东西，我还是不明白。您能够换种方式解释一下吗？您能拉我逃出我的陷阱吗？

克：没有人能够把你从你自己的陷阱里拉出来——大师们做不到，毒品和祷文也不能，谁都不能，包括我自己——没人做得到，特别是我自己。你要做的就是从始至终保持一颗善于关注的心，千万不要半途而废。这种意识的新品质就是全神贯注，在这种专注里，不存在"我"所制造的边界。这种专注是美德的最高形式，因此就是爱。这是一种至高无上的智慧，如果你对这些人为制造的陷阱的结构和本质不敏感的话，就不会有专注。

改变是我们的当务之急 | **169**

是否存在神？

问：我真的很想知道是否有神存在。如果没有神，生活岂不失去了意义？因为不了解神，于是人们创造了上千种有关神的信仰和形象。但是，这些信仰带来的分歧和恐惧却导致了人与人之间的阻隔。为了摆脱因分歧带来的痛苦和伤害，人们便编造出更多的信仰，以致淹没在越来越多的痛苦和迷惘之中。虽然并不知道是否有神，但我们却相信神。神到底是什么？这个问题我问过印度的很多圣僧，也问过这里的大师，他们都坚持要相信有神。"先相信，之后你就会知道；没有信仰你永远都找不到答案。"您怎么看这个问题呢？

克：真的有必要弄清楚有关信仰的问题吗？探求远远比知道重要得多。知道什么是信仰就意味着不再信仰。头脑只有摆脱信仰才能观察。是信仰，或者说是没有信仰束缚了人们；有没有信仰都一样：它们是同一枚硬币的正反两面，所以，我们根本不应该纠缠于信仰是好是坏的问题。如果头脑真的能摆脱信仰，"神是否存在"的问题就有了完全不同的意义。神这个词，以及有关它的传统、记忆、理性和感性内涵——所有这些都不属于神。这个词并不是神本身。所以，我们得首先在头脑中去除这个词。

问：我不知道您这是什么意思。

克：神这个词代表传统、希望，是人们在绝望时的渴望，是对终极的追求，是一种运动，赋予存在以活力。这个词本身代表着终极，但它并不是所指之物本身。头脑里所有的仅是这个词而已，这个词表现出来的是思想。

问：您是在让我摆脱词语的束缚吗？我怎能做得到呢？词语是过去；是记忆。妻子是词，房子也是词。我从呱呱坠地就开始接触词语，词语是交流和认知的工具。虽然您的名字不是您，但是没有您的名字，我就不能问询关于您的情况。您现在问我头脑是否能摆脱词语——这不就是在问，头脑能否摆脱它自己的思想活动吗？

克：当我们谈论树的时候，"树"这个词代表普遍公认的事物，它就在我们眼前。但提到神的时候，则没有具体所指。因为找不到所指，所以人人都可以按照自己的形象创造神。神学家以某种方式这么做，知识分子以其他方式也这么做，有无信仰的人都各有对策。是希望孕育了信仰，而后才有追求。这种希望是绝望的结果——这种绝望是指对于我们日常所见世界的绝望。希望产生于绝望；它们也是同一枚硬币的正反两面。没有希望的地方就是地狱，对于地狱的恐惧又让我们对希望无限憧憬。然后幻想开始了。所以神这个词没有把我们带向神，而是带向了幻想。神是我们对所崇拜事物的幻想；无信仰者还为自己创造了另外他所崇拜的虚幻的神——如国家、乌托邦和圣书。所以，我们刚才那样发问，是想问你能否摆脱这些词语以及随之而来的幻想。

问：我必须要好好思考一下。

克：如果没有幻想，留下的是什么呢？

问：只有现实。

克：只有现实是最神圣的。

问：如果现实是最神圣的，那么战争也就成了神圣之事，憎恨、混乱、痛苦、贪婪和劫掠也都变成神圣的了。那我们就不能谈论任何变化了。如果现实是神圣的，那么所有的杀人犯、抢劫犯和剥削者都可以说"不要管我，我做的事是神圣的"。

克：这个简单的说法"只有现实是最神圣的"会导致很多误解，我们并没有认识到它的真实含义。如果你真正明白现实是神圣的，你就不会去杀人，不会发动战争，不会期望，不会剥削。因为做了这些伤天害理之事后，你是不能为自己违背了真理而开脱罪责的。如果一个白人对一个黑人暴动分子说"现实是神圣的，所以不要反抗，不要抗议"，那是他没有看到真理。如果他看到了，黑人对他来说就是神圣的，因此也就没有必要抗议了。如果我们人人都看到了真理，就一定会有变化。看到真理本身就是变化。

问：我来这里是为了弄清楚神是否存在，而你完全把我弄糊涂了。

克：你来问神是否存在。我们说了：这个词把我们带向了自己崇拜的幻象，为了这个幻象，我们甘愿互相毁灭。当幻象不复存在，现实就是最神圣的。现在我们看看现实到底是什么。在一个特定时间，现实可能是恐惧，彻底的绝望，或者是转瞬即逝的快乐，这些事都在不停地变化。如果一个观察者说"我身边的事情一直在变，而我自己却一直没变"，他说的是事实吗？是真的吗？难道他不是也和我们一样，有得有失，不断改造和调整自我，想变成又有所放弃，是不断变化的吗？所以，观察者和被观察之物都在不停地变化。现存状况就是变化，这是实际存在的，这就是现实。

问：那么爱也是变化的吗？如果所有的事情都处于变动之中，爱是不是也属于其中的一部分呢？如果爱是可变的，那岂不可以理解成我今天爱一个女人，而明天就可以和另一个女人上床吗？

克：那是爱吗？你是在说爱和表达爱是不同的吗？你认为表达爱比爱更重要，因此造成了矛盾和冲突吗？爱会被卷进变化的巨轮吗？如果是的话，那么恨也可以；爱就是恨。只有当幻象不再的时候现实才是神圣的，才是神，或者随便你怎么叫它。因此，神只存在于你不在场的时候。如果你在场，神就隐匿起来。你不在，爱就现身。一旦你在，爱便无踪。

依赖滋生恐惧

问：我曾是个瘾君子，但现在已经戒掉了。我为什么对一切都感到恐惧呢？清早醒来时我常会吓得动弹不得，几乎下不了床。我害怕外出，也害怕待在房间里。开车时，恐惧感会突然袭来，然后我一整天都出虚汗，神经绷得紧紧的，忧心忡忡。一天结束之际我总是筋疲力尽。有时，尽管非常少见，我身边有密友做伴，或者我在自己父母家里，这种恐惧就会消失；我感到内心平静、快乐，有彻底放松的感觉。今天我开车来这儿，一路上都在惴惴不安。但是，当我到了这里走向房门的时候，这种恐惧感却奇迹般地消失了。现在，我坐在这间漂亮、安静的房子里，觉得很快乐。我想弄清楚自己到底害怕什么。我现在并不感到害怕，可以微笑且真诚地说：很高兴见到您！但是我不能一直留在这里。我知道一旦我离开这里，恐惧的阴云就会再度吞噬我，而那是我必须面对的。我向国内外的很多心理医生和分析师都求助过，但他们都分析我的童年记忆——这些我真的受够了，根本没有效果。

克：我们不提童年的记忆和那些没用的东西，我们来讨论现在。你现在在这里，你说自己感觉不到恐惧；你现在很快乐，几乎想不起来之前困扰你的恐惧。为什么你现在感觉不到呢？是因为这个房屋安静、明亮、比例协调、装修有品位？还是你感觉到了受欢迎的温暖？你是因为这个才不觉得恐惧吗？

问：那是一部分原因。也许是因为您。我听说您在瑞士和人谈话，还听说您在这儿,我感到自己对您有种深厚的友爱之情。但是我不想依靠令人愉快的房子、欢迎的气氛和亲密的朋友来消除恐惧。当我在父母那儿的时候我能感到温暖,然而在家就不行了;所有家庭的气氛都是死气沉沉的,到处都是琐事,争吵,粗俗、无聊的大声吵闹和虚伪。我受够了这一切。但是,当我去找那些心理医生,我确实能感受到一种温暖,有一小段时间,我确实感觉自己的恐惧感消失了。心理医生也搞不清我恐惧的来源,他们把它称为"缥缈的恐惧"。这种恐怖好比一个黑色的无底洞,我花了大量时间和金钱进行心理咨询,但就是一点儿作用都没有。我该怎么办呢?

克:你是不是很敏感,需要某种庇护,一种安全感,但却一直找不到,所以才对这个丑陋的世界感觉恐惧呢?你是不是个很敏感的人?

问:我觉得是的。我的确很敏感,但或许跟您所说的并不完全一样。我不喜欢噪音、骚乱、现代世界的粗俗、无处不在的性诱惑,以及要费尽心机才能谋得一个冷漠而卑微的职位这类事情。我真的很恐惧这一切——不是我不能为自己争到一个位置,而是它让我害怕,感到难受。

克:大部分敏感的人都需要安静的住处和温暖友好的环境。他们或者可以自己创造这样的环境,或者依靠别人为他们创造——如家人、妻子、丈夫、朋友。你有这样的朋友吗?

问:不,我害怕有这样的朋友。我害怕自己会依赖他。

克:这就是问题所在了:你是个敏感的人,需要一个固定处所,并要依靠他人为你营造这样的场所。敏感常和依赖并行。依赖一个人就是害怕失去他,因此你会变得愈加依赖,恐惧感也就随之加剧,这是个恶性循环。你有没有问过自己为什么会依赖?我们依赖邮递员,依赖身体舒适等等；这很正常。我们依赖某些人和物以保持身体的健康并存活下去；这也很自然、很普通。我们必须依靠一些所谓的社会组织或机构。除此之外，我们在心理上也需要依赖。但是，这种依赖尽管令人欣慰，却滋生恐惧。我们为什么需要心理上的依赖呢？

问：您现在在跟我谈依赖，但是我是来讨论恐惧的。

克：让我们一起来看这两者，你会发现它们是有内在联系的。你介意我们把依赖和恐惧一起讨论吗？我们正在讨论依赖。什么是依赖？我们为什么要在心理上依赖他人？依赖是不是否定了自由呢？让我们拿走房子、丈夫、孩子、财产——如果这些都不在了，人还是什么呢？在他内心，他是能力不足的、空虚的、迷惘的。由于恐惧空虚，便开始依赖财产、他人和信仰。你非常清楚自己所依赖的一切，无法想象自己要是失去它们——家人的爱和关怀——会是怎样。但是恐惧还在继续，所以我们必须认清，心理依赖不管是什么形式的，一定不可避免地会衍生恐惧，尽管你依赖的对象好像永远都不会消失。恐惧源于这种内心的不自信、贫弱和空虚。现在，你是不是也看到了，我们总共有三个问题——敏感、依赖和恐惧？这三者是有内在联系的。先来看看敏感：你越敏感，就越依赖（除非你了解怎样保持敏感而不依赖，如何易受伤害却不痛苦）。再看看依赖：你越依赖，就越心生厌恶，越想要自由。这种要求自由的心理让人产生了恐惧，因为这种要求是对依赖的反应，而不是要摆脱依赖。

问：您有依赖的东西吗？

克：当然有了。我在身体上依赖食物、衣服和住处，但是在心理上，在内心世界我不依赖任何东西——不依赖神，不依赖社会道德，不依赖信仰或者任何人。但是，这和我是否依赖他人没有关系。让我们继续：恐惧使我们意识到了自己内心的空虚、孤独和贫乏，而且对此无计可施。我们只关心这种滋生了依赖的恐惧，而恐惧又随依赖而加剧。如果我们了解了恐惧，我们也就了解了依赖。所以为了了解恐惧，必须要敏感地去发现和了解恐惧是怎样形成的。如果一个人十分敏感，他就会意识到自己的极度空虚——好比一个无底洞，任是什么都填不满它：不管是吸毒者的粗俗狂欢，教堂教义对人的消遣，还是社会上的各种大众娱乐形式。认识到这些，恐惧就会加剧。你由此变得依赖他人，而依赖则让你渐失敏感性。这一切弄清了之后，你就会害怕自己陷入空虚和寂寞。所以我们现在的问题是：一个人怎样才能超越这种空虚和这种寂寞——不是人如何才能变得自满，或者如何才能永远掩盖住自己的空虚。

问：为什么你说这不是个如何变得自满的问题呢？

克：因为，如果你自满，你就不再敏感了，你就会变得沾沾自喜、麻木不仁、冷漠无情、自我封闭。不再依赖他人并超越依赖并不意味着要变得过分自信。可不可以坦然地面对生活里的空虚，而不总是琢磨着怎样才能从中逃离呢？

问：一想到我可能永远要这样活下去我就要发疯。

克：任何远离空虚的企图都是一种逃避。而这种逃避，逃避事实或现存状态的举动都是恐惧。恐惧就是逃避一些事情。现存的状态不是恐惧所在，令你恐惧的是逃避这种行为，这才是让你发疯的根源，而不是空虚本身。所以，这种空虚、这种孤独到底是什么？它从何而来？它当然来自攀比和衡量，是不是？我把自己和圣人、大师、伟大的音乐家、无所不知和到达一定境界之人相比，结果一定是我觉得自己欠缺太多、能力太差：我没有天赋、低人一等，我没有彻悟，我没有成为那样的人，但他却成了。所以，从攀比和衡量衍生了空虚和虚无，这个洞穴无比幽暗。而如何从这个洞穴中脱离就造成了恐惧。恐惧让我们无法了解这个无底洞。这是一种自导自演的恐惧症。攀比和衡量就是依赖的核心。所以我们再次回到了依赖的问题上，这是个恶性循环。

问：我们讨论了很多东西，我觉得一切都渐渐清晰了。有依赖；有可能不依赖吗？我觉得是可能的。然后的问题是恐惧；有可能不从空虚中逃离吗？即不因为感觉恐惧就逃离空虚。我觉得是可能的。这样一来，剩下的就只有空虚了。既然我们已经不再因为恐惧而逃避空虚，那么，我们有可能坦然面对空虚吗？我觉得是可能的。最后，是不是可以不去攀比和衡量了呢？我们已经讨论了这么多，现在剩下的问题只是空虚，我们也认识到空虚源自比较。不仅如此，我们还认识到依赖和恐惧都是空虚的结果。所以有比较，就有空虚、恐惧和依赖。我真的能过一种没有比较和衡量的生活吗？

克：你当然需要衡量，要不然怎么把地毯铺在屋子里呢？

问：当然。我的意思是不在心理上衡量得失。

克：当你受人和环境的影响而在各种场合与人争相比较的时候——如在学校、游戏中、大学校园和办公室里，你知道心理摒弃攀比的滋味吗？所有的事情都是比来比去。过一种没有比较的生活该有多好！你知道那意味着什么吗？那意味着没有依赖、没有盲目自信、不做探索、没有要求；那意味着去爱。爱是没有比较的，所以爱也是没有恐惧的。爱并没有意识到它本身就是爱，因为词和物本身从来都不对等的。

怎样在这个世界上生活？

问：先生，您能告诉我怎样在这世界上生活吗？我不想成为它的一部分，却不得不生活在其中，我得有个住所，还得养活自己，而我的邻居也属于这个世界；我的孩子和他们的孩子一起玩耍，不管愿意不愿意，他们最终都要成为这乱哄哄丑陋世界的一部分。我想知道怎样在这世界上生活，不逃避，不出家修行，不乘船环游世界，我想以不同的方式教育自己的孩子，但首先想知道孩子该怎样在这个充满暴力、贪婪、虚伪、竞争和野蛮的环境下生活？

克：不要把它看成一个问题。任何事情一旦变成了问题，我们就会陷入为之寻求解决途径当中，问题于是就变成了牢笼，阻碍我们的进一步探索和理解。所以，不要把生活看成一个巨大而复杂的问题。如果提出这个问题是为了战胜我们所在的社会，或者为了给社会寻找某个替代品，或者尽管身在其中却想逃离这个社会，这样都会不可避免地把我们带入既矛盾又虚伪的生活状态。这个问题是不是也意味着彻底否定了思想观念呢？如果你真的探求，就不能以一个结论开始，而所有的思想观念，包括你对这个社会的看法本身就是个结论。因此，我们必须弄明白你所指的生活到底是什么。

问：先生，我们一步一步来吧。

克：我十分高兴我们能一步一步地探讨这一问题，耐心地，怀着一颗探求之心。那么，你对生活的理解是什么呢？

改变是我们的当务之急　｜　**179**

问：我还从来没用语言描述过我的生活。我现在的生活状态是，我有些不知所措，不知道该做些什么、该怎样生活。我对一切都失去了信心——包括宗教、哲学和政治乌托邦。战争存在于个人之间、国家之间。在这个纵容的社会里，一切都会发生——杀戮、叛乱、一国对另一国的倾轧。没有任何国家为此仗义执言，因为一旦插手就可能引爆世界性大战。面对这一切我不知道该怎么办；根本不知道该怎样生活。我不想生活在这些困惑之中。

克：你想要的是什么？不同的生活，还是随以往生活而来的新生活？如果想要过不一样的生活却不理解是什么带来了这些困惑，你就会始终处于矛盾、冲突和困惑之中。如此一来，你所谓的新生活也就算不上新生活。所以，你要弄清楚自己是要一种新的生活，还是经过改良后的原有生活，还是想去了解原来的生活？

问：我不确定我想要什么，但是我开始明白我不想要什么。

克：你所不想要的东西是基于你不受约束的理解，还是基于你的快乐和痛苦？你是出于反抗才做此判断，还是你看到了冲突和苦难的根源了？你是因为看到了，所以才反对的，是吗？

问：您问了我太多的东西。我所知道的就是我想过一种不同的生活。我不知道这意味着什么；不知道我为什么追寻它；而且像我说过的，我感到非常迷惘。

克：你根本的问题是你怎样才能生活在这世界上，是不是？在你弄明白之前，让我们先来看看这个世界是什么。世界并不仅仅是我们周围的一切，它同样也是我们与这些事、这些人、我们自己及观念之间发生的关系。也就是说，我们同财产、人们、概念——即被我们称之为生活的一系列事物之间发生的关系之和,这才是世界。我们看到了存在于民族、宗教、经济、政治、社会、种族群体之间的分歧;整个世界破碎不堪,外部世界如同人类内部一样分崩离析。事实上,外部的分裂正是人类内部分歧的明证。

问:是的,我很清楚地看到了这种分裂,我也开始明白人类应该负起责任。

克:"你"就是人类一员啊!

问:那么我能生活得和我自己现在不同吗?我突然意识到,如果我以完全不同的方式生活,那我一定是重生了,会生成新的思想、新的心灵和新的双眼。但我同时也意识到,这一切还远远没有发生。我以我的方式生活,我是什么样子生活就是什么样子。但是,以现在这种方式过活,人又能改变到哪儿去呢?

克:你还是待在原地!哪儿也没去。离开,或者说对理想或对我们认为更美好事物的追求,会让我们感觉是在进步,给自己似乎在向更美好世界迈进的假象。但这种运动根本就不是运动,因为终点所反映出来的是我们的痛苦、迷惑、贪婪和妒忌。所以说这个结果,本来认为是有别于现状的,实际上却与现状没什么两样,也由现实而生。因此,在现实和理想之间产生了冲突,这就是我们困惑和冲突的来源。终点并不在那儿,不在墙的另一端;起点和终点都在这儿。

问:等一下,先生,我根本没弄明白。您是在讲,我们孜孜追求于理想实际是因为并不了解现状,是吗?您是在说我们希望实现的理想其实是现实,因此从现实到理想的运动根本就不是运动,对吗?

克:这只是一个想法,是一种假定。如果你理解了现实,又何必需

改变是我们的当务之急 | **181**

要理想呢？

问：是这样吗？我理解现实。我明白战争的残忍和杀戮的可怕，而且我也因此立下了不杀戮的理想。这个理想源于我对现实的理解，因此不能算是逃避。

克：如果你明白杀戮是可怕的，那还有必要为了不杀戮而树立理想吗？或许我们不太清楚"理解"这个词的含义。当我们说理解某事时，是不是意味着我们已经了解它要表明的一切含义了？我们已经探索过了，并发现了蕴含其中的真理和谬误。是不是也意味着，这种理解不只是理智思考的结果，而且还是在心底深刻感受到的呢？只有理智和情感完美融合，才会有这种理解。这时，人才会说"这件事我了解了，做完了"，它再也不可能进一步导致冲突了。我们对理解这个词的认识是一样的吗？

问：之前我不知道，但现在我明白您所说的都是正确的。不过我真的不明白您所指出的这个世界的混乱就是我自己的混乱。我该怎样理解它呢？怎样才能完全了解到这个世界的混乱、困惑以及我自己呢？

克：请不要用"怎样"这个词。

问：为什么不能用？

克："怎样"意味着某人会给你一种方法，一个秘诀，如果把它们付诸实践你就可以理解。理解难道可以通过某种方法得来吗？理解意味着爱和心智健全。而爱是不能练习或者教授的，健全的心智也只能在具有清晰的洞察力、不动感情地如实观察事物时才会出现。两者都不可能由他人教授，或者由你自己或别人创造的体系来教授。

问：说得真对啊，先生，或者是您太有逻辑性了？您是在影响我，让我按您的观点来看事情吗？

克：上帝不允许我这样！任何形式的影响都是对爱的践踏。企图让头脑敏感和警觉的宣传只会让其迟钝和麻木。所以我绝对不会试图说服你、影响你或者让你依赖。我们只是一起指出来，一起探索。而要一起探索你必须是自由的，从我和你自己的种种偏见和恐惧中解脱出来，不然你就会来来回回地兜圈子。因此，我们必须回到最初的问题：我怎样才能在这世界上生活？在这个世界生活就必须否定它。这里我的意思是：否定理想、战争、分裂、竞争以及妒忌等，不是说像一个叛逆小男孩对待他父母那样地否定世界，而是因为我们理解它，所以才否定它，这种理解就是否定。

问：这个我理解不了。

克：你说过，你不想生活在这世界的困惑、欺骗和丑陋之中，因此你否定了它。但是是在什么情况下否定的，为什么否定它呢？你否定它是因为你想过宁静的生活，一种非常安全且封闭的生活，还是因为你看到它的真实面貌了？

问：我认为自己否定它是因为看到了周围所发生的一切。当然，这也涉及了我的偏见和恐惧。所以，这是掺杂了我自己的焦虑和实际所发生的一切的混合物。

克：哪个占上风呢？是你自己的焦虑还是实际发生在你周围的事情呢？如果恐惧占了上风，那么你就看不清周围到底发生了什么，因为恐惧是黑暗，黑暗中你什么都看不到。如果你意识到了这个并摆脱恐惧，你就可以清楚地看到世界的真实面貌和真实的自己。因为你就是这个世界，这个世界就是你；你们两个不可分离。

问：您能不能更全面地解释一下，您说的"世界就是我"和"我就是世界"是什么意思？

克：这真的需要解释吗？你真的想让我详细描述你是什么，为你指出世界和你其实是一样的吗？我说了你就能信吗？相信自己就是世界？逻辑严密、次序分明、有因有果的解释就能让你信服了？如果缜密的解释说服了你，那你就能明白其中的道理吗？这会让你觉出自己就是世界，应该对世界负起责任吗？这一切似乎很清楚，是人类的贪婪、妒忌、侵略和暴力共同创造出了这个世界，世界就是我们真实面目的写照，被合法化地接受了。我觉得这已经够清楚的了，我们就不要在这上面浪费时间了。你看，我们连这个也没感觉到，那说明我们并不关爱彼此，因此在自我和世界之间是存有裂痕的。

问：我可以回家明天再来吗？

※　　※　　※

他第二天急切地回来，眼睛里闪烁着探索的光芒。

问：如果您愿意的话，我想请您进一步解释怎样在这世界上生活的问题。我现在终于彻底弄明白了您昨天为什么说理想是根本不重要的。我琢磨了很长时间，终于认识到了理想的微不足道。您是不是在说，当没有理想且不再逃避的时候，剩下的只是过去和无数个昨日造就的"自我"呢？所以当我问"怎样在这世界上生活"时，我不仅提出了一个错误的问题，同样也做了个矛盾的陈述——我把世界和"自我"放在互相对立的位置上，而这种对立就是我所说的生活。因此当我问"我怎样才能在这世界上生活"的时候，我实际是想改进这种对立关系，证实它，限定它，因为除了这种对立，其他的我一无所知。

克：这就是我们现在的问题：生活一定总是过去吗？所有的活动都一定源于过去吗？所有的关系都是过去的结果吗？生活是过去复杂的产物吗？我们所知道的无非是——过去限定现在，而未来则是过去假借现在之手造成的结果。因此，过去、现在和未来实际都属于过去，而这个过去就是我们所说的生活。精神是过去的，头脑是过去的，感情是过去的，而这其中的一切行为都是已知的实际存在的活动。整个过程就是你的生活和你所知道的各种关系和活动。因此当你问起怎样在这世界上生活的时候，你是在要求换一个牢笼。

问：我不是那个意思。我的意思是：我非常清楚，我的思考和行为模式是在过去形成的，这种模式现在依旧，未来也如此。这是我所知道的一切和事实。我意识到，除非我能突破自己陷入的这个框架和结构。因此我才提出了这个问题：我该怎样去改变？

克：要在这世上明智地生活就必须彻底地改变自己的内心世界。

问：是的，但是您说的改变是什么意思呢？如果我做的一切都由过去演化而来，我该怎样改变呢？我只能改变我自己，没人能改变我。我不明白改变到底是什么意思。

克：这么说问题由"我该怎样生活在这世界上"变成"我该怎样改变"了？记住，"怎样"并不意味着一种方法，而是探寻怎样才能理解这个问题。改变是什么？真的有什么改变吗？或者你能这么问——是否只是在彻底改变和变革之后才真的会有所改变呢？我们再来看看改变这个词是什么意思吧。改变意味着从现存状态到不同事物之间的运动。这个不同的事物只是现实的对立面呢，还是完全不同于现实的另一个体系

改变是我们的当务之急 | **185**

呢？如果只是对立面，那么它就没有什么不同，因为所有的对立面都相互依存，例如冷和热，高与低。对立的事物总是互相包含和决定的；它只存在于比较中，而且可以相互比较的事物间都有相同的品质，只是所显示的测量值不同，因此它们是相似的。所以向对立面的转变就是根本没有改变。即使它朝着看似不同的方向发展给你一种你真的有所改变的感觉，那也只是错觉而已。

问：让我好好体会一下这些话。

克：那么我们现在关心的是什么呢？我们自身有可能产生一个与过去全然无关的新法则吗？过去与这个探索不相干，过去的并不重要，因为它与这个新法则无关。

问：您怎么能说过去是微不足道和不相干的呢？我们一直在说过去就是问题所在，现在却说过去是不相干的。

克：过去似乎是唯一的问题所在，因为它是唯一可以控制精神和内心的。它对我们是很重要，可我们为什么要重视它呢？为什么这个渺小的空间会如此重要？如果你完全沉浸于它，听命于它，那你永远也听不到改变的声音。那个没有完全顺服过去的人才是唯一有能力倾听、探究和质询的人。只有这样他才有能力认清过去只是部分生活片段，是无足轻重的。所以，你的头部是完全浸入水中了还是仍停留在水面上呢？如果水还没有覆顶，你还是能看到这件小事的微不足道的，你还是可以环顾四周，看看自己已浸入的程度有多深。除了你自己以外，没人能回答这个问题。能提出这个问题，就说明你已经拥有自由了，因此，不用担心，你的视野很广阔。但是，若是过去的模式死死地扼住了你的咽喉，那你就会默许、接受、遵从、跟随、相信。只有当你意识到这不是自由，你才会开始想要从水中爬回岸上。所以我们再次追问：什么是改变？什么是变革？改变不是从已知到已知的运动，尽管所有的政治革命都是如此，但那种改变不是我们所讨论的这种。由罪人到圣人的进步不过是从一种幻觉到另一种幻觉而已。所以，现在我们没有由此到彼的改变过程。

问：我已经真正弄懂了吗？当我感觉愤怒、有暴力倾向和恐惧情绪时，我该怎么办呢？我任由它们支配我吗？我该怎样对付它们？必须做出改变，否则我就又是从前的我了。

克：很明显，这些不良情绪不可能被跟它们对立的情绪所克服，是吗？如果可以克服的话，你就将只有暴力、妒忌、愤怒和贪婪了。产生某种情绪是因为遇到了挑战，之后情绪被命了名，给这些情绪命名就使它们在旧有模式中有了立足之地。如果你不给它们命名，就意味着你不让自己与之发生关系，那样的话，情绪属于新出现的，就会自行消失。而为之命名则会强化它，赋予它持续性，这正是思想的整个过程。

问：我让我一步一步退到角落里，在此我看清了真实的自己，也看到自己是多么无足轻重。接下来会是什么呢？

克：任何由"我的真实现状"这个问题所引发的思想活动都是在强化我的这种状况，因此根本没什么变化，它是在否定变化。明白了这点才能提出是否存在什么变化的问题，这个问题只有在停止所有思想运动以后才能提出。为了获得不变之美，必须否定思想。只有彻底否定所有远离现状的思想活动，现实的问题才能走向终结。

关系是一面镜子

问：我长途跋涉来拜访您。尽管我已结婚生子，但却离开了他们，像托钵僧一样云游四方、苦思冥想。关系这个问题很复杂，对此我百思不得其解。当我走进一个村落，人们给我食物，如同我和妻儿有关系一样，我和施舍者有了某种联系。在另一个村子，有人送我衣服，于是我和制造衣服的那个工厂也有了关联。我与脚踩的泥土、躲避风雨的大树以及一切都存在关系。而我却是独自一人，孤苦无依。我和妻子在一起，甚至在与她行房事时，彼此都是闭锁心扉的，那种貌似融合的行为实际是一种分离。我来到寺院，见到的只有敬拜者和他们敬拜的神，他们之间也是分离的。在我看来，所有的关系中都存在隔绝、对立，但是在它们中间、后面和周围却有着特殊的统一性。看到乞丐我总有心痛的感觉，因为我和他们深有同感——都被孤独、绝望、疾病和饥饿所困扰。我与他们一起感受着毫无意义的存在。有个富人驾着私人豪华汽车让我搭乘，与他在一起我浑身不自在，然而，与此同时我感到了他的存在，因此和他也建立了联系。这种奇怪的关系现象很令我困惑，在这个阳光明媚的早晨，俯视着这座幽深的山谷，我们能不能就此认真探讨一番呢？

克：是不是所有的关系都由隔离而生呢？在有分离和分裂的情况下，还可能有关系吗？如果与他人没有身体和其他任何方面的接触的话，还会有关系吗？一个人牵着另一个人的手，可心却飘向千里之外，沉浸在自己的思绪和问题之中，彼此还会有关系吗？有人虽然活在群体之中，内心却可能无比孤独。有人问：当头脑把自己封闭起来的话，还会和树木、花朵、人类、天空、美丽的夕阳产生关系吗？当头脑不再闭塞的时候，还会和其他任何事物建立联系吗？

问：万事万物都有自己的存在形式，都有包裹自我存在的外壳，不属于自己的外壳永远也无法穿透。不管我多么爱某人，我与他都从来都不是一体的。我或许可以从外部，在精神上和肉体上碰触到他，但他仍属于自己，而我也永远都在他之外。他也同样无法抵达我的世界。我想问，我们是不是一定要总是保持两个独立的个体，各自生活在自己的世界里，带着各自的局限，禁锢在自己的意识牢笼里呢？

克：每个人都生活在自己编织的壳里，你在你的里面，他在他的里面。那么这个壳能否穿透呢？这个壳——这个保护罩——这个包裹物——是那个描述性的词语，而并非事实本身，对吗？你的壳由你所牵挂之事编就，他的则是由他所挂念之事织成，是这样吗？在彼此的壳里，你的欲望与他的是对立的吗？这个无形之壳里包裹的都是过去吗？这里面的就是所有，对吗？它所包裹的并非某个特例而是思想所负载的整个包袱，是不是？你有你的负担，别人有别人的。这些负担能否被放下，从而使思想与思想碰撞，心灵与心灵交汇呢？这真的是个问题，不是吗？

问：即使我们放下了所有的负担，假使允许这样做的话，他也仍是带着他的思想继续生活，而我则也是带着我的活在自己的世界里。人与人之间彼此间的隔阂有时窄，有时宽，但总是两个分离的孤岛。当我们在意隔阂的存在，试图弥合它，隔阂反而显得最深。

克：你可以把自己看作那个村民或者那火红的九重葛花——这实际是为了假装与之融合而使用的心理技巧。让自己认同为某物是最虚伪的一种状态——把自己归类于某个民族和信仰,实际依然独自一人,是人们掩盖孤独的最常用伎俩。或者说,让自己完全认同某种信念,觉得自己就是那种信念,是一种神经质的状态。现在让我们想让自己认同某人、某物和某个想法的冲动放在一边,否则就不存在和谐、统一和爱了。现在,我们来看下一个问题:你能将这个外壳撕裂以至不再有什么包裹之物了?只有这样才有完全接触的可能性。但是该怎样撕裂这个外壳呢?这个"怎样"与其说是一种方法,不如说是可能开启大门的探索。

问:是的,没有其他的接触可以称作是真正的交往关系了,尽管我们说它是。

克:我们是一点点撕开这个外壳还是立即将其割裂呢?如果我们一点点撕开,这也是有些分析师有时声称要去做的,工作将永远无法完成,因为这种分离不是通过时间就可以结束的。

问:我能够进入他人的外壳里吗?他的外壳不就是他的存在、他的心跳、他的鲜血、他的情感和他的记忆吗?

克:你自己不就是外壳本身吗?

问:是啊。

克:你想要撕裂其他外壳,或者冲破自己的外壳向外伸展,恰是你肯定自己就是外壳并且有所行动的时候;你就是外壳。你是外壳的观察者,同时也是外壳本身。在这种情况下,你既是观察者也是被观者:他也如此,这就是我们所处的状态。你试图走进他,他也试图走进你。这有可能吗?你和他都是被海洋环绕的岛屿。你看到自己既是海洋也是岛屿,海洋和岛屿连在一起;你就是连着海洋的整片陆地。没有岛屿和海洋之分。然而,另一个人却看不到这点。他只是座岛屿,周围被海洋所环绕,海洋和岛屿之间界限分明。他试图触及你,你也可能愚蠢得想去触及他。但是,这有可能吗?自由的你和被束缚的他之间会有联系吗?既然你同时是观察者和被观者,你就是海洋和大陆之间整体的运动。但是另一个人,他不理解这些,还是座孤岛,被海洋环绕着。由于他特有的与世隔绝性,就算他试图到达你的身边,也必然屡试屡败。只有当他脱离封闭的特性,才会像你一样对天空、大地和海洋敞开怀抱,才会与你产生连接。认识到障碍就是他自己的人,就不会再有障碍了。因此,他自身根本就不存在分裂的问题。只有认识不到是自己从中作梗的人才认为万物总是分离的。而这样的人又怎么可能走进他人呢?不可能。

※　　※　　※

问:如果可以的话,我想从昨天我们停下来的那处开始。您说是头脑编织了外壳并把我们包裹起来,这个外壳就是思想本身。这么说我真的不明白。按照理性推理,我同意您这么说,但我远没有认识到问题的实质。我真的很想知道您为什么这么说——不止语言上解释得通,还要切实体会到它——这样我的生活就没有冲突了。

克:在头脑制造的外壳和头脑本身之间回旋着一定的空间或者距离。理想和行动之间也存在着差距。在观察者和被观者之间,或者在被观察的不同事物之间充斥着冲突、争斗和生活的各种问题。自我和他人的外壳是分开的,弥漫在这两个外壳之间的空间里,就是我们所面对的生活、关系和斗争。

问:当您谈起观察者和被观察事物之间的分裂时,您是在说这些存在于我们思想和日常行为之间这些支离破碎的空间吗?

克：这些空间是什么呢？它们存在于你和你的外壳之间，他和他的外壳之间，也存在于你们各自的外壳之间。这些空间都呈现在观察者面前。它们是什么构成的？如何形成的？这些分割的空间的特点和本质是什么？如果我们去除这些破碎的空间的话，又会发生什么？

问：会使人存在的各个层面都会有真正的接触吧。

克：就这些吗？

问：将不再有冲突，因为所有的冲突都是在跨越这些距离或空间的过程中形成的。

克：就这些了？当这些距离消失的时候，不只是口头上说说或者理性推断上的，而是真正地消失了，那么，真正的和谐与统一就会出现在你和他以及其他人之间。在这种和谐里，你和他都消失了，只有这广阔的空间永远不会消失，同时，束缚头脑的小框架也消失了，因为它不过是广袤空间里的一个小小碎片而已。

问：尽管我内心深深感受到它是这样，可是我还是不能理解。当有爱的时候，这种情况的确会发生，但是我不了解那种爱。它一直都没有这种爱，它也不在我的心里，我只能透过模糊的玻璃去看它，不能实实在在地全身心地感受到它。我们能谈谈这些空间是怎么组成的吗？它又是怎么形成的？

克：当我们用空间或距离这个词的时候，我们得确定我们对它的理解是一致的。人和事物之间存在着有形的物理上的距离，也存在无形的心理上的距离。理想和现实之间也同样存在着距离。所有的这些，无论物理上的还是心理上的距离，或多或少都是被限制和规定的。我们不是在讨论可见的物理距离，而是在探讨人与人在心理上的距离以及就个人自己而言在思想与行动之间的距离。这些距离是如何产生的？它是假想？是幻觉？还是真实的？感受它，注意它，确定你在脑海中不仅仅只有它的意象，记住，描述出来的永远都不是事实本身。你必须确切了解我们正在讨论什么，清醒意识到这个有限的距离和分离存在于你身上：如果不明白就不要继续往前推进。那么，空间或距离到底是怎么产生的呢？

问：我们看到了事物之间可见的距离……

克：不要解释任何事情；只随着感觉深入进去。对于这个距离是怎么产生的，不要做任何解释或者找任何理由，而是要仍然保留距离、感受距离。这样一来，原因和解释就没有什么意义和价值了。这个距离因思想而生，是"自我"，属于被描述的那个词语，不是事物本身——是所有分离的体现。思想本身就是距离，就是分离。思想总是将自己撕成碎片，制造分离。思想总是在这距离中将它观察到的东西切成碎片——例如你和我，你的和我的，我和我的思想，等等。思想制造的存在于它所观察的事物之间的距离在某些人看来若是真的，这段距离就会制造分离。之后，思想又试图在分离之间搭建桥梁，因此，一直都是思想在寻自己开心，欺骗自己，妄图实现统一。

问：这让我想起了关于思想的一句古老格言：是小偷把自己伪装成了抓小偷的警察。

克：先生，不要费心引用什么古老格言了。我们在考虑真正在发生的是什么。在看到思想及其运行本质的真相后，思想变得安静。思想主动安静下来，而不是被强制安静，那么，还存在空间吗？

问：是思想本身现在急于回答这个问题。

克：非常正确！所以，我们甚至都不用问这个问题了。头脑现在完全处于和谐的状态,没有碎片;被切割的小块空间都消失了,空间变得广阔无边。当头脑完全沉静下来的时候,就会有无垠的空间和寂静。

问:我开始意识到我与另一个人的关系实际是思想与思想之间的关系;不管我回答什么,都是思想的噪音。意识到这个,我内心不再挣扎了。

克:这种寂静是福佑。

因循传统只会制造更多的冲突

问：我发现自己和与我相关的一切都存在冲突；在内心也是矛盾重重。人们常说神圣规则，和谐自然；似乎这一规则全是人类自己破坏的，这么多的痛苦也是人为制造出来的。清早醒来，透过窗户我看到小鸟叽叽喳喳地正在掐架，它们很快各自飞开了，但与自己和他人之间类似的争斗却一直萦绕我的心头，让我无法释怀。我在想是否自己的内心能安宁下来。我非常想知道自己如何才能与自己和身边的一切都和谐相处。正如透过这扇窗子看到平静的大海和水面上的阳光时，我们总不免从心底发出感叹：一定有一种与自己和世界无争的生活。真的会有和谐吗？它在哪里呢？难道永远都混乱不堪吗？如果有和谐的话，会出现在什么层面上呢？它只存在于高山之巅吗？被夕阳浸染的山谷对它就无从觉察了吗？

克：人能够由此及彼吗？他能把实际存在的变得面目全非吗？能将不和谐转化为和谐吗？

问：那么，冲突是必不可少的吗？毕竟，它或许就是事物的自然规律。

克：如果接受这一点，就必须得接受社会所代表的一切：战争、野心勃勃的竞争、恃强凌弱的生活——人类所谓的圣地其实满眼都是野蛮和暴力。这一切都合乎常理吗？这样会带来统一吗？为此，我们是不是最好考虑以下两个事实呢？也就是一方面冲突里充满复杂的斗争；一方面我们的头脑需要有序、和谐、平和、美丽和爱。

问：我对和谐一无所知。我认为它在梦幻的天堂，在轮回的四季，在宇宙精密有序的规则之中。但这些都无法让我的内心和头脑变得有序；数学的绝对秩序不是我的秩序。我没有秩序，我深深陷入无序的状态。我知道不同的理论可以指导人们一步步走向所谓完美的政治乌托邦和宗教里所说的天堂，但这对我却没有任何用处。世界在千万年之后或许会臻于完美，但现在我却如同在地狱里煎熬。

克：我们都看到了存在于自身和社会的混乱。两种情况都很复杂，都没有办法解决。人们认真地审视这个问题，严谨地分析它，寻找自身和社会失序的缘由，将它暴露在阳光下，相信或许人们就会让头脑摆脱混乱。这样的分析过程，不管它符不符合逻辑推理，大多数人都在尝试，但谁都没有将事情推进多远。人类分析自己也有几千年了，除了文学外，没有留下其他任何成果！许多圣人把自己圈在概念和意识形态的牢笼里；他们也同样在矛盾中挣扎。矛盾的原因在于欲望的永恒二元对立性：在那没有尽头的对立面总在制造妒忌、贪婪、野心、侵略、恐惧以及其他所有人类的恶劣品质。我现在想知道是不是所有解决这个问题的方法都大致相同？即人们已经习惯于接受这种争斗并竭尽全力去摆脱它，这已成为一种传统。而人如果因循这种传统思维方式的话，正如我们所看到的，只会制造更多的混乱。所以，现在的问题不是怎样结束混乱，而是要发现如何才能让头脑先摆脱传统的束缚，或许那时就不再有问题了。

问：我完全不明白您的意思。

克：混乱是事实。这个毋庸置疑：它是千真万确的事实。处理这一事实的传统做法就是分析它，试图发现其成因，之后找到克服它的方法，或者找出它的对立面,之后与其较量。这就是传统做法,包括纪律、训练、控制、压制和升华在内。人类几千年来一直都在这么做,却毫无结果。我们能否彻底放弃这种做法,以一种完全不同的眼光来看待这个问题呢?也就是说,不要试图超越它、解决它、克服它,或者从中逃离。头脑能做到吗?

问:或许吧……

克:不要这么快回答!我问的可是个大问题。这些问题人类在世界伊始时就试图通过以上我所列举的几种方法来处理。不要以为只要口头答应了,自己就能轻而易举、简简单单地撇开这些问题。我们每个人的思想体系可都是它构成的。现在,我们能否不只是嘴上说理解了,而是拿出实际行动来,将自己的头脑真正从传统中解放出来呢?老办法是永远解决不了问题的,只会徒增更多的矛盾:比如暴力,就属于矛盾,在此基础上我加入了试着使用非暴力手段。所有的社会道德和宗教法规都是非暴力的。你同意我这么说吗?

问:同意。

克:那你知道我们现在谈到哪儿了吗?你是否已经理解并且放弃了所有的传统做法了呢?你知道自己现在在头脑的实际状态吗?要知道,了解头脑的状态可比冲突本身重要得多。

问:我真的不知道。

克:你为什么不知道呢?你若是真的放弃了传统做法,你会意识不到头脑的状态吗?你为什么不知道呢?你是放弃了,还是没放弃呢?如果你放弃了,就会知道的。如果你放弃了,你的头脑就会变得纯真,之后便会以纯真的眼光来看这一问题。你可以设想这是自己第一次面对这个问题。如果你做到了，还会有什么冲突吗？你不知道，那是因为你依然用老眼光，这样不但会强化问题，还会把它推回到陈腐的老路上去。所以，重要的是你怎样看问题——是用旧眼光还是新眼光。新眼光让你对问题的反应不再受制于传统。通过确认去列举问题是处理问题的传统方法；以快乐和痛苦之名为问题辩护、谴责和解释，这也是传统的习惯性做法。对于问题本身，这就是通常所称的积极行动。只有当头脑把所有这些放置一边，处于不起作用、不发挥智慧的状态时，头脑才会变得高度敏感、有序而自由。

问：您要求得太多了，我做不到。我力不能及。您想让我成为超人！

克：当你说自己必须成为超人的时候，实际是在为自己制造困难，是在阻碍你自己。其实完全不是这么回事。你一直用想要干涉的眼光看问题，想对所看到的东西做些什么。不要再这样了！因为无论做什么，你所用的都是传统方法。简单一点，用完全不受过去影响的心灵和头脑来看待问题，你就会发现奇迹。否定才是最积极的行动。

从已知中解脱就是真正的宗教生活

问：我想知道宗教生活是什么样子。我在寺院待过几个月，每日静思默想，遵守寺规，广泛阅读。我去过各种寺庙、教堂和清真寺，试图过一种非常简单的生活，尽量不伤害到旁人和动物。但这确实不是宗教生活的全部吗？我练习瑜伽，学习禅宗，遵循诸多宗教教义，一直信奉素食主义。像您所看到的，我现在年事已高，曾经满世界地追随一些圣人。但是，我不知为何总感觉所有这些都只是游离在真正宗教生活的边缘。所以，我想我们今天是否可以讨论对您来说什么是宗教生活。

克：一天一个托钵僧面带悲伤地来看我。他说自己曾发誓要过禁欲的生活并且离开俗世云游四方，从一个村庄到另一个村庄。但是，他的性欲如此强烈，以至于有天早上他决定割除自己的性器。一连几个月他都在持续的疼痛中度过，但不管怎样他还是康复了，直到很多年以后他才完全意识到自己做了什么。所以他来到我的小屋问我他现在该怎么办，他残害了自己的身体，怎样才能再恢复正常——当然，不是身体上，而是内在的正常。他做了这件事是因为性生活被认为是违背宗教生活的，是世俗的，属于世间的享乐，而真正的托钵僧应该不惜一切代价去避免这些。他说："现在我感到自己完全迷失了，失去了男子气概。我努力和性欲抗争，试图控制它，以致最后发生了这种可怕的事情。现在我该怎么办呢？我知道我错了。我几乎耗尽了精力，生命似乎要在黑暗中结束了。"他握着我的手,我们静静地坐了好一段时间。这就是宗教生活吗?否定快乐或者美丽就是通向宗教生活的路吗?否认天空和群山之美以及人类的形体美,就会引人走向宗教生活吗?这些可都是多数圣人和僧侣们所深信不疑的。他们用这种信仰折磨自己。一个备受折磨、扭曲失真的灵魂能明白什么是宗教生活吗?所有的宗教都声称自己是唯一通向真理或者神的途径(或者随便叫它什么),追随它们,就要忍受这种折磨和歪曲。不仅如此,它们还对自己宣称的精神或曰宗教生活与世俗生活作了这种区分。

一个人若只为享乐而活,只是偶尔闪过忧伤和虔诚的念头,整个人生都虚掷在娱乐和消遣上面,那么,他当然是个世俗之人,尽管可能也很聪明,很博学,知道用他人或自己的思想来填充生活。一个具有某种天赋并利用其天赋造福社会或者为自己追求享乐的人,以及利用自己天赋为自己赢得名誉的人,当然也是世俗的。但是,去教堂、寺院或者清真寺,去祈祷,沉浸在偏见和顽迷中,丝毫未意识到这其中所隐含的残酷的人,也是世俗的。此外,沉醉在爱国主义、民族主义和理想主义的人,也同样世俗。将自己关在寺院里——每天按固定作息起床,手捧经文朗诵祈祷的人——毫无疑问,也是世俗的。而去施善行的人,不论他是社会改革家还是传教士,都和按自己的方式关注世界的政客没什么两样。宗教生活和世俗生活的区分就是世俗的本质。这些僧侣、圣人、政客的头脑和那些只关心享乐的人的头脑没有太大的差别。

所以,重要的是不把生活分为世俗和非世俗,重要的是不去区分世俗和所谓的宗教。没有物质世界,我们就不会在这里了。没有天空和山上那棵孤树的美，没有路过的女子和骑马的男子，生活就不存在了。我们关心的是生活的全部，而不是那段特殊的被认为是与其余空间相对立的宗教生活。所以，从现在我们要认清楚，具有宗教情怀的生活是去关注整体，而不是某个特殊的局部。

问：我理解您所说的。我们要处理好生活的全部，而不能将这个世界和所谓的精神世界分开。但问题是：为了处理生活中的万事万物，我们怎样做事才算是虔诚的或是具有宗教性的呢？

克：你说的具有宗教情怀地行动是什么意思呢？你难道是说过一种和谐的生活吗？也就是说没有世俗和宗教，没有应该和不应该，没有你和我，也没有喜欢和不喜欢之分吗？分离就是冲突。有冲突的生活不是宗教生活。只有在深刻理解冲突的基础上才有可能知道什么是宗教生活。这种理解生成智慧。智慧让人正确行事。而大多数人所谓的智慧仅限于技术上的灵巧、生意上的精明和政治上的欺诈。

问：我的问题实际是：怎样才能在没有冲突的情况下生活？怎样才能带来真正的神圣？而不是受限于宗教牢笼那种不过是情感上的虔诚——不论这个牢笼多么古老且受人尊崇。

克：在小山村平静度日的人，或者在"神圣的"山腰洞穴里做梦的人，所过的都不是我们正在探讨的宗教生活。结束冲突堪称最为复杂的事情之一，需要自我观察，以及对外在和内在世界的敏锐意识。一旦理解了自己的内在矛盾，冲突就会停止。如果摆脱不掉已知的束缚，这种矛盾就会一直存在。摆脱过去意味着活在当下，当下不属于时间范畴，在当下，只有自由在运行，过去、已知无法触及。

问：您说的摆脱过去是什么意思？

克：过去是我们所有累积起来的记忆。记忆在当下运行，产生希望和对未来的恐惧。这些希望和恐惧属于心理上认定的未来之事：没有它们就无以成未来。所以，现在是过去行为的汇总，思想是过去延伸到现在的运行轨迹。过去在现在行动，产生我们所说的未来。过去这样反应是不由自主的，没有人召唤它，它不邀自来，早在我们觉察前就已经附着在我们身上。

问：果真如此的话，我们怎样才能摆脱它呢？

克：不加选择地觉察行动就可以。因为选择，在更多意义上而言，又是在重复过去的行为，不加选择地觉察是观察处于运动中的过去：这种观察不再是过去在运行。不带思想意象地观察是指在行动中过去的一切活动都终止了。不带想法地观察树木是说，观察树木时完全不受过去的影响，是一种没有过去的行动。观察过去的运行状况，又是一种没有过去的行动。看的状态远比看到什么重要得多。如果在无选择的观察中却意识到了过去，那说明不仅是以不同的方式行动了，而且还以不同的方式生活着。

在这种意识中，记忆畅通无阻且高效地运行。虔诚或者说宗教性，就是这种毫无选择的觉察，尽管已知无论在哪儿都要运行，但人还是可以从中解脱出来的。

问：但是，已知，即过去，有时在它不应该运行的时候仍然运行；它这么做仍是在制造冲突。

克：要觉察到过去正在运行这件事，要处于一种无为的状态才行。所以，从已知中解脱就是真正的宗教生活。但这并不意味着摒弃已知，而是要进入一个完全不同的领域，并从那儿观察已知。这种未加选择的行动就是爱的行动。宗教生活所有的就是这种活动,整个生活都是这种行为,宗教思维也是关于这样的活动。所以,宗教、头脑、生活和爱是一体的。

认识整体就是认识生活的全部

问：当我聆听您的时候，我似乎理解了您所谈论的内容，我并非只是嘴上这么说，而是真的在更深层次上理解了。我已融入其中，茅塞顿开，深刻领会了您所说的真理。看到花朵、树木和白雪皑皑的山峦，我感到自己与它们已成为一体。我沉浸在这种觉察里，没有自我矛盾和冲突，感觉好像任何事都难不倒我，自己所做的一切都会成真，永远不会有什么冲突或痛苦。但不幸的是，这种状态持续不了多久，可能只在聆听您讲话的短短一两个小时内。一旦离开演讲现场，所有的感觉都蒸发得无影无踪，我又回到了原来的我。我试图感知自己；让自己铭记我聆听您讲话时的状态，努力到达那一境界，牢牢抓住它，于是乎，整个过程就演变成了挣扎。您说过："要意识到自己的矛盾，倾听它，发现矛盾的成因，你的矛盾其实就是自己。"对于自己的种种矛盾、痛苦、悲伤、困惑，我的确觉察到了，但是，这种觉察根本不能解决问题。相反，这种觉察似乎给了它们活力和持久性。您还讲过无选择的觉察，这让我内心又生出一番挣扎，因为我满脑子都是选择、决定和想法。我将这种觉察运用到生活里，发现自己仍然无法摆脱那份挣扎。当你觉察到一些压力和冲突的时候，你会持续拷问自己这种觉察是否已经消失了，而这个似乎在提醒你，你永远都摆脱不掉它。

克：觉察不是承诺什么。觉察是由里到外的一种观察，没有方向上的指引。你觉察到了，但觉察到的东西并没有发生什么实质性的变化。

觉察不同于专注，它不是意志行为，你不能选择觉察到什么，觉察也不能分析会带来什么结果。当意识故意关注于某个特殊事物，把它当作冲突，那实际是意志在运行，是集中。当你集中时——也就是你把所有能量和思想都集中在自己选择的范围之内，不管是看书还是观察自己的愤怒——那么，在那种特殊的活动中，你所关注的事情就会得以进一步强化。所以，我们得理解觉察的本质：当我们用"觉察"这个词的时候要明白自己在讨论什么。现在，你或者可以觉察到一个特殊的事情，或者觉察到这个特例是总体的一部分。孤立地看待特殊性几乎没什么意义，但是当你看到了整体，那份特殊性便和整体建立了关系。只有和整体在一起，特殊性才可能被赋予真正的意义；避免出现以偏概全和人为夸大的情形。所以真正的问题是：人们是认识到了生活的整个过程还是仅仅集中于某个特殊事件，因而错过了对生活的全景观照？觉察到生活的整体概貌，就是去认识其特殊性，同时也理解特殊性和整体之间的关系。如果你很生气并且专注于平息怒火，你就会将注意力集中于愤怒，不仅失去对整体事态的把握，还会变得愈发怒火中烧。但是，愤怒和全局态势是有内在关联的。因此，当我们将特殊性从整体中剥离出去的时候，特殊性就会产生自己的问题。

问：您说的以整体眼光来看是什么意思？您谈到的整体是什么？特殊性在广义的意识里是指细节吗？它是某些神秘而不可思议的体验吗？如果这样的话，我就彻底糊涂了。或许像您所说的，在存在的整个领域里，愤怒只是其中一部分，但是，关注部分就一定会阻碍广泛的感知吗？什么是广泛的感知？我只能通过所有的特殊性看到整体，而您说的整体是什么意思呢？您是指思想的整体？存在的整体？自我的整体？还是生活的整体？整体是什么？我该怎样理解它呢？

克：整体包括生活的全部：思想和爱，生活包括的所有东西。

问：我怎么可能把这些全都看到！我能理解自己所看到的一切只是部分，我所意识到的也只是生活的局部，而这种意识又强化了我对局部的关注。

克：这样说吧：你的思想和心灵是分开来感知的吗？或者说，你的视觉、听觉、感觉和思想是同步感知而并未分开的吗？

问：我不知道您这是什么意思。

克：你听到了一个词，你的思想告诉你这是个侮辱性字眼，你的感觉告诉你，你不喜欢它，你的思想再次介入，企图控制你并证明这个想法是正确的等等。又一次，你的感觉取代思想下的断言占据了主导地位。就这样，一件事情造成了你身体不同部分的连锁反应。你听到的是只言片语，专注于只言片语自然会让你忽略整个的倾听过程。听到的很可能是破碎的信息，但却可能给你整个身心造成影响。因此，整体感知就是说要用眼睛、耳朵、心和大脑一起感知；而不是单独使用某个感官。整体感知就是投注全部注意力。在这种全神贯注中，特殊存在的，如愤怒，便会带有不同的含义——因为它和其他许多事件都是相互关联的。

问：因此，当您说看到整体的时候，您是说用整个身心来看事物；这是质而非量的问题，对吗？

克：是的，非常正确。以这种方法你能完全理解么？你只是口头上这么说吗？你是用心、大脑、耳朵和眼睛来整体看待愤怒的呢，还是认为愤怒和身体其他部分没有关系，因此就是极其重要的呢？当你赋予整体重要性的时候，是不会忘记它的特殊部分，即局部的。

问：但是这些特殊事件和愤怒会怎么样呢？

克：你用全部身心去感受愤怒。如果你那样做了，还会有愤怒吗？关注局部就会被愤怒牵制，但是专注则不会。全身心地关注才能看到整体，关注局部就是受限于局部。所以，关键是意识到整体和局部以及两者之间的关系。如果我们把某个部分从剩余部分中分离出去来并试图解决它的话，冲突就会加剧，找不到问题的出口。

问：当您提到只着眼于某个局部，比如愤怒时，您的意思是只用身体的某一部分来看待它吗？

克：当你只用部分身心来看待个别事物时，该事物和那部分身心之间的距离就会拉大，冲突也会加剧。要想结束冲突，只有弥合这种分离才行。

问：您是在说我若是用整个身心来看待问题时，我和愤怒之间就融合了，不再是分离的了，对吗？

克：十分正确！这是你正在做的，还是顺着我说的话这么讲的呢？你现在是怎么做的？弄清楚这个问题远远比你的提问更重要。

问：您问我现在怎么做的，我只是在试着理解您的意思而已。

克：你是在试着理解我在说什么，还是从我们的探讨之中发现了你以前未曾体会的真理了呢？如果你真的从我们的探讨中发现了真理，那么，你就是自己的导师和门徒，你这么做就是理解自己，而这种理解从他人处是学不来的。

只有在自由和关注里，美德之花才会绽放

问：什么是有美德？是什么让人行为正直？道德的根基是什么？我怎么能不必苦苦挣扎就了解美德呢？美德本身就是种目的吗？

克：我们能不能抛弃社会道德观呢？这些道德观尽管符合传统礼法，受宗教法规认可，但实际上相当不道德。很快，与革命相悖的道德观也变得和现行社会的道德观一样不道德，却符合传统礼法；这些道德观包括打仗、杀戮、侵略、争权夺势和报复仇杀；这就是现行当权者所有的残暴和不公，是不道德的。但是，我们真的能说它不道德吗？不管意识到了没有，我们都是社会的一部分。社会道德就是我们的道德，我们能简单地弃之不顾吗？抛开这些道德观的轻易程度——不是我们费了多少努力才放弃这种道德观的，不是因此而得到的报偿，亦不是因此受到的惩罚，而是不费吹灰之力就放弃了，实际是我们自己道德观的反映。如果我们做事时任由所在的环境摆布、控制和塑造，那我们的生活就是机械的，严重受到制约的。如果你是因为自身受到制约而做出了某种反应，那你的行为是道德的吗？如果你做事基于恐惧和期望回报，那样对吗？如果你正确地按照某些意识观念或原则做事，那么这种行为能被认为是美德之举吗？所以我们必须要弄清，我们到底将权威、模仿、遵守和服从的道德观丢弃到什么程度了。我们的道德观是建立在恐惧基础上的吗？除非我们自己能大体上回答这些问题，否则就无从知道真正的美德。正如我们所说，从这种虚伪中你是如何从容走出来的极其重要。如果你仅

是抛弃了它，这不能说明你是个真正有道德的人；或许你只是精神错乱。如果你循规蹈矩，对生活心满意足也不能证明你有道德。圣人遵循社会上公认的神圣道德观也明显与道德无关。所以，我们看到任何对典范的遵循顺从，无论是否被传统认可，都不是正当的行为。美德只能来自自由。

那么，我们能否巧妙地把自己从这张公认的道德之网中解救出来呢？行动的技巧伴随自由而生，美德也是一样。

问：智慧也是一种技巧，我能否借用这种技巧毫无畏惧地摆脱社会道德观呢？一想到被社会认定不道德，我就不寒而栗。年轻人可以那样，而我已人到中年，还组建了家庭，并且骨子里有着受人尊重的隶属于资产阶级本质的东西。那种感觉就在那儿，令我忐忑不安。

克：你要么接受社会道德，要么拒绝它，不能两面都有。你不能一只脚在地狱，另一只脚在天堂。

问：我该做什么呢？我现在明白了什么是道德，也知道自己一直都没有道德。年龄越大，我越变得虚伪。我鄙视社会道德，但又想从中获利，舍不得它给予我的舒适、心理和物质上的安全感以及优雅的谈吐。这就是我真实而悲惨的现状。我该怎么办呢？

克：你无须做任何事，继续做你自己就好了。你最好不要再纠结于过一种有道德的生活和关注美德。

问：但我做不到，我想要过另一种生活！我看到了它的美丽、活力和纯净。而我现在拥有的却是肮脏龌龊的，我不能任其发展。

克：那就没什么可争议的了。你不可能既拥有美德又遵守传统礼仪。美德是自由。自由不是一种观点、一个概念。有自由就有关注，只有在这份关注里美德之花才能绽放。

如何看待自杀？

问：我想谈谈自杀问题，但并不是因为我的生活中出现了危机，或者我有什么自杀的理由，这是当人们看到晚年凄楚境遇时——如生理功能退化、身体衰老、韶华真正逝去——注定涌上心头的一个问题。人生到了那步田地，还有什么理由苟延残喘，继续度过余生呢？能意识到人生已了无意义，难道不也是明智之举吗？

克：如果是理智促使你结束生命，那份理智早就应该阻止你的身体提前衰老。

问：可是，难道就没有这样的时候吗？即使人的理智也无法阻止这种衰老？身体终会归于尘土——当这一刻来临时，人们如何才能知晓呢？

克：我们应当更深入地探讨这个问题。它包含好几个方面，不是吗？如身体、机能的衰退，头脑的老化以及抵抗力的彻底丧失。我们总是在不停地伤害自己的身体，或者因为生活习惯，或者由于注重味觉，或者缘于疏忽大意。味觉支配一切，它所带来的快感控制并决定着机体的活动。在这种情况下，身体的自然感悟力被摧毁了。翻开杂志，可供选择的食品种类繁多，它们看上去色泽鲜美，美味诱人，但对身体却没有多大益处。我们的身体原本应该像一架完美的机器，高度灵敏而活跃，但从年轻时起，我们就在一点点地糟蹋和破坏自己的身体。不仅如此，在此后漫长的二三十年甚至八十年的岁月里，头脑还要反复地斗争和抵制，一味挣扎在来自情感或理智上的矛盾与冲突当中。任何形式的冲突不仅本身是一种扭曲，也会随之带来破坏。凡事以自我为中心以及自我孤立的人生过程——都是造成身体衰退的一些基本的内在和外在因素。

人体发生非自然和自然的损耗都很正常，身体的功能和记忆力会衰退，人注定逐渐老去。你是不是想问，为什么这样的人不自杀，不吃药了却残生呢？那我想问你，是谁在问这个问题呢？是老人呢，还是那些因目睹衰老而伤心、绝望，并对自己身体渐渐老去而感觉恐慌的人？

问：显然，是我因为目睹别人衰老，触目伤怀才这样问的。这一过程应该还没发生在我身上。我只是预见到身体行将就木，所以想跟您探讨：如果机体丧失了自理能力，想延续生命是不是并非纯粹的一种浪费？

克：医生会同意实施安乐死吗？医生或政府会允许病人自杀吗？

问：这的确是个法律和社会学问题，甚至在某些人看来是道德问题。然而这并不在我们现在讨论的范围之内，不是吗？我们问的是个人是否有权利结束自己的生命，而不是社会是否允许他这样做，对吧？

克：你的问题是：人在垂垂老矣之时或意识到自己正渐入衰老时，是否有权结束自己的生命，此外，你还想知道，人，不管什么时候，选择自杀是否合乎道德准则，对吗？

问：我并不想把道德问题牵扯进来，因为道德是受制约的。我想把它当成纯理性的探讨。我很幸运，目前尚未面对衰老问题，所以我才可以如此冷静地看待它；但是，权当是一种智力辩论好了，这个问题您怎么看？

克：你是说，理性的人在年老体衰时有可能自杀？是不是这样？

问：或者说，考虑到特定情境，自杀可以看作一种理性行为吗？

克：这是一回事。自杀无外乎这几种原因，或者是彻底绝望、挫折重重、恐惧缠身，或者是意识到了某种生活方式的毫无意义。

问：我想打断一下，总体来说的确如此，但是，我想澄清一点，我现在是不带任何动机地在问这个问题。当人绝望到了极点时，其中必定涉及强烈的动机，且难以区分理智和情感。但是，我是想在纯理性的范围内提问，不掺杂任何个人情感。

克：你是在问，理智是否允许任何形式的自杀行为，对吗？当然不允许。

问：为什么不允许？

克：人必须要真正理解"理智"这个词。如果有理智，又怎么可能任身体听凭习惯、纵欲、味觉、快感等左右而逐渐衰老呢？这还是理智吗？这是理智所为吗？

问：不是。可如果人已经到达了生活的某个阶段，而在那之前即使他曾经不理智地使用身体，虽说尚未造成什么明显的影响，那他也无法让生命重来了。

克：所以，一旦认识到某种生活方式的破坏性，就应马上停止，而不该等到将来的某个时候，这种面对危险时的果断就是清醒和理智的表现；推迟行动和追求快感都是不理智的。

问：我明白了。

克：但是，这种思想的孤立过程，以及随之而来的凡事以自我为中心，其本身就是种自杀行为，不知道这个相当确切的事实你认识到没有。孤立就是自杀，无论是国家或者宗教组织的孤立，还是家庭或社群的孤立。

你若掉进了这样的陷阱，最终必会走向自杀。

问：您指的是个人还是群体？

克：既包括个人又包括群体。你已经陷入的那个模式。

问：哪个模式最终会导致自杀？并不是每个人都会自杀！

克：没错，但是已经显露出要逃避的迹象了——逃避事实，逃避现实，这种逃避本身就是一种自杀。

问：我想这就是我要问的关键问题，因为从您刚才所说的，自杀似乎是一种逃避。显然，百分之九十九都是这样，但是，难道没有——这也是我的困惑——难道就没有一种自杀并不是为了逃避，不是为了回避您所说的现实，反而是对现实生活的理性回应吗？人们可以说许多种神经疾病都是自杀行为。我想问的是，自杀可否不只是一种神经质的反应？它难道就不能是面对事实的行为，是人在面对难以维持的困境时所做的理性反应？

克：你所使用的"理智"和"难以维持的状况"这两个词是自相矛盾的。两者是矛盾的。

问：您以前说过，当人身临险境，或者面对即将对人发动攻击的致命毒蛇时，理智会控制我们的某种行为，让我们躲避。

克：这是躲避行为还是理性行为？

问：它们有时难道就不会一样吗？如果一辆汽车在高速公路上朝我疾驰而来，我避开它……

克：那是种理性行为。

问：但这也是躲避汽车的行为。

克：可那是理性行为。

问：没错。所以说，当生活中赫然出现无法解决或致命的事件时，您不也会这样推论吗？

克：那么你离开就好了，就像离开险境那样：从那里走开。

问：在那种情况下，走开就意味着自杀。

克：不对，自杀是不理智的行为。

问：为什么？

克：听我继续向你解释。

问：您的意思是不是说，自杀行为毫无例外地一定是对生活神经质的反应？

克：没错，它是不理智的行为；它显然意味着你已经孤立到了找不到任何解决方法的地步。

问：为了讨论的需要，我想假设根本没有摆脱困境的出路，而且，人做事既不是为了逃避痛苦，也不是在逃避现实。

克：生命中有什么事情、什么样的关系或者意外是你无法避开的吗？

问：当然，许多许多。

克：有许多？那你为什么坚持说自杀是唯一的出路？

问：如果人患上了绝症，那就怎么也避不开了。

克：现在请注意，请注意我们正在讨论的问题。如果我得了癌症，它将夺走我的生命，而医生说"我的朋友，你得接受这个现实"，那我该怎么做？自杀？

问：也许吧。

克：我们是在理论上探讨这个问题。如果是我到了癌症晚期，这个我就会做出决定并考虑该做什么，那就不再是理论性的探讨了，到时我会知道怎么做才是最理智的。

问：您的意思是不是说，我不能在理论上问这个问题，除非我身处其境？

克：没错。那时你就能根据自己的情况，听从自己理智的召唤，按照自己的生活方式来决定了。如果你在生活中习惯了逃避，做事神经兮兮，那么你显然会采取神经质的态度以及相应的行动。但是，如果你一向过的是真正有智慧的生活，那么理智或智慧在你癌症晚期时也会继续发挥它原有的作用。要是我的话，我会忍受病痛；我会接受现实，度过生命中余下的几个月光阴。

问：您也可能不会那样说。

克：也许我不会那样说，但我们不认为自杀是不可避免的。

问：我也从来没有那样说。我所问的是，在诸如晚期癌症那样岌岌可危的情况下，自杀也可能是一种理智的反应。

克：你看，生命中有许多奇妙的东西；生命给了你无尽快乐，给了你令人赞叹的美丽，给了你丰硕的收获，所有这些你都接受了。同样的，不开心的时候你也得接受，这是人有理性的部分体现。现在，你身患癌症晚期，却说："我再也受不了了，死了算了。"为什么不能像一路走来那样，继续走下去，生活下去，探索生命的奥秘呢？

问：换句话说，除非身处其境，否则这个问题没办法解答。

克：显然是这样。这就是我为什么认为时时刻刻面对客观事实、面对现实，而不必将其理论化的非常重要的原因所在。如果某人得了病，患上了令人绝望的癌症，或者彻底地老了——那么，对医生、妻子或者女儿而不是我这样的一个旁观者而言，什么才是最理智的行为呢？

问：这个问题我没法真正解答，因为那是另一个人的问题。

克：正是如此，这就是我想说的。

问：在我看来，任何人都没有权利决定别人的生死。

克：但我们的确在决定别人的生死。所有的专制统治是这样，传统也是这样；传统说你必须按照这种方式生活，你就绝对不能按照那种。

问：让人类不断延长生命，乃至超过自然所允许的限定似乎也正成为一种传统。医疗技术使人活命——尽管很难界定按照自然状况人应该活多久——但是，如今许多人寿命这么长似乎也是非常反常的。不过这是另一个问题了。

克：没错，那完全是不同的问题。我们真正要探讨的是，理智是否允许自杀行为——即使医生说他已经患上了不治之症？在这种情形下，我们不可能告诉别人应该怎么做，而应当由患者本人根据他的理智做出决定。如果他确实是理智的——也就是说他的生活中充满爱、关怀、敏感、温和——那么，当这种情况发生时，他就会按照自己从前的理智来行动。

问：这样一来，这整个谈话在某种程度上可以说是没有任何意义，因为事情无论如何都只能是那样——人们总是按照以前的惯例来行动。他们要么了结自己的生命，要么忍受痛苦直到生命终结，或者处于两者之间。

克：不，这并非毫无意义。听我说；我们已经发现了几件事——首先，理智地生活是最重要的。极其理智的生活要求精神和身体都必须十分警觉，但违背自然的生活方式已经摧毁了我们身体的这份警觉性。冲突、长期的压抑和永无止息的暴怒，正在摧毁我们的心智和头脑。因此，如果一个人在生活中能远离所有这一切，那么，那样的生命，那样的理智，在面对不治之症时必将采取正确的行动。

问：我问了您一个关于自杀的问题，却得到了一个关于如何正确生活的答案。

克：这是唯一正确生活的方法。一个从桥上纵身跳下的人不会问："我应该自杀吗？"他在自戕生命；生命已经走到了尽头。而像我们这样，安然地坐在房子或实验室里讨论一个人应该自杀与否，实际也是毫无意义的。

问：所以，我不该问这样的问题。

克：不，这个问题非问不可——人应不应该自杀，这个问题必须得问。但我们要找出藏在问题后面的是什么，是什么促使提问者问这个问题，是什么使他想自杀？我们知道，一个人尽管总是威胁说要自杀，但他是绝对不会要自己命的，因为他十分懒惰，什么都不想做，只想让大家来帮他；这种人实际上已经自杀了。而固执的、多疑的、贪图权力和地位的人在内心深处也已经自杀了，他生活在各种意象堆砌而成的高墙背后。所以说，任何醉心于自己设定的意象、环境、生态、政治权力或宗教中的人，生命其实已经结束了。

问：在我看来，您所说的都是些我们并没有直接体验过的生活……

克：是直接体验的，而且理智上也是可理解的。

问：不受意象羁绊，摆脱环境和思维的影响……除非人能真正那样地生活，否则他的生活就有些太受限制了。

克：当然如此。看看大多数人吧：他们生活在高墙背后——那是他们的知识、欲望和野心堆砌而成的高墙。他们已经处于神经质的状态，但这些却能给他们某种程度的安全感——自杀的安全感。

改变是我们的当务之急 | **217**

问：自杀的安全感！

克：例如，对一位歌手来说，最能给他安全感的是声音，如果声音失常了，他就可能随时自杀。对于人来说，真正令人振奋和有实质意义的事是自己找到一种高度敏感和超然理性的生活方式；但若是心中充满恐惧、焦虑、贪婪、嫉妒，耽于塑造意象或者生活在宗教的隔离中，这种生活方式便无处可寻。隔绝是所有宗教的特点：信教者把全部信念都投注到一个信仰上，他们无疑是处于自杀的边缘。一旦信仰遭到质疑，他们就会害怕，会准备接纳其他信仰和形象，寻求其他宗教意义上的自杀。人的生活中是否可以没有任何意象、任何模式和任何时间概念呢？我并不是说完全不在乎未来和过去的生活，那样不是生活。有些人说："抓住当下，及时行乐。"这同样是一种绝望的表现。真的，人们不应该问自杀是否正确；而应该问，是什么让人陷入了没有希望的状态——尽管"希望"用在此处可能并不合适，因为希望暗示某种未来；或者应该问，抛开时间概念，生活会是什么样子呢？生活在无时间的状态才是去真正体尝伟大的爱，因为爱不受时间限制，爱不属于过去，也不属于将来；探索爱，与爱共生，这才是应该做的。问是否应该自杀这类问题的人其实部分已经死了，但仍未放弃希望。希望是最令人生畏的。但丁不是说过"踏进地狱之门时,请把希望留在身后"吗？对他来说,天堂就是希望，那太可怕了。

问：没错，希望就是它自己的地狱。

我们需要不被曲解和压制的行为准则

问：我成长的环境里约束甚多，纪律严明，我不仅外在行为受限，还被教导要自我约束，控制自己的思想和欲望，定期做某些事情。结果我发现自己好像身陷重围一样，无法轻松、自由、愉快地做任何事情。在如今放任的世界里，当我发现自己周围所发生的一切——邋遢凌乱、污秽不堪、举止轻浮、漠视礼貌——我震惊了，尽管同时也对其中某些事情暗怀渴望。准则不仅强加一些价值观，还带来很多挫败感和曲解。但是，某些行为准则当然还是必须的——比如坐姿得体、饮食合理、措辞恰当。没有准则，我们便无法捕捉到音乐、文学和绘画之美。良好的教养和训练也体现在日常社会交往的细微差别上。每当观察现代社会的年轻一代，看到他们青春貌美，我就会想，如果没有行为准则，这份美丽将很快枯萎凋零，他们将只会成为令人生厌的老头子和老太婆。这本身就是个悲剧。初见那个年轻人时，他机灵、热情、美丽，双眼清澈，微笑迷人。可是几年后再次相遇，你几乎认不出他，他变得邋遢、麻木、冷漠，满嘴仁义道德，却待人刻板、丑态毕现、封闭自我、多愁善感。当然，这些都是拜行为准则所赐。我，一个被准则几欲窒息而亡的人，常常想：可否在这自由放纵的世界和我成长的文化之间找到一条中间道路呢？难道就没有一种根本不会被曲解和压制的准则，一种可以高度自律的生活方式吗？

克：行为准则意味着去学习，而不是去遵循、压制，或是去模仿权

改变是我们的当务之急 | **219**

威公认的高尚。这是个非常复杂的问题，因为这其中牵涉了几件事情：学习、简朴、自由、敏感和认识爱之美。

在学习中没有积累。知识不同于学习。知识是积累，包括一大堆的结论和公式，而学习则是一种不停的运动，没有中心，没有起点和终点的运动。要了解自己一定要在学习的过程中不做任何累积：如果有累积的话，那就不是在了解自己，而只是增加累积起来的关于自己的知识。学习是自由地感知和认识。如果你是不自由的，就无法学习。这种学习自有它的准则——你不必训练自己去学习。因此，准则即是自由。这种自由否认所有服从和控制，因为控制是模仿某种典范，而典范是压制，对现实的压制。

"好"与"坏"一旦有了固定的公式，就会阻碍对现实的了解。了解现实是为了摆脱现实。所以，学习是最高形式的准则。学习需要智慧和敏感性。

教士和僧侣都要经历严苛的苦行。他们否定自己的某些嗜好，但不包括那些社会默许的不道德行为。圣人就意味着要战胜苛刻的暴力。通常来说，苦行被认定为自我否定，其训练的手段包括残酷的纪律、训练和服从。圣人们像运动员一样，试图打破纪录，认识到这种行为不切实际后，他们开始苦行。圣人愚蠢又卑鄙。能领会到上面所说的靠的就是智慧，这种智慧不至于让人贸然行动，一步步走向极端。智慧就是具有理解力的敏锐性，因此能避免走极端，但这也绝对不是保持在两个极点之间，谨慎地固守平庸。清楚地领会到所有这些是为了了解智慧，了解智慧就必须让自己从所有的结论和偏见中解放出来。中心和自我都在发号施令，这些结论和偏见都是从中心和自我出发观察世界得来的。

问：您是不是想说，要想合理地观察事物就必须保持客观的态度？

克：是的，但客观这个词还不够。我们所讨论的并不像显微镜那样严格遵守客观事实，而是要具有怜悯和敏感之心以及思想深度。行为准则，正如我们刚才所说的，是一种学习，对有关苦行的学习并不会给自己和别人带来暴力。但行为准则，如果像通常所理解的那样，被视为一种意志行为，那它就是暴力。

全世界似乎都认为，自由是人们长期遵纪守法的结果。但是，认清事实真相才会生成自己的准则。要认清事实真相必须要有自由，而且视野不能受限。所以，自由并不在准则的尽头，理解自由才会化成自己的准则。这两者不可分割：分开就会有冲突。为了克服那种冲突，意志行为就会现身，从而制造更多的冲突。这个链条无穷无尽。所以，自由是在开始处而不是结尾：开始就是结尾。去了解所有这些就是自己的准则。学习本身需要敏感性。如果你对自己不敏感——对自己的环境、所处的人际关系和自己周围的一切不敏感，不管是在厨房还是在世界的那个角落，不管你再怎么约束自己，你只会变得越来越不敏感，越来越以自我为中心，而这样只会带来无穷多的问题。学习就是要对自己和外部世界敏感，因为外部世界就是你。如果你对自己敏感就必然对外部世界也敏感。敏感是智慧的最高形式，但这跟专家，如医生、科学家或者艺术家的敏感不同，专家都是碎片化地感知世界，因此都没有敏感性。

没有敏感性怎么可能去爱呢？多愁善感和易动感情否认敏感性，它们非常残酷；战争都是它们闯的祸。所以，遵守准则跟士兵接受训练不一样，不管是在练兵场还是在内心接受训练，那都属于意志行为。从早到晚地学习，在梦中，都有自己不同寻常的准则，它们就像新春里柔嫩的绿叶和轻快掠过的阳光一样,爱就深蕴其中。爱自有它的准则,被训练、塑造、控制、折磨的头脑是领悟不到这其中之美的。而若没有这样的准则,思想就无法远行。

如何解决"现实"和"理想"之间的矛盾冲突？

问：我阅读过很多哲学、心理学、宗教和政治方面的书，所有这些都或多或少与人类的交往关系有关。我也同样拜读过您的作品，全都是关于思想和观念的，这类书我在某种程度上已经彻底看够了。我畅游在辞藻的海洋里，不管读哪本书都只是接触了更多的文字——从这些文字中提炼出并呈现给我的无非是些建议、劝告、承诺、理论、分析和补救。当然，有人是绝对不理会这些的，您本人实际就是这样；对于大部分阅读过您作品或者倾听过您的人来说，您所说的不过是些话语而已。或许对某些人来说这并不仅仅是话语，而是绝对真实的，但我说的是除这些之外的我们。我想超越您的话语和观念，生活在与万事万物的完全关联之中。毕竟，这就是生活。您说过，我们必须同时是自己的老师和学生。但是，我能耐得住简单朴素的生活，能脱离得开原则、信仰和理想吗？意识到自己是被世界所奴役的，我还能自由地生活吗？危机在出现前从来不敲门：挑战早就潜藏在日常生活里，只是你尚未觉察而已，所有这些我都认识到了。现在的我身陷其中，无法摆脱各种幻影，很想知道自己怎样才能带着爱、纯洁和轻松快乐而正确地生活。我不是在问该怎样生活，而是如何带着爱、纯洁和轻松快乐地生活："怎样"否定了真实存在的生活本身。生活的崇高在于它从不实践崇高。

克：讲了这么一大堆，你现在身在何处呢？你真的想和爱与福佑一起生活吗？如果是的话，问题出在哪里呢？

改变是我们的当务之急 | **223**

问：我的确想与爱和福佑一同生活，但这种生活我总是捕捉不到。多年来我一直想那样生活，但却做不到。

克：所以，尽管你否定理想、信仰和指令，但却是在委婉且拐弯抹角地在问所有人都关心的问题：即"现实"和"理想"之间为什么存在矛盾冲突。

问：即使没有"理想"，我也认为"现实"是可憎的。我只是骗自己不去看它会如何更糟罢了。

克：如果你明白"现实"，就会明白整个宇宙，否认"现实"是矛盾的根源。宇宙之美蕴含在"现实"之中；轻松地与现实相处就是美德。

问："现实"也包括迷茫、暴力、人类种种误入歧途的表现，与它们共生就是您所谓的美德，这难道不是在麻痹和愚弄自己吗？完美可不是简单地在于抛弃所有的理想！生活本身要求我要活得精彩，就如同雄鹰在苍穹中翱翔一样；与任何不完美的事物一起生活，还要活出奇迹来，这点我无法接受。

克：那么，就去过一种完美的生活好了！

问：我不能，也过不了。

克：如果你不能，就与困惑一起生活；不要再与之较量了。知道了全部的悲哀，就带着它一道生活吧：这就是"现实"。与之不相冲突地生活必会把我们从中解放出来。

问：您是在说，我们犯了挑剔自己的毛病了吗？

克：根本不是。你对自己还不够挑剔。你现在的程度充其量不过是自我批评。批评的真正主体必须要接受批评，接受检验。如果检验是可以比较的，用标准来衡量，那么这个标准就是理想。如果根本就没有标准——换句话说，如果从来不想着去比较和衡量——你就能观察到现实，与从前不再相同的现实。

问：我没有用标准来衡量自己，但是我依然丑陋。

克：所有检验都意味着有标准存在。倘若只有观察、认识，而没有其他东西，只有觉察而没有觉察者，那么，还有可能去观察吗？

问：您的意思是？

克：单纯地去看。不去干扰和扭曲所看到的东西。评价所看之物，那不是真正在看；相反，那是对所看之物的评价——评价所看之物和看本身，这两者好比粉笔和奶酪，是完全不同的。那么，是否存在对自己毫无曲解的认知，即纯粹是对你真正自我的认知呢？

问：一定存在。

克：在那样的认知中是否有丑陋的一面呢？

问：在那种认知中不存在丑陋，丑陋只存在于被认知的事物里。

克：认知方式反映的就是你自己。公正存在于纯粹的观察之中，即没有被标准和观念所曲解的专注里。你来问我怎么样才能心怀爱意地活得精彩。不加曲解地观察事物就是爱，那样去认知事物就是美德的体现。心智澄明地去感知在生活中时时刻刻都在继续。要生活，就要活得像苍穹中自由翱翔的雄鹰，那才是活出了精彩，活出了爱。

不必刻意追寻

问：我真不知道自己追求的到底是什么。我在内心有种强烈的渴望，渴望不只得到安逸、快乐和对成就的满足，这些我现在恰好都有。我所渴望的远远超越这些，它来自灵魂深处，呼唤要挣脱羁绊，仿佛有话向我诉说。这种感觉已伴我多年，可是当我仔细观察它时，它似乎又无法触及。去高山、云天之外追寻的渴望一直都在，所追寻之物也许就近在眼前，但我却没有看见。请不要告诉我应该怎样去观察：我读过您的许多作品，知道您的意思。我想伸手就把渴望之物握在手中，但也知道自己不可能将风紧攥在拳头里。据说，如果肿瘤手术做得非常干净的话，可以把肿瘤整个从囊肿处完好无损地摘除。我也想以同样的方式一下子将地球、天堂、天空和海洋全部拥有，并在那一刻得到所有祝福，这可能吗？我怎么才能不用乘船划桨径直就到达彼岸呢？我认为那才是到达彼岸的唯一方法。

克：没错，那的确是唯一的方法，你惊奇却又难以名状地发现自己已置身彼岸，从那儿开始了新的生活，行为举止跟平时也没什么两样。

问：这是不是只针对少数人呢？对我适用吗？我真的不知道该怎么办。我静坐、沉思、自省并规范自己的言行，自认为相当理性。我不愿意来回改变自己的信仰，早就和寺庙、神殿和牧师断绝了联系；那样简直是徒劳。所以，我现在来到这里，带着绝对单纯的心态来请您指点。

克：我怀疑你是否真像你自认为的那样心思简单。你对这个问题理解到了什么深度？问这个问题时你是带着什么样的爱和美好？你的心灵和头脑能主动去领会这个问题吗？对于突如其来的哪怕只是一点儿轻声暗示，它们都能敏锐感知吗？

问：如果它那么难以捉摸的话，那还是真的吗？实际存在吗？捕捉微妙通常都在转瞬之间，而且微不足道。

克：是吗？难道一切都要像黑板上所显现的那样黑白分明吗？先生，还是让我们看看头脑和心灵是否真有能力领悟到宏大的意义，而不仅仅是语言本身吧。

问：我真的不知道，您刚才指出来的就是我的问题。我几乎做任何事都相当理性，放弃了所有显而易见的愚蠢行为，如追随民族、有组织的宗教、信仰等这些不计其数的虚无的东西。我认为自己有同情心，能体会到生活的微妙，但听您这么一说，显然这些是不够的，我还需要什么呢？我该做些什么或者不该做什么呢？

克：什么都不做比做更加重要。你的头脑可以什么都不思考，却可以因此到达最活跃的状态吗？爱不是思想活动；也不是善行或者正义之举。爱没有办法后天培养，无论你怎么努力都无济于事。

问：您说无为是最高形式的有为，但无为并不是什么都不做，我理解您说的话，但却无法用心领悟到它。也许正是因为我心灵空虚，做任何事情都提不起神，所以什么都不做反倒对我更有吸引力，是这样吗？不，我又回到了最初的感觉。我相信世间确有爱这种东西，而且，我也知道这种爱是唯一存在的。但问题是，我可以言说它，我的手却抓握不住它。

克：你这样说是不是表明你不再追寻，不再暗暗提醒自己：我必须追求，必须得到，最遥远的群山之外有我想要的东西了呢？问：您是说，我必须放弃多年来我想去群山之外追求的想法吗？

克：这不是放弃什么的问题。但是，就像我们刚才提到的，世上只存在两件事：爱和摒弃一切思想的头脑。如果你真的已经停止追求，真的已经将人们在追求过程中所犯下的愚蠢错误都挡在门外了，如果你真的已经做到那样的话，那么，这两件事——爱和没有任何思想的头脑——对你而言，是不是就是额外的两个词，和其他想法并没有什么不同呢？

问：我有种深深的感觉，它们是不同的，但我并不确信，所以还想问问我该做什么。

克：我们刚刚讲到爱和头脑，你知道和它们融为一体意味着什么吗？

问：我觉得我知道。

克：我怀疑你是否真的明白。如果你与它们已经融合在一起，那现在就没什么好讨论的了；如果你与它们已经结合了，那你所有的行动都应出自那里才对。

问：问题是，我仍然觉得应该找到我内心渴望的那种东西，只有它才能让所有其他事物各就其位，秩序井然。

克：没有爱和头脑，就不可能更进一步，也许寸步难行。

问：我能时时刻刻都处于摒弃一切思想、与爱完全融合的状态之中吗？我发现和您在一起时，我多少是处于那种状态的，但这种状态能一直持续下去吗？

克：越是想要，越是得不到。渴望保持这种状态听上去就像是噪音，因而注定会失去。

我们可否自由地组织自己的生活?

问:我属于许多组织:宗教组织、商业组织和政治组织。显然,我们必须参与某种组织;没有组织,生活将无以为继。听了您的教诲以后,我想知道自由和组织之间有何联系。自由从何处开始,组织又从哪里结束,宗教组织和涅槃或自由之间有什么关系。

克:人类生活在一个非常复杂的社会里,无论在农村还是城市,为了交流、旅游以及解决衣食住行方面的问题,人人都需要组织。组织运作必须高效,具有人性化特点,不再有民族、种族或阶级之分,不仅为少数人谋利,还要造福全人类。地球为我们共同所有,不是你的,也不是我的。人类要真正快乐地生活,健全、合理、有效的组织必不可少。但是现在,分裂导致混乱。尽管社会在物质上极大丰富,但仍有数百万计的人忍饥挨饿,战争、冲突和各种残暴事件时有发生。宗教组织,声称为人们提供信仰,却又衍生出了不和与战争。人们追求道德信仰,却走向无序和混乱,这就是世界的现状。当你问我组织和自由的关系时,你不也是将自由从日常生活中分离出去了吗?如果你把自由视作与生活截然不同的东西而把它从生活中分离出去,那么,这种做法本身不就是冲突和混乱吗?因此,真正的问题是:我们是否可以生活在自由里,并自由地组织自己的生活。

问:如果可以的话,那我也就没什么问题了。但是,如何组织生活并不是你自主决定的:你得听命于他人——政府和他人把你送上战场或决定你的工作。你不可能就是自由地组织自己的生活。我问题的核心是：政府、社会和道德观将组织强加在我们头上，这样的组织限制了我们的自由。但如果拒绝这种组织，我们发现自己置身于革命或某种社会改良运动之中，而这种运动又是老套模式的重新启动。无论从内部还是外部看，我们都生活在这种限制自由的组织中。我们陷入这样的困境，要么服从，要么反抗，似乎不可能自由地组织任何事情。

克：我们并没有意识到，创造社会、制造无序、建造高墙的其实都是我们自己；我们人人都该对这种现状负责。世界是我们的写照，它和我们没有什么不同，如果我们人类之间有冲突、贪婪、嫉妒、恐惧，我们创造的社会也如此。

问：而在我看来，个人和社会之间是存在差异的。我是素食主义者，社会上却有宰杀牲畜的现象；我不想参战，社会却强迫我上前线。所以，您能说战争就是我的所为？

克：是，是你的责任。是你所属的民族，是你的贪婪、嫉妒和憎恨引发了战争，只要你心头萦绕着这种情绪，只要你还隶属于某个国家，信奉某种教义，或属于某个种族，那你就应该为战争负责。只有那些完全摆脱这些情绪困扰的人才能宣布，他们并没有创造这个世界。因此，我们有责任督促自己去改变，同时也帮助别人在不出现暴力和流血冲突的情况下做出改变。

问：这是指有组织的宗教吗？

克：当然不是。有组织的宗教建立在信仰和权威之上。

问：这对于我们最初的问题，即自由和组织之间的关系，有什么帮助作用呢？组织或是被强加在我们身上，或是源于我们所处的外部环境，而自由总来自我们内部，因此，两者是相互冲突的。

克：你打算从何处着手呢？你得从自由开始。哪里有自由哪里就有爱，爱和自由会告诉你何时应该合作何时不适宜。这不是选择行为，因为选择源于迷惘。爱和自由属于智慧，智慧指点我们不应关注组织和自由之间的分裂，而应探讨我们能否和谐地生活在这个世界上。否认爱和自由的是分裂而不是组织。当组织四分五裂时，才会导致战争。任何形式的信仰，包括理想，不管它多么崇高或有效，都会引起分裂。有组织的宗教就是造成分裂的原因，这点同民族和权力集团一样。因此，我们应当关注那些制造分裂的事情，那些造成人与人之间不相往来的事情，不管那些事情涉及的是个人还是集体。家庭、教会和国家所带给我们的就是这种分裂。所以重要的是认清制造分裂的思想活动。思想本身总是分裂的，因而所有基于思想或意识形态的行为都是纷扰。思想还孕育了偏见、观点和价值判断。人本身是分裂的，却要在分裂中寻求自由，找不到自由，便希望整合各种形式的分裂，这当然不行，你不能整合两种偏见。在这个世界上自由地生活就是与爱共处，避免任何形式的分裂。当爱和自由同在，智慧就会协同运行，也知道何时不应合作。

什么是爱和性的真谛？

问：我已婚，育有几个儿女。曾经为了追求享乐而挥霍无度，但还是相当文明守法的。在赚钱方面，我称得上是成功人士。现在我人到中年，开始为家庭，也为社会的运行方式担忧。我厌恶残暴的行为或强烈的情感，认为生活中最重要的是宽恕之心和怜悯之情，它们是人有资格称自己为人的最起码要素。如果您不反对，我想问您爱是什么，世间真的有爱吗？怜悯是爱的一部分，但我总觉得爱的范围应该更宽泛。可能的话，我想与您一起探讨爱的真谛，趁着为时还不算晚，让我的人生变得更有价值。我来这儿真的就想问您这一件事：什么是爱。

克：在回答这个问题之前，我们必须知道：语言并不是它所指的事物，描述和被描述的事物并不是一回事，因为所做的阐释不管有多巧妙和有道理，都无法让人们打开心扉去接受深远的爱。这一点我们必须明白，而且不应只一味地在语言上探讨：语言在交流中的作用很大，但是谈及一些真的是非语言所无法表达的事物时，我们之间必须沟通好，以便能全身心地同时感知和意识到相同的事物，否则，我们就是在玩弄文字游戏。要怎样做，人们才能理解这个头脑无法触及的、真的是很微妙的事物呢？我们一定得试探着前进。可以先从了解它的反面开始吗？那样或许我们就能发现它的本质。通过否定我们往往能发现值得肯定的地方，但是，单纯追求肯定之处又会导致种种引发分歧的假设和结论。你问我什么是爱，我的回答是，当我们知道什么不是爱的时候，就能领会什么是爱。任何引起分歧、分离的东西都不是爱,因为这其中所包含的是冲突、斗争和暴力。

问:您所说的引起冲突的分歧、分离是什么意思,您这么说是什么意思?

克:思想的本质就是分裂,正是思想让人们追求快乐、享受快乐,也正是思想给人带来了欲望。

问:您能否再深入探讨下什么是欲望吗?

克:看到房子,觉得它美,于是产生占有的欲望,想要体会身在其中的快乐,紧接着就是为之付出努力。所有这些组成了一个中心,这个中心是造成分裂的原因。这个中心就是"我"的感觉,"我"造成了分类,因为"我"的真正感觉就是分裂的感觉。人们把这个称为"自我"或冠之以其他名字——如与某种"超我"概念相对的"本我"。但是,本没有必要搞得这么复杂,其实很简单。有中心存在,即这种"自我"的感觉,这个"自我"在其活动中孤立自己,于是出现分裂和抵制,这也是思维的全过程。所以,你问什么是爱,爱不属于这个中心。爱不是快乐,不是痛苦,也不是任何形式的憎恨或暴力。

问:在您所说的这种爱中不可能有欲望,所以其中一定就没有性吗?

克:不要,请千万不要下任何断言。我们是在调查、探究,任何结论或假定都阻碍进一步探寻。回答这个问题我们得看看思想的能量。我们刚刚说过,思考快乐的事情,在脑海中构画那种形象、画面,这是思想在延续快乐,思想产生了快乐。所以,对性行为百般思量属于淫欲,这和性行为本身截然不同,大多数人关注的是肉欲之爱,在性行为之前

改变是我们的当务之急 | **233**

或之后的渴望都是淫欲,这种渴望属于思想,思想不是爱。

问:思想上没有这种欲望还能有性吗?

克:这个问题你得自己寻找答案,性在我们的日常生活中发挥着非常重要的作用。性爱可能是我们唯一感受最深的亲身体验。无论是理智上还是情感方面,我们都遵从、遵守、模仿、接受。在所有的交往关系中,除了性行为,其他的都伴有痛苦和争斗。唯有这种行为,如此不同而美妙,令我们迷恋,结果成了一种束缚。束缚就是要求这种行为持续下去,这又是那个具有分裂性的中心,即思想在活动。人受到诸多约束——来自理智、家庭、社区、社会道德、宗教戒律——凡此种种,只剩下这种关系能给人以自由和深切的感受。因此我们十分重视性爱。如果自由无处不在,性的欲望就不会如此强烈,性也不会被看成是问题,把它变成问题的其实是我们自己,因为我们的性需求得不到满足,或是因为为了满足它而让我们产生了罪恶感,或是因为我们在享受性爱的过程中违反了社会常规。生活在旧社会的人往往认为新社会过于放纵,因为性在新社会里成了生活的一部分。性在生活中有了一定的位置,帮助人们摆脱了模仿、权威、遵从和宗教戒律的束缚,但它并不能解决所有问题。这样看来,自由对爱最重要,这里的自由不是反叛的自由,不是随心所欲的自由,也不是公开或私下里纵欲的自由,而是全面理解了自我这个中心及其本质之后获得的自由,这样的自由才是爱。

问:自由不是特许的吗?

克:不是,特许是一种制约。爱不是仇恨,不是嫉妒,不是野心,不是伴有害怕失败的竞争精神。它既不是上帝之爱,亦非普通百姓之爱,那又是种分裂行为。爱不属于某个人,也非众人共有。当有爱在,不管有无爱的对象，爱都是既属于个人，也与个人无关。正如花香一般，个人和众人都可嗅其香味。真正要紧的是香味，而不是它为谁所有。

问：宽容源自何处？

克：有爱就没有宽容，宽容是在怨恨累积之后才产生的；宽容是愤怒。没有伤痛则无需疗伤。愤怒和憎恨源于漠不关心，你意识到这些情绪之后才会有宽容，宽容进而诱发分裂。当你意识到自己怀有宽容之心时，那是你自己有过失。当你意识到自己容忍某些事情时，其实你对它缺乏容忍。当你意识到自己沉默无语时，事实上你并没有沉默。当你故意下决心去爱的时候，你内心实际怀着强烈的不满。如果有观察者说"我是"或"我不是"，那不可能是爱。

问：恐惧在爱中是什么位置？

克：你怎么会问这样的问题，有爱就没有恐惧，有惧怕就不会有爱，如果有爱，你可以做任何自己想做的事情。

感知源自思想沉静

问：您用不同的词表达感知，有时说感知，有时却说观察、看见、理解或意识。我认为您用这些词表达的都是同一个意思，即看得清楚、深刻、全面。人们能看透所有事物吗？我们指的不是在物质或技术层面，而是在心理上，您能对所有事物都完全感知或理解吗？是不是总有些事物掩藏自己，您只能看到部分呢？如果您能详细解释这个问题，我真的非常感激，我觉得这个问题很重要，因为它可能会启发我们去理解生活中的许多事情。如果我能完全认识自己，我就有可能解决关于自己的所有问题，从而成为一个快乐非凡的人。谈起这个问题，我兴奋不已，因为我可能因此超越自我的小圈子，忘却所有的烦恼和痛苦。您所说的感知或看见到底是什么意思呢？人们可能把自己看个清清楚楚吗？

克：我们总是片面地看待事物，首先是因为我们不够专注，其次是我们观察时头脑中带有偏见，对所看之物在语言和心理上预设了意象，结果必然看不到事物的全貌，甚至连客观地认识大自然都难以做到。但是，如果我们对植物学一窍不通，看花时全然不知花为何物——就是去观看一朵花——那也是相当困难的，因为我们总是神情恍惚，提不起兴致。即使对花感兴趣，也不过是呼出几番赞叹之辞，让观察者自己觉得似乎真在赏花罢了。故意看并不是真正在看，因而就是从未认真看过，看也只是带着花的意象在看。也许我们比较容易看到那些并未深深触动我们的事物，例如，在电影院里看到了令人震撼的场景，不过很快就过眼云烟般地散了。观察时不带关于自我的意象，即完全抛却自己的过往经历、积累的经验和知识，这样来观察自己的时刻少之又少。我们在脑海里总有一个对自己预设好的意象，对自己应该这样不应该那样订好了规则。依据这一意象我们反观自己，判断自己高尚还是卑劣。认识到真实的自己，我们或者沮丧或者惊恐，其实是受不了自己审视自己，即便是看，也只能观察到某些方面。部分或片面认识根本无法让我们真正认识某件事物，只有当我们全面审视自己，才有可能摆脱自己所观察到的，对自己获得全新的认识。我们不仅用眼睛和其他感官感知，还用明显备受制约的头脑进行理性感知。理性感知因此属于部分感知，但这类感知似乎令大多数人都很满意，我们也认为这样就是理解了。不全面的理解是最危险也是最具破坏力的，这恰恰是整个世界正在发生的事情。政客、牧师、商人、技师，甚至还有艺术家——他们每个人看到的只是侧面，所以都是起破坏作用的。但是，由于他们在这个世界上扮演重要的角色，他们的片面认识却成了普遍接受的标准，人们随之深陷其中。于是，我们每个人都成了由牧师、政客、商人、艺术家等多种分裂角色共同组成的个体，每个人都成了各种观点和判断相互"交锋厮杀"的战场。

问：这点我明白了，当然，我是指理智上而言。

克：如果你能全面认识这件事，不单单着眼于思想、言语或情感方面，那么你今后在行为举止和生活方式上将大为改观。以后遭逢险恶的绝壁或凶猛的野兽，也必会以全局的眼光，而不再是片面地评估眼前形势，单方面贸然采取行动。

问：可我们生活中并非每时每刻都面临这样的危险呀？

克：其实我们一直都身处危险之中，对此你或是已经习惯了，或是已变得漠然，或是期待在别人的帮助下化险为夷；可是在危机面前，那些人也同样的盲从和偏颇。

问：我怎样才能时刻都关注到这些危机呢？您为什么说危机无时不在呢？

克：每一刻都包含着生活的全部，每一刻都充满挑战。无法成功应对挑战，危机就会出现，我们越是不愿意承认存在危机，无视并极力回避危机，我们就会变得越麻木，陷入更多的危机。问：可是我怎样才能去整体感知呢？我开始认识到自己看问题的片面性，也知道了在观察自己和这个世界时全面感知的重要性，可是我心里的想法这么多，很难决定到底该看什么，我的脑子就像一个大笼子里装满了躁动不安的猴子一样，混乱不堪。

克：如果你能透彻地认识一件事，就会知道怎样去整体感知所有其他事情。如果你完全理解了某个问题，你就理解了人类所有的问题，因为它们彼此是内在关联的，所以问题在于：人们能在透彻地感知、领悟和理解一个问题的基础上理解其他所有问题吗？问题，不管作为记忆中的片段还是个例，必须在刚一露头时就被抓住，不宜早也不宜晚。打个比方，我们现在深入探讨愤怒或恐惧对我们没有任何好处；我们应该在它们出现的时候再作观察。感知是瞬间来临的：你要么一下子就明白了，要么就是一点儿也没理解；认清、听到、理解都是瞬时性动作，倾听和审视才具有延续性。

问：我的问题仍然没有解决，已经存在好一段时间了。您说理解是瞬间发生的，因此转瞬即逝，那么，是什么让嫉妒或其他习惯和问题长期存在的呢？

克：你是不是一直在刻意关注这个问题，而看问题时又没有怀着敏感之心，没有运用智慧呢？这就是问题存在的原因。你片面地看待这些问题，它们因此得以持续存在。而且，想要摆脱它们本身就很耗时，一些事情无法解决，时间久了便成了一个长期的遗留问题。

问：我怎样才能一下子就看到全部？怎样理解才能让问题永不再来呢？

克：你强调永不还是强调理解呢？如果你强调问题永不再来，这意味着你想永远逃避这个问题，由此会衍生另一个问题。而我们只围绕一个问题，即如何透彻理解这个问题，从此摆脱它的魔爪。感知源自思想沉静。思想波动可能是想摆脱、减少、回避问题，或者将问题打压下去，或者找一个替代物，总而言之，就是无法感知。要看清问题唯有头脑沉静。

问：我怎样做头脑才能安宁呢？

克：只有宁静的头脑才能感知，现在看来，你对这一事实还全然无知。问题不是怎样让头脑安静下来。事实是，要解决问题，头脑必须保持沉静。认清这一事实思想就不会再有波动，那时发挥作用的就是感知，也是智慧，而不是为了感知而让头脑假设已变得宁静。假设也可以发挥作用，只是失于片面、不完全。部分和整体之间不存在关联；部分成不了整体。感知即专注，感知至关重要，漫不经心才会引发问题。

问：我怎样才能一直保持全神贯注呢？这不可能啊！

克：说得没错，的确不可能。但最重要的是你意识到自己漫不经心，而不是如何时刻保持专注。提出"怎样才能持续关注"这个问题显得太贪心，人在训练集中注意力时会变得迷茫，这种训练本身就是在分散注意力，这就跟你不能实践美丽或去实践爱是一个道理。恨没了，还会有

改变是我们的当务之急 | **239**

其他感情。你用全部身心关注恨，研究恨，不让自己累积更多恨的感受，恨就会悄然退场，就这么简单。

问：听您这么说，我们也没什么可实践的了。那么，您的教诲还有什么意义呢？

克：最重要的是听了这一席话，而不是听完之后去实践。倾听的过程很短暂，而实践会使问题持续下去。实践完全是不专注，千万不要实践：你只能实践错误，只有学习才永远是新的。

当自性之灯点亮，痛苦就会消失

问：活到现在，我好像已被痛苦折磨得遍体鳞伤，这种痛苦不是身体上的，而是亲人离世、孤独寂寞和无尽空虚带给我的心理创伤。我曾有个百般疼爱的儿子，但他不幸死于意外，妻子也和我分了手，这让我非常痛苦。我认为自己跟其他众多中产阶级一样，生活富足、工作稳定，我对自己目前的境况也比较满意。但我想知道痛苦是什么，为什么它就是挥之不去呢？有人说，痛苦让人明智，但我觉得恰恰相反。

克：我想知道你从痛苦中学到了什么，你从中学到了什么？痛苦教给了你什么？

问：痛苦让我懂得了永远不要依恋他人，让我品尝了些许的痛苦和冷漠，教会我要控制个人感情，告诫我务必小心，不要再次受到伤害。

克：正如你所说的，痛苦没有教给你如何变得明智；相反，却让你成了更工于心计、麻木不仁的人。除了明显具有自我保护意识的本能反应以外，痛苦还教给你其他什么了吗？

问：我一直认为，痛苦是我生活的一部分。但是，现在我想摆脱痛苦，摆脱所有的低俗的痛苦和冷漠，不愿再因依恋他人而遭受种种折磨。我生活在自我封闭的世界里，这种生活空虚无聊、无足轻重、平庸至极，也许平庸才是我最大的痛苦。

克：有来自个人的痛苦，有属于全世界的痛苦，无知和时间也会带来痛苦。这种无知是指对自己缺乏了解，时间带来痛苦是因为我们误以为它能疗伤止痛，有所改变。人们大都持有这种错误的观念，要么敬畏痛苦，要么为痛苦开脱。可不管以哪种方式，痛苦依然还在，人们从来也不问自己：痛苦是否会消失。

问：现在我想问您痛苦会不会消失。我该怎样消除痛苦？我知道，逃避、悲伤或者玩世不恭都无法抑制痛苦，我该怎么做才能驱散长期困扰我的痛苦呢？

克：自怜是导致痛苦的一个因素，另一个因素是依恋他人。依恋他人是在鼓励和培养他人依恋你，但是，一旦这种依恋关系断裂，痛苦就会出现。依恋从一开始就埋下了痛苦的种子，所有这些烦心事都源于我们根本不了解自己。认识自我才会真正结束痛苦。我们都害怕认识自我，因为我们已经将自己分成了好的、坏的，高尚的、邪恶的，纯洁的和道德败坏的，好的标准总是批判坏的，这些分裂的因素彼此较量，较量就是痛苦。要结束痛苦，必须认清事实，不能制造对立面，因为对立双方相互纠缠，进入对立面的走廊就是痛苦。生活被分为高低、尊卑、善恶，这种区分实际是在制造冲突和痛苦，有痛苦就没有爱，爱和痛苦无法并存。

问：原来这么回事！爱能让别人痛苦。我可能真的爱那个人，但却事与愿违带给了他痛苦。

克：如果你爱他，你带给他痛苦了吗？他爱你，会不会也给你带来了痛苦呢？如果另一个人依恋你，不管是不是你暗示他这么做的，之后你离开他，他痛苦，那么在这种情况下，带给他痛苦的是你还是他自己呢？

问：您是说即使他人是因为我而痛苦，我也不需要为此负责，对吗？那痛苦如何结束呢？

克：前面说过，只有彻底认识自我，才会消除痛苦，你是一眼就能认清自我呢，还是希望通过一长串的分析认清自我呢？分析是不可能让你了解自己的。要认清自我，只有在关系中彻底放弃对自己多些了解的念头才行，意思是我们必须不做任何选择地去意识正在发生的事，也就是说，看清真实的自己，不去想自己的对立面和理想状态，也不要想过去的自己是什么样子。如果你心怀不满或怨恨，看自己时必会戴上过去的有色眼镜。看自己时总能抛开过去，那才是摆脱了过去。当领悟之灯点亮，痛苦就会消失，但要记住，点亮这盏灯的不是某次经历，也不在一念之间；这盏理解之灯时刻都在照亮自己，任何事物，不论是书籍、诀窍、老师，或是救世主，都无法给你这种感悟。了解自己，就结束了痛苦。

心灵与头脑的分离制造了诸多问题

问：为什么人要把自己划分成不同的部分——理智和情感？又好像每个部分都互不相干似的？生命中的这两股力量常常互相撕扯，大有把我们的身体拆得七零八落的架势。将理智与情感协调起来，让人以完整的个体形式存在一直是人类致力的首要目标之一。除了内在的理智和情感之外，还存在个外在的第三方，即不断变化的外部环境，这两大互相冲突的内在因素与好像置身其外的第三方进一步对立，由此引发的问题令人困惑、矛盾，大得让人无从下手，于是，理智只好虚构了一个叫作上帝的外在力量，将它们三个联系起来，而这让整个事态更加复杂化了。生活中所存在的就是这个问题。

克：你好像被自己的话误导了，这对你来说真的是个问题吗？或者说你是不是为了方便讨论而虚构了这个问题？如果为了讨论，我认为这个问题缺乏实质性内容，但如果这对你来说真是个问题，我们可以深入探讨。照你的描述，我们所处的情况非常复杂，内心世界被分成不同的部分，它又和外部环境分开，环境，我们称之为社会，又分为阶级、种族，再根据经济状况、民族和地理位置进一步划分，又有了不同的团体，这似乎是当前世界的真实状况，我们把它叫作生活。因为解决不了这个问题，于是我们又虚构了一个超自然的实体，并寄希望于这种超自然的力量给我们带来和谐，同时也给我们自身以及人与人之间带来一种约束力，我们称它为宗教，随之又引来了一个导致分裂的因素。这个问题一路下来就变成了：什么能让生活变得绝对和谐？在这种生活中没有分歧，理智和情感共同演绎个体的完整状态？这样的话，个体就不再碎片化了。

问：我同意您这么说，可是，要怎样做才能到达这种完整的状态呢？这也是人们一直渴求并通过各种宗教、政治和社会乌托邦在苦苦追寻的结果。

克：你问怎样，使用"怎样"这个词本身就是个大错，"怎样"，即方法，是制造分裂的因素，因为人不同，方法亦不同，你有你的、我有我的，他有他的。如果我们从不曾说"怎样"，那一定会去真正探索，而不会将注意力集中在寻求解决途径、实现预设目标上。你能不能彻底放弃找寻诀窍或实现目标的念头呢？如果你按照已知的预设了目标，你势必受限于这个目标，变得不再自由。如果能打消找寻诀窍的想法，我们就可以真正去探究。看看我们是否真的能够创造和谐的整体，而不必虚构一个外在的媒介，因为外在的媒介，不管是隶属于环境的还是超越在它之外，都只会让问题更加复杂。

我们再来总结一下。首先，是思想把它自身划分成了感情、理智和外部环境；是思想虚构了那个外在的媒介；是思想制造出的问题。

问：这种分裂不仅只局限在思想方面，在更为细化的情感方面可以说是更甚。例如，从理智上来说，穆斯林和印度教徒并不认为他们彼此是分离的，只是就宗教感情而言，他们感觉自己与对方是分开的，实际正是这种感情导致了宗教纷争，进而让他们成了彼此的眼中钉，欲除之而后快。

克：说得对极了，理性思考和感性体验是一体的；从最开始它们就是一个整体，这就是我们正在说的。因此，我们的问题不是整合不同的

改变是我们的当务之急 | **245**

碎片而是去理解融为一体的头脑和心灵。我们的问题不是如何消除阶级,怎样建立更好的理想社会,或培养出更好的政治或宗教领袖。我们的问题是思想上的问题。能在实践中,而不是通过理论探讨认识到这一点,就是最高形式的智慧,这样的话,你就不再属于任何阶级或宗教团体,既不是穆斯林、印度教徒、犹太教徒,也不是基督徒。现在我们只有一个问题:为什么人的头脑会发生分裂?它不仅将自身的功能分成情感和理智,还把人分为"我""你""我们""他们",情感和理智是合二为一的,这点我们千万不能忘记,当我们用"头脑"这个词时,尤其要记住这一点。因此我们的问题是,头脑为什么会分裂?

问:您说得对。

克:头脑就是思想,所有思想活动都意味着界分和分裂。思想是大脑对记忆的反应。大脑遇到危险会立即做出反应,这是理智行为。现在的情况是,大脑还是一样的,但它在某种程度上已被制约得认识不到分裂的危险性了。大脑在处理事实时的种种反应是有效且必要的。同样的道理,当认识到分歧以及分裂对它构成威胁的事实时,大脑也会做出反应,但要记住,这是大脑认识到的事实,而不是形成的某个观点、意识形态,亦非某种原则或概念——所有这些都很愚蠢可笑,都会导致分裂和分歧。大脑,整个大脑都必须保持警惕和清醒,光部分是不行的。只有这样,大脑才能认识到危险性。

问:怎样才能使整个大脑保持清醒呢?

克:前面提到,不是"怎样",而只是认识到危险性,这才是问题的关键所在。认识不是宣传或环境制约的结果;认识是整个大脑活动的结果。大脑完全清醒,头脑就会变得沉静。大脑完全清醒,就不会再有分裂、分歧和二元对立的行为。

　　头脑里空寂无物至关重要，虽然你也可以通过服药或其他方法让头脑沉静，但这些都是骗人的把戏，产生的不过是种种其他形式的幻觉和矛盾罢了。头脑寂静是最高形式的智慧，这种寂静从来都不是个人的，也不是非个人的，从来都不是你的或我的。我们无法为它命名，它就是全部，它完美无瑕、没有任何特性，我们无法用语言描述它。它是意识，是专注，是爱，是最高形式的爱。大脑必须保持完全的清醒，仅此而已。就像人在丛林中保持高度警醒才能活下来一样，处于世界丛林的人也要非常清醒才能获得完美。

生活中"无我"就是爱，就是美

问：我想问您，什么是艺术家？在恒河边一个阴暗的小屋里，一名男子正在用丝和金线编织美丽的纱丽。在巴黎的一间画室里，另一名男子正在作画，满心希望这幅画让他声名远扬。在世界的某个角落，一位作家在巧妙地杜撰故事，讲述男女间老套的问题；科学家在实验室里忙碌；技师将几百万个零部件组装好，助推火箭登上月球；在印度，一位音乐家清静度日，为的是如实传达音乐的纯净之美。此外，还有家庭主妇在准备一家人的饭菜，诗人在林中独自散步。从某种意义上说，这些人不就是艺术家吗？我认为美在每个人的手里，只是我们全然不知罢了。做漂亮衣服或精致鞋子的男子，把花摆放到在自家桌上的女子，他们的工作中似乎都体现出了美，可是，为什么只有画家、雕塑家、作曲家、作家——这些所谓的富有创意的艺术家们，而不是鞋匠或厨师们——在这个世界上如此引人关注呢？对此我常常很困惑。鞋匠和厨师不也很富有创意吗？当您把人们认为美的各种表达方式都考虑在内的话，真正的艺术家在生活中所占据的是什么位置呢？谁是真正的艺术家呢？人们说，美是所有生活的本质。如果说不远处的一栋楼房很美，那它是那个本质的体现吗？您若能深入探讨艺术家与美的关系，我将不胜感激。

克：毫无疑问，艺术家善于以艺术形式来表达行为，这种行为来源于实际生活，而非生活之外。因此，让他们真正成为艺术家的是在生活中精通一门技艺。他们或擅长弹奏乐器，或擅长写诗、作画，这项技艺在一天中可以一连几个小时发挥作用。或者，如果他们本人多才多艺，像文艺复兴时期的那些伟人们一样可以游刃于几个不同领域的话，那么他们娴熟运用手艺的时间就会更长些。但是，他们实际却生活在混乱和困惑之中，只连续演奏和写作几个小时就和生活的其他方面会产生冲突。所以我们不禁要问，这样的人还称得上是艺术家吗？有些人的小提琴演奏技艺精湛，但他们真正感兴趣的是名誉而并非演奏小提琴，他们只想借此成名。在这些人心中，"自我"远比音乐重要，那些处心积虑想出名的作家和画家也是这样。音乐家将"自我"等同于自己认为最美的音乐，宗教信徒将"自我"等同于他们认为高尚的事物。这些人在各自特殊的小天地里都是能手，但在生活更广阔的其他领域里却一塌糊涂。因此，我们必须找到做事和生活的技巧，仅仅擅长绘画、作诗或掌握某些技术是不够的。但人们怎样才能自如且美满地度过整个人生呢？技艺和美是一回事吗？人，不管他是不是艺术家，真的能做到自如且美满地度过他的整个人生吗？生活意味着行动，如果行动带来痛苦，那就是生活不得法。人活着可能没有痛苦、摩擦、嫉妒、贪婪和冲突吗？所以，问题不在于是不是艺术家，而是作为人类，你也好，他也罢，活着是否能不受折磨，不被曲解。当然，贬低伟大的乐章、精美的雕塑、壮丽的诗篇或舞蹈，或对之嗤之以鼻，这样的行为都是对艺术的亵渎，也是缺乏生活技巧的表现。作为行为技巧，艺术和美全天都应发挥作用，而不应该每天只展现几个小时。这才是真正的挑战，而不是用钢琴弹奏出美妙的音乐就够了。如果你手触琴键，就应该奏出动听的乐曲，但这还不够。这就好比在广袤原野里，我们只开辟了一个小角落一样，我们应该关注整片原野，整片原野才是生活的全部。如果总专注于自己或他人的一小块儿地，我们就会忽略整片原野。艺术要求人们的头脑彻底清醒，进而在整个人生中行动得法，这就是美。

问：那么工厂里的工人或办公室的职员呢？他们是艺术家吗？他们的工作阻碍他们做事得法了吗？他们的工作沉闷至极，除了受困于每日机械的工作外，他们不擅长巧妙地处理其他任何事情，对吗？他们是不是被工作束缚住了？

克：当然是，但如果他们能领悟到这种情况，要么放弃这份工作，要么设法改变，将工作转化为一种艺术行为。所以，重要的不是工作，而是清醒地认识工作；重要的不在于工作的制约，而是觉醒。

问：您说的觉醒是什么意思呢？

克：是不是只有某些情况、挑战、某次灾难或喜悦才会让你觉醒呢？或者说有那种无缘无故就保持清醒的状态吗？如果你因某个事件、某项事业而警醒，你便会依赖这些因素。一旦你依赖上了，不管它们是药、性、绘画还是音乐，你都会让自己进入昏睡状态，因此，任何依赖都意味着技巧的消失，艺术的终结。

问：没有来由地保持清醒是什么呢？您是在谈论一种无因也无果的状态吧？真的有那种不知为何而产生的精神状态吗？对此我很难理解，因为我们所想的任何事、所成就的任何事都理所当然是某些原因引起的，因果的链条不可能中断。

克：因果的链条不断，那是因为果成了因，因又进一步发展成果，如此等等。

问：那么，哪些行为在这个因果的链条之外呢？

克：我们都知道，一切行为皆是有原因、有动机的，这些行为也就是结果。所有行为都处于某种关系中。如果这种关系基于某种原因之上，它就会随情况发生改变，最终免不了沦为另一种沉闷。世上唯独爱是没有缘由的，自由的；爱是美，是技巧，是艺术。没有爱就没有艺术。艺术家摒弃"自我"地演奏优美的乐章，这时才会有爱和美，这才是艺术，才是做事的技巧。这种技巧就是"无我"，艺术就是"无我"。但是，如果你忽视生活的全部，只注重很小的一部分——不管那时"自我"的成分有多少，你依然无法自如地应对生活，因此，也成为不了主宰自己生活的艺术家。生活中"无我"就是爱和美，特有的生活技巧也由此而来。这就是最伟大的艺术：在生活的任何领域都能自如游弋。

问：天哪！我怎样才能做到呢？我领悟到了，内心也感受到了，但是，我怎样才能持续拥有这种感受呢？

克：这种感受没有办法去持续，也不能去培养，更无法亲身实践；你只能领悟，领悟是最伟大的技巧。

依赖的本质是什么？

问：我想知道依赖的本质是什么，我发现自己对很多事物都有依赖——如女人、各种娱乐、美酒、妻子儿女、朋友以及他人的言论。幸运的是，我不再依赖宗教性的娱乐活动，但我仍然依赖书来激励自己，依赖令人愉快的交谈。我发现年轻人也并非没有依赖性，也许不像我这么强，但他们都有特殊的依赖方式。我去过东方，发现那里的年轻人依赖大师和家庭。东方人相较欧洲人更看重传统，传统观念也更根深蒂固。相比之下，美国人就显得离经叛道了。但是为了生存下去，似乎所有人都必须依赖某些东西才行，不仅仅身体方面，更包括心灵。我想知道，我们能否真正摆脱依赖？是否应该摆脱依赖？

克：我觉得你关注的是心理依赖。人们依恋的事物越多，依赖心理就越强，依恋的对象可以是人、观念和事物，也可以是某种环境、某个特殊的国家等诸如此类的东西。依赖由此产生，继而引发抵制心理。

问：为什么会产生抵制心理呢？

克：我依恋的对象在我的领地或者性爱领域之内，我保护这些领属，反对他人以任何形式侵犯它。为此，我限制自己的自由，也限制我所依恋之人的自由，依恋因此成为抵制。我依恋某人或某事，这种依恋实际是占有；占有即抵制外来侵扰，所以说依恋就是抵制。

问：这点我明白了。

克：以任何形式侵犯我的财产，我必会诉诸法律，或在心理上进行激烈对抗。因此,依恋即暴力、抵制、囚禁——囚禁自己和所依恋的对象。依恋意味着这是我的,非你所有;他人务必远离! 所以,这种关系其实是排他的,整个世界也因此被分成我的和你的:我的观点、我的评判、我的建议、我的上帝、我的国家——没完没了的这类无稽之谈。认识到所有这些都不是抽象的思考,而是真实发生在日常生活里,我们不禁会问:为什么人会依恋上某人、某物或思想观念呢?人为什么会有依赖心理?所有生灵都处于某种关系中,所有这些依赖关系都和暴力、抗拒、控制紧密相关,将世界变成这个样子的实际是我们自己。有占有就一定存在控制。遇到美,爱意萌生,紧接着转向依赖,所有痛苦接踵而来,爱被抛到了窗外。我们追问:"伟大的爱呢?它到底怎么了?"认识到在日常生活里正在上演的这一幕以后,我们现在继续问道:"人为什么总会产生依恋之情?为什么不仅依恋实际存在的可爱之物,还依恋虚幻的和许多荒诞离奇的想象之物呢?"

自由与非依赖状态不同;自由是没有任何依赖的积极状态。它没有来由,也没有结果。弄清楚这点之后,我们才能深入探讨人为什么会产生依赖或掉入依赖陷阱、并由此引发诸多痛苦的问题。依恋心理促使我们努力寻求独立,这是抵制的另一种表现形式。

问:那么,什么是自由呢?您说自由不是否认依赖,也不是终止依赖;您又说自由不是摆脱束缚,而仅仅是自由。那么,自由到底是什么?是抽象概念还是实际存在呢?

克:自由不是抽象概念,它是根本不存在任何抵制的一种心态。我们知道,河水在流淌过程中可能随时会遇到巨石,对于这种阻碍,它或者绕开或者干脆从巨石上经过。但是,自由与这样的河流不同,在自由之河中根本没有巨石，只有河水在流动。

问：可是在人生长河里，依恋的巨石仍然是存在的，您不能只谈论另一条没有巨石的河。

克：我们并没有回避巨石，也没说不存在巨石，只是我们必须首先要理解什么是自由，自由和多石的河流是不同的。

问：但我所说的河流中到处都是巨石，我要问您的不是那些没有巨石的河流，那些对我来说没有意义。

克：你说得没错。但是，你必须先理解自由是什么，然后才能理解你遇到的巨石般的羁绊。算了，我们还是别过分强调这个比喻了。我的意思是，我们应该同时考虑自由和依恋。

问：我的自由和依恋这两者有什么关系呢？

克：依恋带来痛苦，你必定要摆脱这种痛苦，于是开始挣脱依恋，希望达到无所束缚的状态，这其实是抵制的另一种表现形式。虽然它与依恋的状态相反，但其中仍然没有自由。抵制和依恋看似相反，实则相同，它们互为彼此的增强剂。你所关心的是怎样只享受依恋带来的快乐，避免相伴而来的痛苦。你当然做不到。这也是为什么说关键要理解依恋中并没有自由。我们只有理解依恋，不逃避依恋，才会体会到自由。因此，现在的问题是，人为什么会依恋，会依赖？

不起眼的小人物，自身如沙漠般贫瘠，于是寄望于他人找到水源；头脑空虚、贫穷落魄、能力不足、一文不名或无足轻重之人，寄望于他人让自己富有。不仅如此，人们还希望借助他人之爱忘却自我，借助他人之美获得美，借助家庭、国家、爱人和异想天开的幻想让鲜花开满自己的荒漠。上帝成了终极爱人。为了让自己不再贫瘠，人们用尽各种手段，但得到的仍然只是痛苦和困惑，沙漠也似乎比以前更为荒芜。其实，沙漠既没有更荒芜也不是荒芜有所缓解；一切都不曾改变，只是人们从伴着痛苦的依恋中逃离，之后从逃离痛苦中又落入依恋这个来来回回的过程里，没有看到真实的状况罢了。贫瘠和空虚一如从前。由此，我们不再试图逃离。经过依恋或摆脱依恋的这番折腾，难道我们就没有意识到这个事实，没有意识到自己内在的贫弱和不足，以及这种无聊而虚伪的自我孤立吗？弄清这个才是至关重要的，而不是探讨依恋或摆脱依恋。此外，看待这个事实时，你能放弃谴责或评价的念头吗？如果你真的放弃了，那么你在观察时是作为观察者出现的，还是观察者并没有在场呢？

问：您说的观察者是指什么？

克：你立足一个中心观察，这个中心包括所有你喜欢和不喜欢的结论、观点、评价和摆脱空虚的渴望等等——你观察这种贫瘠状态时是从结论的角度出发的，还是摆脱了所有的羁绊了呢？

如果你是带着完全自由的眼光在观察，便不存在观察者，没有观察者，那么你眼中观察到的还会是孤独、空虚和不快的吗？

问：如果我看树时头脑中不带任何结论，没有观察者这个中心，那么树便不存在，您说的是这个意思吗？

克：树当然存在。

问：但在没有观察者或在无我状态下观察时，为什么孤独消失了而树却没有消失呢？

克：因为树不是这个中心创造的，即不是"我"的头脑创造的。"我"的头脑，在所有以自我为中心的活动中，制造了这种空虚和孤立。如果观察时头脑中不存在这个中心，那么，以自我为中心的活动便会终止，

改变是我们的当务之急 | **255**

所以孤独感也就消失了。之后,头脑便开始在自由中发挥自己的功能。认清了依恋和摆脱依恋的整个构成,了解到痛苦和快乐的交替运动,我们明白了"我"的头脑是如何构建自己的荒漠并以其特有的方式从中逃离的。当"我"的头脑沉静下来,荒漠就不存在了,逃避自然也无从谈起。

如果你无所畏惧，还会去信仰什么吗？

问：我是众多虔诚信仰上帝的人之一。在印度时，我追随当代的一位伟大圣僧。他笃信上帝，在他的影响下，印度政坛发生了巨大变革，全体国民也与上帝保持同步。我曾听您在讲话中倡导要反对信仰，我推断您本人可能并不相信上帝。但是，既然您也信奉宗教，那么您一定多少也是相信冥冥之中有神灵的。我的足迹遍布印度的各个角落，也游历过欧洲的大部分地方，见过很多修道院、教堂和清真寺。每到一处，我都能感受到当地人对上帝那种强烈的，甚至是难以抗拒的信任，他们愿意把一切都交由上帝来安排。虽然您不相信上帝，但您毕竟也有宗教信仰，所以我想问您到底怎么看待这个问题。您为什么不相信上帝？您是无神论者吗？我们都知道，在印度教中，教徒既可以是无神论者，也可以是有神论者。无论作何选择，都可以成为印度教徒，这点与基督教不同，不相信上帝的人无论如何是不能加入基督教的。但这样讨论我们就离题了。我想说的是：我希望您能解释一下对信仰的看法以及这种看法的合理性。我之所以提这个问题，是因为有人跟随您，您有责任跟他们解释清楚。

克：对于你刚才讲的最后一点，我想澄清一下。我没有追随者，因此对你，对任何听过我讲话的人都不负任何责任。同样的，我也不是印度教徒或其他什么教徒，不隶属于任何宗教或团体。在我看来，每个人都应该是照亮自己的明灯，没有谁为师、谁为徒这么一说。这点我们在讨论最初就应该弄清楚，不然的话，你就会受制于宣传和说教。所以，我现在所说的任何话都不是教义、信条，我也不是在说教：我们或者相互理解，达成共识，或者无法彼此认同。现在，你非常肯定自己是相信上帝的，或许你也想通过信仰上帝来体验人们所说的"神性"。信仰涉及很多事情，对于所信仰之物你可能压根就没见过，但却可以证明它的确存在，就像我们能证实纽约或埃菲尔铁塔是真实存在的一样。还有，尽管你并不是百分之百地肯定，但你相信自己的妻子是忠诚的。或许她在思想上出过轨，可是你相信她并没有背叛过你，因为你确实没见过她出去和人约会；也许她只是平日里在脑中闪现过欺骗你的念头，这类想法你本人也一定有过。你还相信转世，对吧？尽管找不出任何确切的证据证实确有此事。可不管怎么说，诸如此类的信仰对你的实际生活也没带来多少改变，是不是？所有的基督徒都认为他们应当彼此相爱，但事实并非如此——他们和其他人一样到处杀戮，在肉体上和精神上伤害他人。当然，也有些人虽然不相信上帝，却照样积德行善。有些人相信上帝，却因为信仰涂炭生灵；而有些人口口声声愿天下太平，实际却在谋划发动战争，这类事情实在太多了。因此，我们必须问问自己：到底有没有必要相信什么？虽然有信仰并不会否认生命的玄机奥秘。但是，相信是一回事，为什么相信则是另一回事。单纯的"信仰"只是一个词，一种思想，而并非事件本身，这就好比你的名字并不是你自己一样。

通过亲身体验，你希望抵达自己所信仰的真理彼岸，并向自己证实真理的存在，但这种信仰会制约你的体验。因此，是信仰催生体验，并非体验证明信仰的确存在。你相信上帝会让你产生所谓"上帝存在"的体验，你体验到的总是你相信的，因此你的体验是无效的。基督徒可以看到圣母玛利亚、天使和耶稣，印度教徒能看到众多类似的神祇，穆斯林、佛教徒、犹太教徒和共产主义者也一样。信仰决定了你认为会存在什么证据。所以，重要的不是你相信什么，而是你到底为什么相信它。你为什么会有这样的信仰？你相信这个也好，那个也罢，它们在你眼中的差别都不能反映其真实状况，真理是不会受一个人信仰与否所影响的，因此，应该要问一问的是：你到底为什么有信仰？你基于什么相信它？你是对未知充满恐惧，对变幻的社会缺少安全感，由此对生活产生了不确定感？还是你对人际关系缺乏信心？或者说，你是因为在生活庞大的威压感面前感觉茫然，所以才躲藏在信仰里寻求庇护吗？所以，如果可以的话，我想问问你：如果你根本就没什么畏惧的，那么你还会信仰什么吗？

问：我也根本不确定我害怕什么，但我敢肯定自己热爱上帝，正是这种爱让我相信上帝。

克：你的意思是说，你完全没有恐惧，因此懂得了什么是爱吗？

问：我用爱代替了内心的恐惧，因此对我来说，恐惧是根本不存在的，我的信仰并不是建立在恐惧之上。

克：你真的可以用爱来代替恐惧吗？事实难道不是这样吗？你产生了一种叫作"恐惧"的思想行为，之后用叫作"爱"的词语来掩饰这种"恐惧"，用爱代替恐惧其实是你自己认定的另一件事而已。你用一个词语掩饰内心的恐惧，进而依赖那个词语，希望借助它消除恐惧。

问：您这么说让我很不安。我怀疑自己根本没兴趣再继续讨论下去了。信仰和爱一直支持着我，帮我过着体面的生活。而您对我信仰的质疑让我心神不安，坦白地说，这种感觉让我害怕。

克：那就是恐惧，是你自己一点点悟出来的，这种感悟让你不安。信仰来自恐惧，最具有破坏力。人必须摆脱恐惧和信仰。信仰让人们产生分歧，心肠变硬，相互憎恨，还孕育战争。你已经委婉却又不情愿地承认了恐惧催生信仰。要想直面恐惧，必须摆脱信仰。和任何理想一样，信仰是对现实的逃避。当卸下恐惧的枷锁，人的思想便会处于全然不同的状态。在那时问"上帝是否存在"才比较合适。受恐惧或信仰阴云所笼罩的头脑，既无法理解真理，也意识不到真理。那时的头脑处于虚妄状态，对于至上的真理显然是无法突然领悟的。至上的真理永远在那儿，和你或其他任何人的信仰、意见或结论都没有关系。

正因为不知何为真理，你才宁信其有，但是去认识真理却无法发现真理。认知被局限在时间的狭小空间里，即便你认为自己发现了，那也是在时间束缚下的认知，故不可能知道那个至上真理。说到底，当你说"我了解自己的妻子和朋友"时，你所了解的其实只是那个意象或那段记忆而已，而这些都属于过去。你永远都无法真正了解任何人或任何物。任何有生命的事物都是无法了解的，除非它的生命终结。认识到这一点，你就不会再从认知的角度去考虑关系了。所以，我们根本不应该说"世界上没有神"或是"我了解神"，这两种说法都是对神的亵渎。想要理解何为"真理"必须拥有自由的心态，不仅要摆脱已知，还要摆脱因已知和未知而产生的恐惧。

问：您谈到理解何为"真理"的问题，又否定了认知的有效性。可是，如果没有认知，我们又该如何"理解"呢？

克：认知和理解是两种截然不同的体验。认知和过去相关，因此总是将人囿于以往。理解则不然，它不是结论，也不是积累。如果你聆听了，也就理解了。理解是专注。当你全神贯注于其中,你就会理解,理解恐惧就是消除恐惧。由此,起主导作用的将不再是信仰,而是对恐惧的全面了解。恐惧感消失了,就会拥有自由之心,只有到那时,人们才能发现什么是真理。也就是说,只有当认知不再受恐惧扭曲时,所认知的才是真理。那时的"真理"不再仅是个单词而已。你无法用词语来衡量真理。爱,既不是一个单词,也不是一种信仰,亦不是其他任何你可以拥有并且说"这是属于我"的东西。如果没有爱和美,那么你所称作神的根本就是虚无。

梦境是思想的表现

问：某专业人士曾对我说，做梦和人在白天思考、做事一样重要。我自己也发现，若是晚上没做梦的话，我在平日里就会感觉压力大、情绪紧张。姑且不用他们的术语，用我自己的话说就是，那些专业人士坚持认为，人在进入睡眠的某个阶段时若眼睑运动，就表明他在做梦，这些梦可以松弛紧张的神经，让大脑澄明、清醒。我现在想知道的是，与您经常提及的头脑沉静状态相比，随各种梦境而来的身心平衡感是不是更能给生活带来和谐呢？我还想知道，为什么梦吔是象征符号的一种呢？

克：语言本身就是一种象征符号，我们早已经习惯于解读象征符号，只是我们自己并未察觉而已。我们通过树的意象，即树的象征性符号去观察树，通过邻居给我们的印象去认识邻居。显然，对任何人来说，不借助意象、意见或结论等象征符号直接看待事物，都是非常困难的。象征符号在我们梦中可以发挥很大的作用，但它们往往又有很大的欺骗性和危险性。我们意识到梦的含义就隐藏在这些符号之中，设法对其解读，却又总是感觉含义模糊。看到某物，我们不由自主地用语言表达出来，但当时并没有意识到语言其实也是一种象征符号。所有这些都表明，人们在技术问题上可以直接沟通，但在人际关系和认知中却往往避免直接交流，是不是这样？当某人打了你，这属于直接接触，你无需借助符号。而非常有趣的是：如果没有语言和象征性符号，头脑拒绝直接认识任何事物，甚至拒绝认识自己。你说：天空是蓝色的。这时，听话人会根据他自己关于蓝色的概念对你的话进行解读，之后以他特有的编码再向你回传信息。因此，我们的生活中充斥着象征符号，梦只是象征性变化过程的一部分。不借助语言、偏见、结论和象征性符号，我们不可能直接而迅速地认识事物，其中的原因很明显：这是部分以自我为中心的活动，这一过程中交织着防卫、抵制、逃避、畏难等各种情绪。大脑活动可以被看作是写成了密码的反应，各种梦境都是具有象征意义的，即使是醒着，我们也无法直接对事物做出反应或认识其本质。

问：那么在我看来，这是大脑所固有的一项功能了。

克："固有"意味着永久、不可避免和持续性。当然，任何心理状态都会改变。只有大脑为了维护机体安全运转而持续发出的深层次需求才是固有的。象征性符号是大脑保护自我的一种手段；它体现了思维的整个过程。"我"只是个符号，并非实体。在创造了"我"这一象征性符号以后，大脑用自己的结论和公式自我认知，之后保护这个"自我"，而这正是一切痛苦和悲伤之源。

问：那么，我如何才能避开这些痛苦和悲伤呢？

克：当你问"如何避开这些痛苦和悲伤"的时候，其实你还是执着于"我"的概念，这个概念是虚拟的；这样一来，你就变成了与所见之物相分离的另一个事物，对立由此产生。

问：我可以过几天再过来继续跟您探讨这个问题吗？

※　　※　　※

问：您说得真好，我又来了。能从上次我们结束的地方开始吗？上次我们谈到梦中的象征性符号。您指出，我们都依赖这样的符号生活，按照个人喜好对其进行解读，不仅梦里这样做，日常生活中也是如此；这是我们的习惯性做法。如何解读我们所接触到的象征性符号和形象是我们行为做事的基础。奇怪的是，那天和您谈话之后，我的梦境发生了特殊的变化。我做了个令我非常不安的梦，我在梦中即时对梦作了解读，这是个同步化的过程；做梦者同时也是解梦者。之前这种事情从未在我身上发生过。

克：我们醒着的时候，总有一个和被观察事物分离的观察者和一个与行动脱节的行为者。同样，也存在一个与梦境脱离的做梦者。他认为梦境与自身是脱离的，因此需要对其进行解释。但是，梦真的是和做梦者脱离的吗？真有必要解读这些梦吗？当观察者就是被观者的时候，还有必要对之进行解读、判断和分析吗？其实，这些行为只在被观者和观察者不同的时候才具有意义，理解这一点至关重要。我们将被观察的事物和观察者作了区分，由此不仅产生了解读的问题，还产生了矛盾，并随之而来了很多相关问题。事实上，这种区分是种假象，在群体、种族、民族之间所做的区分都是虚假的。我们都是肉体和精神的结合体，原本是不分姓名、没有标签的。当我们的标签变得重要的时候，分裂就产生了，战争和其他各种纷争也就纷至沓来。

问：那么我该如何理解我所梦到的东西呢？我的梦必然隐藏着有某种重要意义。我梦见了某个特定的人或事，这难道只是巧合吗？

克：我们确实应当用一种完全不同的方式来看待这个问题。真的有什么东西需要去理解吗？当观察者认为自己与被观察事物不同的时候，那是他试图理解在他身外的东西。这一过程在他脑中持续进行。观察者希望理解他观察的事物，而被观察的事物恰好是他自己。当观察者和被观者合二为一的时候，其实已不存在理解的问题；只要观察就够了。你说，在梦中一定有需要理解的东西，否则就不会有梦了。你说梦暗示了人们希望理解但却没有解决的某些事情。你用了"理解"这个词，而在这个词里实际包含着双向过程。你认为存在一个"我"，有一个需要被理解的物，但是在实际中，这两者是相同的，是一体的。因此，你寻找梦中含义的这种行为本身就是矛盾的。

问：您认为梦境是人某些思想的表现吗？

克：很明显是。

问：我无法理解如何用您所描述的方式看待梦境。如果梦根本没有重要意义，那它为什么存在呢？

克："我"是做梦者。做梦者希望在自己所创造，或者说想象出来的梦境中发现意义，因此做梦者和梦都成了梦，都是不切实际的。对于做梦者，即认为自己与被观察事物分离的观察者来说，不现实的东西变成了现实的。解梦的所有问题皆因行为者和行为本身的分离而起。

问：我觉得越来越困惑了。我们可不可以换一种方式把刚说过的再讲一遍？我把梦看成是我思想的一个产物，与思想关系密切，但看起来，梦仍然是产生于我们不太了解的思想深度，它们好像是在暗示活跃于头脑中的某些东西。

克：并非只在你的头脑中存在这些尚未被发现的东西，思想和意识是人类共有的：你的思想就是全人类的；你的意识也是全人类的。当你将人类的思想特殊化为自己思想的时候，你是在限制它的活动。梦境由此产生。观察者是局限性的体现。头脑完全清醒，那说明是在没有观察者的情况下观察。任何区分都是一种局限。当"我",这个观察者和做梦者,把自己区分成"我"和"非我"的时候,就会出现包括梦和解读梦在内的很多问题。观察者永远是有局限性的,因此在任何情况下,你只能部分理解梦境所体现的价值或意义。所以说,梦永远都是不完整的表达,从来不是所有。

问:为了了解月球的构成,我们从月球带回来一些碎片。同样,我们也可以试着通过审视梦中的片段来理解人类的思想。

克:头脑所表达的只是思想碎片而已。每个碎片都以它特有的方式表达,并与其他碎片所表达的相矛盾。不同的梦境、不同的行为、不同的欲望之间也都是彼此相悖,人类的思想总是处于这样混乱的状态。头脑中的一部分希望了解另一部分,比如一个梦,一个行动,或一种欲望。因此,每个碎片都有一个观察者,也都有各自的行动;之后,出现了一个超级观察者,希望将它们全部统一起来,而这个超级观察者也同样是个思想碎片。梦境正是在这些对立和分裂之下产生的。

因此,真正的问题不是去解读或理解某个特定的梦,而是认识到这些许多碎片其实都包含在一个整体之中。此后,你就可以将自己看作是一个整体,而非整体的一个碎片了。

问:先生,您的意思是不是这样的:人应该在生命的整个进程中去体验,人应当注重生活的整体,而不仅仅是某个家庭的生活、某项事业,或是生活中其他任何个别的部分?

克:意识属于全人类而并非某个特定之人。如果意识只针对某个特定的人,就会产生分裂、争端和战争这类复杂问题。在醒着的时候,如果人可以意识到存在于人类社会中的整个生命进程的话,那梦的存在也就没什么必要了。这种整体意识和专注结束了分裂与分歧。当头脑中不再存有矛盾，也就完全没了做梦的必要。

问：您所说的的确为我认识许多事物打开了一个全新的视角。

沉静的头脑拥有可以消解过去的能量

问：人真的可以摆脱传统吗？真的可以摆脱什么吗？或者说脱离传统是一种回避，是不想跟任何传统扯上关系吗？您谈了很多有关过去以及过去所带来的制约之类的事，我想知道人真的可以摆脱自己所在的生活环境吗？或者说，我是不是只能根据不同的外部需求和挑战改善这一环境，之后调整自己适应新环境，而并不能彻底脱离这一环境呢？这件事对我来说非常重要，我很想了解，因为我总觉得过去的重担压在我的肩上，我想放下过去，从过去走出来，再也不回去，这可能吗？

克：传统难道不是指将过去带到现在吗？过去不仅仅是个人所积累的一系列带有特殊意义的继承物，更是生活在特定文化和传统中的特定人群所共同在思想上施与的影响。个人肩负着种族和家族所积累下来的智慧和经验。所有这些都属于过去，过去就是将已知的带到现在，进而去决定未来。所有历史教给我们的也都是一种传统，难道不是吗？你问我人是否能脱离这一切。我认为首先应该问，人为什么希望得到自由？为什么希望放下负担？

问：我认为这个原因非常简单。我不想成为过去，我想做我自己。我想脱离所有的传统，那样的话我就可以成为一个全新的人。我想，我们大都希望能变成这样的人。

克：如果你只是希望，或努力去改变的话，那你不可能成为一个全新之人。你不但必须要了解过去，还要发现你是谁。你难道不属于过去吗？

你难道不是过去的一个延续,并且还正在被现在改变着吗?

问:我的行为和我的思想属于过去,但我的这个生命实体并不是。

克:你可以将自己的思想和行为从你的生命体中分离出去吗?难道思想、行为、存在、生活和关系不是一体的吗?对"我"和"非我"的区分也是传统的一部分。

问:您是不是在说,当我不思考的时候,当过去不再起作用的时候,自我也就消失了,而我也不存在了呢?

克:不要问太多的问题,让我们再回头考虑下最开始提出的那个问题:人真的可以从过去当中解脱出来吗?不仅从较近的过去中解脱出来,还要从远古的过去中,从集体、种族控制整个社会的过去中,从人类和动物的过去中解脱出来,真的做得到吗?这种种过去都是由你构成的,你不可能从它们当中分离出去,而你却在问自己能不能统统抛开这些过去,成为一个全新之人。

"你"就是前面所说的种种过去的展现,当你希望自己重获新生并拥有一个新生实体的时候,你所想象中的新生实体其实仍然是原来世界的投射,它只不过被"新"这个单词虚饰了而已,隐匿在这下面的很明显,你依然还是过去。如此一来,这个问题就变成了:我们可以抛弃过去吗?或者说,这种被改变了的传统,历经种种变化、积累、抛弃,但永远是以不同组合方式呈现的过去,能一直持续下去吗?过去是因,现在是果。今天是昨天的果、明天的因。这个因果链条就是思想进行的方式,思想属于过去。所以,你其实是在问,人可以阻止昨天变成今天吗?可以回头审视过去吗?或许这是根本不可能的?为了审视过去,观察者必须跳出过去,但是他却没有。由此,又出现了一个问题:如果观察者本身就

改变是我们的当务之急 | **269**

是过去的话，为了观察，怎样才能把过去分离出去呢？

问：我可以客观地看待一些事物……

克：但是你，作为观察者，观察过去就好像过去在观察自己。你只能把自己客观化为一个意象，但这个意象是你将自己多年来在各种关系中所呈现的各种意象拼合在一起组成的，所以，这个你认为客观反映自己的"你"实际是记忆和想象力的投射，是你的过去。你试着把自己看成一个不同的实体，但其实你就是过去，带着它旧有的评价和判断事物的种种标准等。过去的行为正在观察过去的记忆，因此永远不可能从过去中解脱出来。过去不停地审视过去就可以将过去永恒；过去一直都在这么做，这也正是传统的实质所在。

问：那么，怎样做才可能从过去中解脱出来呢？如果我就是过去的话——现在我认识到自己的确是过去——不论我怎样尝试抛弃过去，也只是徒增过去而已，那我是多么孤立无助啊！我能做什么呢？上帝是过去创造出来的，我不能向上帝祈祷；另外的神灵也是我陷于绝望时的产物，更不能指望。无论做什么，我都是和自己的过去在一起，站在原地，无法从中脱身。但是意象是我自己的投射，若抛弃过去，我又会为自己到底是什么样子而茫然无措。认识到这些，我真的感觉无助而绝望。

克：你为什么要将这种情况称为无助和绝望呢？你这样做难道不是因为无法获得一个确定的结果，而将自己所看到的过去解读成一种情绪上的焦虑了吗？这么做，你又是在让过去有所行动。现在，你可以正视包括所有传统在内的过去，而并不想摆脱它、改变它、修正它或是从中逃离吗？你能只是单纯地观察它，而不采取任何行动吗？

问：但是根据我们整个谈话中所说的，如果我自己就是过去的话，我如何才可能观察过去呢？我完全没有办法看到它！

克：你可以不带任何属于过去的想法去看属于过去的自己吗？如果你在审视自己的时候不做任何思考、分析，不带任何喜好、厌恶和判断，那么你就是在用一双不属于过去的眼睛在观察。这就是在思想沉寂的状态下进行观察，没有思想的噪音。在这片无声的寂静中，不存在观察者，所观察的任何东西也不属于过去。

问：您是在说，当人可以不带任何判断和分析地观察时，过去就不存在了，是吗？但是它并没有消失——就在片刻之前，千头万绪的思想和行动的念头以及所有那些琐事还在我脑海中翻腾。我观察它们，它们仍然在那儿。您怎么能说过去已经消失了呢？过去可能只是暂时停下了而已……

克：当人的头脑沉静下来时，那份寂静就是全新的领域。这时即便是有琐事充斥头脑，它们也会很快消散，因为此时头脑拥有一种全然不同的能量，这种能量并非源自过去，它具有消解过去遗留物的能力，了解这一点至关重要。过去遗留物属于另一种能量。寂静将这些遗留的杂事从大脑中清除出去，好比较大的物体吞并较小的物体一样，寂静丝毫未受影响；又好比大海接受了污水河一样，它一如从前的洁净，认识到这些也是关键。沉静的头脑拥有可以消解过去的能量，由此两种情况只能选择其一：或者头脑中一片寂静，或者任过去的噪音在头脑中肆虐。结果是，寂静吸收了噪音，形成了新的寂静，并非新的你。过去总是有限的，唯有这种寂静无边无际。在这份绝对的寂静之中，过去对现在的种种束缚自动瓦解。

怎样摆脱制约，获得自由？

问：您对限制谈论得很多，还说人必须挣脱这样的限制，否则将永远难逃被囚禁的厄运。这样的言论听起来惊世骇俗，令人难以接受。我们大多数人都是受到诸多限制的，即使这样，听到以上这种夸张之辞，我们仍不免心生绝望，不愿意正视这一事实。但是，我对您所说的话向来都很看重，我知道您多少已将自己献给了这份事业，这对您来说不是消遣，而是件相当严肃的事。所以，我想和您探讨探讨，希望了解人类到底能在多大程度上可以摆脱对自己的限制。如果人类可以摆脱对自身的限制，那意味着什么呢？我是一个在习惯和传统包围中生活的人，而且我在诸多事情上又认可正统的观念，这样的我真的有可能摆脱那些根深蒂固的限制吗？您所说的"限制"到底指什么？而您所说的摆脱限制以获得自由又意味着什么？

克：让我们先回答第一个问题。从身体、精神和思想上来说，我们确实是被我们周遭的气候，所吃的食物，所在的文化，整个社会、宗教和经济环境，个人经历，所受的教育，家庭负担和影响等多种因素制约着。所有这些因素都在限制我们。我们在智力和情感上，身体外在和内在方面，有意识和无意识地对我们环境中的所有挑战做出反应，所有这些都是我们受到制约的表现。语言是种制约，所有思想都是受到限制后的行动和反应。

由于发现自己是受到限制的，我们便发明了一个神圣的媒介虔诚地希望它可以带我们离开这种机械的生活状态。我们根据自己内在或外在的形象描画这个神圣的媒介，称之为宇宙精神、灵魂，或者内心深处的天堂等。我们怀着绝望的心情紧紧地抓住这些信仰，却没有发现其实它们也是限制我们的一些因素，也是我们想毁弃和摆脱的。由于无法在现实生活中摆脱种种限制，也没有认识到现实正是问题的症结所在，我们便以为只在天堂中、极乐世界和转世轮回里才有自由。在天主教的原罪理论和整个东方的轮回教义中，我们能从中看到限制我们的因素，尽管并不十分明显。如果我们能清楚地认识到这点，自然就不会出现这些教条或传说了。现在，心理学家也试图解决这个问题，但是他们这样做却进一步限制了我们。宗教专家限制我们，社会秩序限制我们，作为社会秩序一部分的家庭也限制我们。所有这些都是过去，它们共同构成了我们在公开和隐秘层面的思想。顺便说一下，所谓的个人其实是根本不存在的，注意到这点非常有趣，因为个人头脑所利用的是他和所有其他人共同受到制约的集合，所以个体和群体这样的区分是虚假的：不存在个体和群体之分，存在的只有限制。这种限制是在与包括人、事和思想在内的一切事物的关系中体现出来的。

问：那么，我该怎么做才能将自己从这些限制中挣脱出来呢？活在这样的机械状态当中根本就不是生活。然而，所有行为、意志和判断都是受到限制的。因为我的手脚都被束缚住了，显然，我对那些没有被限制的事物不能施加任何限制。

克：在过去、现在和未来中存在的那个限制因素就是"我"，这个发挥作用的"我"从时间的角度思考问题；现在，这个"我"用尽全力希望获得自由；因此，所有限制的根源都是"我"的想法。"我"就是过去的实质，"我"就是时间，"我"就是苦痛——"我"尽力摆脱自己，"我"努力，尽力去实现，去否定，最终改变自己。这个挣扎转变的进程里充满了困惑和对更多更好事物的贪婪。"我"一路找寻安全感，因为一直找不到，就转而去天堂找寻。这个"我"将自己认同为更大的东西，"我"希望能够失去自己——不管那个东西是民族，还是理想里或某个神灵，而那些恰恰是限制我们的因素。

问：你把所有东西都从我这里拿开了！如果没有了"我"，那我还是什么呢？

克：如果没有了"我"，你就不受限制了，也就什么都不是了。

问：如果"我"不做努力，会消失吗？

克：为了变成某物所做的努力，恰恰是在限制自己的行为和反应。

问：那么，如何才能让"我"的行为停止呢？

克：只有当你看到事物的全貌和整个状况时，"我"的行为才会停止。如果你看到了它在关系中运行，这种认知就表明"我"走向终结了。不仅这种认知行为不受限制，相反，它还作用于限制。

问：您的意思是不是说，虽然经过长时间的进化和各种无穷的限制，头脑还是可以自我解放的？

克：大脑是时间进化的结果；它受到限制是为了保护自己的功能。但是，人如果试图从心理上保护自己，"我"就出现了，所有痛苦也随之而来。希望从心理上保护自己的行为是对"我"的肯定。大脑可以学习，可以获得技术知识，但当头脑从心理上获得知识时，那么，这类知识在与关于"我"的各种经历、意志和暴力相处的过程中，就会强调自己的重要性，从而给各种关系带来纷争、矛盾和痛苦。

问：人的大脑可不可以保持静止，只在从事技术性工作（比如学习语言、开车，或是盖楼）的时候运行，只在工作中需要使用知识的时候才运行呢？

克：这样做的危险是将大脑分成了心理的和技术的两个部分，其结果是又生成了矛盾、限制和理论。真正的问题是，大脑作为一个整体，它可不可以沉静下来并保持静止？可不可以只在需要技术支持或维持机体存活时才进行有效的反应？所以，我们并不关心心理或技术问题，我们只是在问：整个大脑可以完全保持沉静，只在必要时才有所行动吗？如果我们说它可以，那就是理解了什么是冥想。

※　　※　　※

问：如果可以的话，我希望能继续昨天没有谈完的话题。您可能记得我问了两个问题：我问您什么是限制，以及脱离了限制的自由又是什么。您回答说让我们先考虑第一个问题。第二个问题我们还没来得及讨论。因此，今天我想问的是：大脑在脱离所有限制后的思维状态是什么样子的？昨天和您谈了以后，我清楚地意识到自己所受的限制有多么深，多么强，我也认识到了，至少我自己这么觉得，已经找到了突破限制的出口，看到了这种限制结构中的一个裂缝。我和一位朋友谈论了这件事情，通过实例认识到了人们在行为做事方面的确受到了很深、很糟的限制。就像您上次结束时说的，冥想就是摒除头脑中的限制，这样就不会有扭曲和幻想了。但是，人如何才能摆脱扭曲和幻想呢？什么是幻想呢？

克：欺骗自己非常容易，说服自己相信某物也非常容易。认为自己必须成为什么的想法是欺骗的开始,也是产生各种假设的理想主义态度。幻想是怎么产生的呢?原因之一就是不断比较现实和理想、衡量好与坏——思想总是设法改善自己,记住快乐时光,希望得到更多的快乐,等等。正是这种希望获得更多的欲望,即这种不满足,使人接受了某种东西,或对其产生志在必得的信念,而这种行为不可避免地会导致欺骗和幻想。正是这种欲望和害怕、希望和失望,反映了目标,也反映了将要被实践的理论。因此,这种实践根本没有实际意义。所有的所谓"宗教体验"都遵循这个套路。正是对神启的期待导致了对权威的接受,而这却是和神启背道而驰的。欲望、不满、害怕、快乐、希望得到更多、希望有所改变,所有的这些都是衡量——都是幻想的方式。

问:您真的对任何事情都一点儿也不抱有幻想了吗?

克:我并非每时每刻都在衡量自己或他人。当你确实和现实生活在一起,既不希望改变它,也不希望以好坏的眼光评判它,你就会获得自由,就会不再纠缠于对人的评价。和某个事物生活在一起并不代表接受它:这是人自己愿意接受与否的问题。即使和某个事物生活在一起,也不要把自己认同为它。

问:我们可不可以回到最初的问题:我们真正需要的自由是什么?人人都有对自由的渴望,只是有时的表现方式比较愚蠢。但是我可以断言,自由,虽然人人都深切向往,不懈追求,却永远也得不到。我知道自己就是不自由的,我被很多需求限制着。我怎样才能获得自由呢?如果我真的完全自由了,这又意味着什么呢?

克:或许"完全否定即是自由"可以帮助我们理解这个问题。否定所有我们认为积极的东西,否定所有的社会道德观,否定所有内在对权

幸福不是一种目的

问：什么是幸福呢？我一直尝试寻找幸福，但它还是没有如我所愿地到来。我看到人们以各种不同的方式享受生活，但他们的大部分行为在我看来非常不成熟和幼稚。我想他们自己可能是幸福的吧，但是我想要另外一种幸福。我偶尔感到幸福是那么触手可及，但不知道为什么它总是躲避我。我想知道怎么做才能彻底获得真正的幸福。

克：你认为幸福本身是一种目的吗？或许它只是明智生活的附属物？

问：我认为幸福本身就是一种目的，因为如果你幸福的话不管做什么事情都会心平气和；然后，任何事情对你来说都会变得轻而易举，不会有任何阻力。我相信，出自这种幸福状态所做的任何事情都不会有错。

克：果真如此吗？幸福本身就是目的？美德本身并不是目的，如果是的话，它就变成一件微不足道的小事了。你可以追寻幸福吗？如果你真的这样做的话，你可能会误入歧途，放纵自己，那是在享乐。享乐和幸福之间的关系如何呢？

问：我从来没有问过自己这个问题。

克：我们所追求的享乐被误认为是幸福，但是你可以像追求享乐一样去追求幸福吗？当然我们要弄明白享乐是否等于幸福。

享乐是喜悦，是满意，是放纵，是娱乐，是刺激。大多数人都认为享乐就是幸福，人生最大的享乐被我们当成了最大的幸福。但是幸福的反面是否就是不幸福呢？你努力追求幸福，是因为你不幸福、不满足吗？幸福真的有一个对立面吗？爱有对立面吗？你是因为自己不幸福才提出关于幸福的问题吗？

问：我像世界上大多数其他人一样，也不幸福。我当然不想这样。正是这一点驱使我去追求幸福。

克：那么对你来说，不幸福的反面就是幸福。如果你幸福的话，你就不用追寻它了。所以重要的不是幸福，而是不幸福的感觉是否可以结束，这才是真正的问题，对吧？你追求幸福是因为你感到不幸福，而且，你在提这个问题的时候并不知道幸福是否就是不幸福的反面。

问：如果您那样说，我也没有异议。所以我关心的是如何才能从不幸中走出来。

克：哪一个更重要——是理解不幸还是追求幸福？如果你追求幸福，就变成了从不幸中逃离，不幸将永远在那儿，或许被掩藏了起来，但总是在那儿，成为心底挥之不去的痛。所以，你现在的问题是什么呢？

问：我现在的问题是我为什么痛苦呢？您一针见血地指出了我现在的真实状态，但并没有给我想要的答案，所以我现在所面对的问题是，我如何才能摆脱我身处的痛苦呢？

克：一个外在的媒介真的会帮助你脱离困境吗？不管这个外在的媒介是上帝，你所追随的大师，还是毒品、救赎者。人有足够的智慧理解不幸的本质，并迅速地甩开不幸吗？

问：我向您求助是因为我想或许您能帮助我，所以您可以把自己看成一个外在的媒介。我想获得帮助，不介意这个帮我的人是谁。

克：在接受和给予别人帮助的时候，牵涉到几件事情。如果你盲目地接受了它，你就会掉进一个又一个所谓权威的陷阱，由此会带来各种其他问题，比如顺从和畏惧。因此，如果你一开始就希望得到帮助，你不仅得不到帮助——因为没人能帮助你——而且你又会面临一系列新的问题；你会陷入比以前更深重的痛苦之中。

问：您这么说我认为自己能理解，也能接受。以前我从没有把这个问题想得这么清楚。那么，我如何能获得独立处理不幸的能力，而且迅速获得呢？如果我有这种智慧的话，我当然现在就不会来这儿求您点拨了。因此，我现在的问题是，我能获得这种智慧，运用智慧去解决不幸福的问题，进而获得幸福吗？

克：智慧所能做的就是发现问题并理解问题本身。你说智慧和它的这种所为是完全分离的。但是依我看，这两者是不相分离的，它们并非一前一后相随而来；你并不是先获得智慧，之后再像运用工具一样用它来解决问题。思想弊病的一种表现就是认为人应当先具有这种能力，然后再运用它，即认为想法和原则是第一位的，应用是第二位的。这种想法本身就是缺乏智慧的表现，也是各种问题的产生之源。这是一种分裂行为，这就是我们的生活方式，所以，我们现在才会讨论幸福和不幸福、恨和爱，等等。

问：也许这是语言结构的内在表现呢？

克：也许吧，但是我们还是别在这个问题上大做文章了，免得离题太远。我们说到智慧和智慧的所为——即认识到不幸福的问题——这两者构成一个不可分割的整体。而且，这也和结束不幸福或获得幸福是分不开的。

问：我怎么样才能获得那种智慧呢？

改变是我们的当务之急 | **281**

克：你理解我们所说的了吗？

问：理解了。

克：如果你理解了你就会明白，认识现状就是智慧。你唯一能做的就是认识现状；你不能为此而培养智慧。认识现状并不是培养智慧。认识现状比智慧、幸福或不幸福都更加重要。只有认识了或者没有认识到这两种情况。所有余下的，例如幸福、不幸福和智慧，都只是词语而已。

问：那么，认识现状是什么意思呢？

克：认识现状意味着去理解思想是如何制造出对立面的。思想的产物并不是真实的。去认识现状意味着去了解思想、记忆、矛盾和观念的本质；把所有这些看作一个整体就是去理解。这就是智慧；以整体的眼光认识现状就是智慧。只观察到部分则是缺乏智慧的表现。

问：我有点儿糊涂。我以为自己理解了，但是这太难了；我得慢慢来。您说的是要全面地认识现状和聆听。您还说，这种专注就是智慧，而且这种智慧必须瞬间获得。人只能看到现在。我怀疑现在自己是否真的能看到，还是我该回家好好回想您的一席话，希望以后看到。

克：那你永远也看不到；如果你对问题百般思量，就永远发现不了问题出在哪儿，思考会阻碍你的认识。我们两个现在都知道认识现状的含义了。这种认识并不是问题的实质，它既不是抽象的，也不是一种想法。如果没有被观察之物，你就没有办法去认识。现在你被不幸所困扰，那不妨全面地来看待这个问题好了，包括你想得到幸福，以及思想是如何创造了不幸。同时，还要认识寻找幸福的过程；认识自己为了幸福是如何寻求帮助的，认识失望、希望和恐惧。所有这些都不应分别对待，而必须作为一个整体去认识。现在，不妨全面地来看看这个问题，对它倾注你全部的注意力！

问：我还是很迷惑。我不知道自己是否已经理解您这番话的本质及全部要领了。我想闭上双眼，深入到内心去看自己是否真的已经理解这件事了。如果我理解了，我的问题也就迎刃而解了。

学习知识与学会认识自我完全不同

问：您经常谈到学习，对此我不是很明白。我们都在学校和大学里学习，也从生活当中学习很多——如适应环境，适应邻居，适应自己的妻子或丈夫以及孩子，我们好像几乎从所有的事情中学习。但是，当您提到学习的时候，我确信您言下之意并非如此，因为您似乎不赞同从经验中学习。但您如果否定经验的话，那岂不是也在否定所有的学习吗？毕竟，我们是通过技术的和日常生活中的经验学到了我们所知道的一切。所以，我们可以深入谈谈这个问题吗？

克：通过经验学习是一回事，它是对各种条条框框的积累；而持续性学习，不仅学习客观存在的事物，还学习自己，则是与此迥异的另一回事。积累起来的经验会导致束缚，这个我们都懂，此外还有我们谈到的学习。这种学习是观察，只观察却不做任何积累，在自由的状态下观察，且不受过去的引领。这两种学习我们务必分清。我们从经验中学习什么呢？可以学习像语言、农业知识、礼貌原则、登月探险、医药、数学这类知识。但是，我们通过发动战争学到有关战争的知识了吗？我们已经学会了如何让战争更具杀伤力，打击目标更有效，但我们还没有学会不要去发动战争。从战场上学到的经验威胁着全人类的存亡，这是学习吗？你可能建了所更好的房子，但你从建房的经验中学会如何在屋檐下更高尚地生活了吗？通过经验我们学会了火可以燃烧，这已经成了对我们的束缚。我们从这样的束缚中学到："民族主义是好的"。然而，经验也应该教教我们"民族主义会造成致命伤害",所有的证据都摆在那儿。宗教性经验,因为建立在我们所受的种种束缚之上,已经将人和人分开了。经验教我们去拥有更好的食物、衣服和房子,我们却没有从中认识到,社会的不公正会阻碍人与人之间建立正确的关系。因此,经验会制约并强化我们的偏见、古怪的性格倾向和苛求的教条及信仰。我们没有认识到所有这一切是多么愚蠢、无用;也没有学会如何同他人在正确的关系中相处,而这种正确的关系就是爱。经验告诉我们要加强家庭的凝聚力,以使它作为社会的基本单位独立于整个社会和其他家庭之外。这种做法导致了争端和分裂,进而让防御性地稳固家庭成了更为重要之事。如此一来,恶性循环持续不断。我们积累经验,并将之称为"通过经验学习",但是,随着这种学习越来越多,分裂、狭隘和特殊化便接踵而至。

问:您是在举例来反对技术性的学习和经验,反对科学和所有积累性的知识吗?如果我们反对这些东西,那我们岂不是退回到了蛮夷时代?

克:不,我根本不是那个意思,我想我们是误会了。我说的是,有两种学习:一种通过经验积累,并根据过去的积累行动,只要有必要运用知识,这种积累就绝对必要。因此,我们并不反对这种学习,否则的话就太荒谬了!

问:甘地曾试图让机器远离生活,并且在印度开办所谓的"家庭工业"和"村镇工业"。然而,在运输方面,他依然使用现代化机械设备,这表明了他态度上的矛盾和虚伪。

克:我们在谈话中不要扯上其他人。我们正说到有两种学习方式——第一种是通过积累知识和经验而学习,剩下的一种是只学习不积累,每时每刻都通过生活本身来学习。前者对于所有技术性事务是绝对必要的，但在处理关系和行为等非技术层面的事情就"力所不及"了。这方面的事情永远处于变动之中，我们得时时刻刻地了解它的动态。如果你依据所学的行为准则来行动的话，行为举止就会变得僵化死板，关系也会沦为墨守成规。当人类在心理和行为领域也是通过经验和积累来学习的话，这种学习就一定不可避免地导致破坏。一方面，利己而不损人是社会进步的表现，但从另一方面看，这正是误解、痛苦和迷惑所在。只要有任何形式的私心存在，人际关系就不会有好的结果，而这正是人际关系在被经验和记忆主导时无法开花结果的原因所在。

问：这点我明白。但是，宗教体验难道不是不同的吗？我所谈的是在宗教事务中积累和传下来的经验——是先贤和圣人的经验，是哲人的经验。这些经验对处于无知中的我们难道没有好处吗？

克：一点也没有！圣人们一定是被社会所认可的，并且一贯符合社会对圣贤的看法——否则他们就不会被称作圣人了。同样的，大师的追随者们，受社会传统的制约，也一定是按照社会认可圣人的标准来认可大师的。因此，大师和学徒都受他们所在的特殊社会的文化和宗教所制约。当他们声称已经和现实，他们所了解的现实，有所接触时，你可以相当肯定地说，他们所了解的并不是现实，而只是他们自己过去的投射。自称了解的人其实并不了解。在所有这些所谓的宗教体验中，有一个固有的以实际经验为基础的认知过程。你只能认知你以前了解的事物，因此，你所认知的都属于过去，你的认知具有世代传递的属性，并非万世永恒。所谓的宗教体验并不会给你带来好处，只会根据你所处的特定传统、喜好、特定的倾向和欲望束缚你，从而诱发各种各样的幻象和孤立。

问：您是在说，您无法体验现实吗？

克：体验暗示着必定有一个体验者，而体验者就是所有制约的本质体现。他所体验的东西都是他已然知晓的。

问：您所说的那个体验者是什么意思？如果没有体验者的话，是不是意味着"你"消失了呢？

克：当然了。这个"你"就是过去。只要"你"或者"我"仍然存在，就不可能存在无限广袤的空间。"我"，思想浅薄狭隘，受经验和知识制约，心头载负着嫉妒和焦虑——这样的一个混合实体怎可能理解这个无始无终的所谓"大乐"呢？因此，明智的开始就是去理解你自己。现在就开始吧。

问：体验者和他的体验是不同的吗？挑战和对挑战的反应不一样吗？

克：体验者就是被体验的事物，如若不然的话，体验者便无法认知这种体验，也不能称之为一次体验；早在他认知这种体验以前，体验就已经存在于体验者自身了。因此，过去总是在发挥作用，并进行自我认知；新事物总是被旧事物吞噬。与此类似，决定挑战的是反应；挑战就是反应，这两者无法分开；没有反应就不会有挑战。因此，体验者的体验，或是体验者对挑战的反应，都属于过去的行为，是体验者自己决定的。如果你想起"体验"时，这个词意味着你经历了某件事，现在已跟它毫无瓜葛，早已成了过眼云烟。但是，当我们谈起体验时，实际上都意指相反的情况。每次谈到体验，你都是在谈某些可资借鉴的存储于记忆中的往事，你谈到一些愉快的往事，希望再次体验，或者谈起令你讨厌的事情，害怕噩梦重演。所以说，真正去生活就是去学习但不做任何积累。

改变是我们的当务之急 | **287**

表达自我无关紧要,重要的是没有冲突的生活

问:表达对我来说非常重要。作为艺术家,我必须表达自己,否则就会倍感压抑、灰心丧气。表达是人存在的一部分。作为艺术家,我应该将自己全身心地投入到艺术领域,就像男人应该用语言和手势表达对女人的爱一样,是很自然的。但是,这种表达从始至终都伴有某种我不太理解的痛苦。我想大多数艺术家都会认同我这么说,那就是将内心最深的情感通过画布或其他任何媒介表现出来时,总会伴有激烈的冲突。我怀疑人能否摆脱这种痛苦?或者说,表达总是会带来痛苦吗?

克:什么是表达的需要?痛苦是从何处汇流到所有这种表达中的?人难道总要试图表达得越来越深刻,越来越充沛,越来越完整,才能对自己所表达的内容感觉满意吗?深厚的情感和所表达出来的并非一回事;两者之间的差异巨大。如果表达出来的与强烈的情感不相符,总会让人沮丧。或许这就是艺术家们感觉痛苦的原因之一,也是他们对自己情感表达不充分的不满。在情感和表达之间存在冲突,冲突是一种精力的浪费。某位艺术家心怀强烈的情感,情感相当真挚,他把这种情感挥洒在画布上,他的表达风格刚好合了某些人的心意,于是他们解囊相购;艺术家名利双收。终于,他的表达风格引起了关注,还成了时尚标签。于是他改进、追随并发扬这种风格,其实每时每刻都是在模仿自己。这种表达方式渐成习惯,变得程式化;表达方式变得愈加重要,最后变得比情感还重要;情感最终蒸发得无影无踪。而作为成功的画家,这位艺术

家少不了要去应付他给社会带来的诸多影响：比如亲临沙龙和艺术长廊这样的商业会所指导，以艺术鉴赏家和美术评论家的身份发表高论；艺术家被他所描摹的社会所奴役着。然而，他的情感早已被磨灭，表达也沦为一具空壳，结果就连这种表达最终也失去了吸引力，因为它真的已然是空洞无物，徒留一种姿态或一个没有内涵的词语罢了。以上所述部分展现了社会的破坏性过程。这就是美好事物终遭毁灭的过程。

问：难道情感就不能留下来，不在表达的过程中走向消亡吗？

克：因为表达是一件让人快乐，能从中获得满足感，且有利可图的事情，但是它一旦变得无比重要，表达和情感之间就会出现裂痕。如果情感和表达一致，冲突不会出现；在表达中看不见矛盾，也就没有冲突。但是，如果利益和思想介入，情感则会被欲望所吞噬。感觉到激情和表达激情是截然不同的，大多数人所苦恼的都是如何表达激情，所以，美好的和令人满意的事情不可能完全重合，它们之间总是存在着差距。

问：我能避免卷入这个欲望的洪流吗？

克：如果重要的是情感，那么，你就不会探问表达得如何。你要么捕捉到了这种情感，要么没有。如果你询问表达得怎么样，那你是在关心这件作品会带来什么好处，而不是它本身的艺术性怎么样。艺术是那个从没有被考虑在内的：艺术就是生活方式本身。

问：我现在已经懂得了表达是无关紧要的了。那么究竟，什么才是过一种有意义的生活呢？去拥有那自在圆满的情感，到底是一种什么状态呢？

克：那是一种没有冲突的生活状态。

激情之美存在于专注之中

问：什么是激情？您谈过这个概念，很明显赋予了它特殊的含义。但对此我自认为理解不了。我和所有的人一样，也有性本能，也热衷于把车开得飞快或侍弄漂亮的小花园这类肤浅的事情。我们中的大多数人都会沉溺于某种富于激情的活动。如果你谈起某人酷爱之事，你一定会看到他兴奋得两眼放光。我们知道，"激情"来自希腊语中的"磨难"一词，但是在实际应用中，我感觉它并不是一个表达痛苦之义的词语，相反，倒包含着某些催人奋进的意味，就好比呼啸着刮来的西风，将跑在它前面的乌云和垃圾一并驱散一样。我想拥有那种激情。如何才能获得呢？令人激情澎湃的是什么？您所谓的激情是什么意思？

克：我认为应该澄清一件事，即贪欲和激情是不同的。贪欲通过思想得以持续，它受思想的驱使，在思想中滋长，汇聚能量，直至爆发——或者通过性，或者，如果是权欲，则通过种种极端的手段。而激情与之完全不同，激情既不是思想的产物，也不是对逝去往事的铭记；它不受任何实现抱负的动机所驱使，亦不是徒劳的伤悲。

问：所有性欲都属于贪欲吗？性冲动不总是思想的结果，它很可能是一场邂逅，比如你突然遇到了某个人，他（她）的可爱俘虏了你。

克：只要思想构画的是享乐场景，那必定是贪欲，而不是激情迸发。如果享乐是主要的推动力，那就是贪欲。脱胎于享乐的性欲是贪欲，因爱而生的性欲却不是，尽管当时也可能伴有巨大的愉悦感。这里，我们必须认清并亲自去发现,爱是否已经将享乐和享受排除在外了。当你看到一大片云彩,欣喜地看到它在天空中竟然如此"庞大",云端上方还闪着光亮,这当然是种享受,但是这里面所包含的又远非如此。我们绝对不是在谴责这种乐趣。但如果你是为了某种刺激,持续在思想上回想或在实际中回望那抹云彩的话,那你就是沉浸在想象的奇幻之旅中了,很显然,此处正在运行的刺激性因素是享乐和思想。而当你第一次抬眼望那片云彩,看到了它的美,那时的思想并不包含这种享乐的动机。性的美丽在于忘"我"("我"也可以叫作"本我"),但是,对性念念不忘则是在肯定"本我",那便是享乐。这个"本我"要么总是追求享乐,要么一方面躲避伤痛,一方面又渴望成就,因而招致挫败。在这整个过程中,充满激情的感觉在思想的作用下得以持续,人们不断追随这种感觉,不知不觉它就蜕变成了享乐,不再是激情。希望,追求记忆中的激情,也属于享乐。

问:那么,激情本身是什么呢?

克:激情与快乐和狂喜相关,快乐和狂喜都不属于享乐。在享乐中,总是依稀带有一种努力的痕迹——如认知、奋斗、需求以及为保持和拥有这种乐趣所做的挣扎。在激情中没有需求,因而就没有挣扎。在激情中也没有一丝一毫满足的迹象,因此既没有挫折也没有痛苦。激情就是摆脱"自我",而"自我"正是所有满足和痛苦的核心。激情从不提出任何要求,因为它就是"存在"。我在这里并不是说它是静止不动的。激情是自我否认式的朴素,摒弃了"你""我"的概念;因此,激情是生命的本质,生命因此而动,繁衍不息。但是,一旦思想中闯入了诸如拥有和占有的念头,激情就会消逝。没有了激情,一切创造都只是空谈。

问：您所指的创造是什么意思呢?

克：是自由。

问：什么自由?

克：从"自我"中走出来而获得的自由。自我依赖于环境，是环境的产物——由社会和思想拼合而成。而摆脱了自我而获得的自由则是澄明清醒，是一种用过去无法点燃的激情之光。因而激情只存在于当下。

问：这激起了我心中一种奇异的新感受。

克：这就是学习的激情。

问：日常生活中需要做些什么特殊的事情，才能保证这股激情不停地燃烧并激励自我呢?

克：除了专注于"学习"这个当下的行动之外，什么也保证不了。激情之美就在这份专注中，激情就是完全抛弃了"自我"及其相关的时间。

"自我"一消失,领悟之光即会到来

问:您的教诲涉及无数个细节,而我在生活里,必须把它们全部转化为一次行动。现在,这个原则指导我所做的一切,因为在我的生活中,我只有那么短暂的一刻去选择该去做哪个。我想问您,在日常生活里,那个您把自己所讲的浓缩为一点的,像金字塔倒过来支立于塔尖的"一次行动",到底是什么呢?

克:……太危险了!

问:或者换句话说,是否可以通过某种行为,把生活中的所有智慧在现在的某个瞬间汇聚到一个焦点上呢?

克:我认为这个问题是在问如何过一种均衡的、真正有智慧、有活力的生活,在这种生活中人与人和睦相处,没有困惑,没有调整,也没有痛苦。那么,是否有一种行为能唤发所有的智慧,让智慧在你所做的任何事情中都发挥作用呢?这个世界上满眼都是痛苦、贫穷和哀伤,面对所有这些问题,作为人类一员的你将做些什么呢?倘若你借此机会为了满足自己的某种欲望去帮助他人,那么,你就是在无情地利用别人,且做着损人利己的事。所以,这一点我们可以从一开始就抛开不谈。真正的问题是:我们如何能轻而易举地就过一种高度有智慧、有秩序的生活呢?我们似乎总试图从外部去接近这个问题,这样问自己:"面对人类的诸多问题,作为一个经济和社会个体,我该做些什么呢?"我们希望从事情的外部着手来解决这个问题。

问：不，我并不是问你如何对付或解决世界上有关经济、社会或是政治方面的问题。那听起来太荒谬了！我只想知道如何正直地生活在这个世上，不含一丝的虚伪和矫饰，因为它此刻就真实地展现在我面前，而我却无法按自己的心愿把它塑成其他任何形状。我现在必须在这样的世上生活，在这种境况下解决生活中的所有问题。所以我的问题是，如何将眼下的这种生活变得如达摩[①]一样，拥有并非由外在强加的美德，拥有那种不遵从任何训诫、不是从任何思想发展而来的美德？

克：你的意思是不是想立即，或者说马上处于一种蒙受神恩的状态呢？那种状态汇集了超群智慧、纯真和爱，你忽然发现自己竟然置身于一种不留一丝过去和将来痕迹的状态，你在那种状态下有所行动，是这样吗？

问：对！就是这种状态。

克：这种状态与一个人的成就、成功还是失败无关。当然，要过得有意义，一定只有一种生活方式：那是什么呢？

问：这就是我的问题。

克：那就把那份光亮置于你的心中吧。它无始无终，欲望无法将它点亮，它不属于你，也不属于其他什么人。心中有这种光亮的指引，无论你做什么都总是正确而真实的。

问：现在，您怎么能不通过抗争、探寻、期盼、质疑，不通过所有这些努力就感知到那份光亮呢？

克：只有完全地抛弃过去，才有可能。而要想做到这点，只有当头脑变得秩序井然才行。头脑无法容忍混乱无序，一旦如此，头脑中的一

[①] 生于古印度，曾在中国传扬佛法，成为中国禅宗的始祖。——译者注

切活动就会充满矛盾、困惑、痛苦，害人害己，贻害无穷。但是，这种有序不是思想所能规划的，也不是遵从原则、权威或某种虚构的美德就能实现得了的。头脑中秩序混乱会引发冲突，然后，为了逃离这种失序状态，思想所孕育的各种抵抗势力就会应时而生，例如宗教和其他思想或组织等。

问：既然头脑中一片混乱，交汇着相互矛盾的各种思想，那么秩序如何才能回归头脑呢？

克：要想做到那一点，人们必须整个白天保持警觉，之后，在入睡前将当天所发生的事情按次序整理好。这样的话，头脑就不会在混乱的状态下入眠了。这并不意味着处于无序状态的头脑能够给自己施催眠术，自动变得有序。白天时，头脑一定是有序的，临睡前总结一下这些事情才算是这一天圆满结束了。这就好比一个人记账，为了第二天以崭新的状态重新开始，他必须每晚都使账目的借贷平衡一样。这样一来，他便会睡得安稳、平静，头脑处于空静状态，没有一丝困惑、焦虑或是恐惧。翌日醒来，他的心中便充满了光亮，而那份光亮不是思想或享乐的产物，而是智慧和爱的光芒。这份光亮是对我们当今社会上道德混乱现状的否定。

问：我能立即拥有那份光亮吗？这其实是我一开始就问的问题，只不过我换了另外一种说法。

克："自我"一旦消失了，你就可以即刻拥有那份光亮。当"自我"认识到自己必须结束时，那便是"自我"走到了终点。这种认识就是理解之光。

消除个人与集体的界分，美德、智慧和爱才会现身

问：我不太知道该如何问这个问题，但我强烈地感觉到，个人和集体作为相互对立的实体，它们之间的关系是长期对抗的历史。世界的历史，思想的历史，文明的历史，归根结底是这两个对立实体之间的关系史。在所有的社会里，个人或多或少是受到压制的，个人必须符合或者适应理论学家决定的模式。但个人又总是试图冲破这些模式，结果造成个人与集体之间的斗争连绵不绝。所有宗教谈起个人灵魂时，都说它与集体灵魂是分离的，它们都强调个人的灵魂。在机械化、标准化和集体化如此强的现代社会，人人都在试图自我定位，探问自己究竟是什么，声称自己何等重要。但是，所有的努力都毫无结果。我的问题是，导致所有这种情况的问题出在哪儿呢？

克：唯一真正要紧的是在生活中处处体现出美德、智慧和爱。这种美德是个人的还是集体的？爱是个人的，还是不为任何人所有？智慧属于你，属于我，还是属于其他什么人？如果智慧只是你的或者我的，那么它就不能称之为智慧、美德或者爱。如果根据个人的喜好和决定，美德成了个人或集体的一件事，那它就不再是美德了。美德不是个人的私家花园，也不是集体的露天运动场。只有摆脱了个人和集体控制的魔爪，美德之花才能绽放。一旦拥有了智慧、美德或者爱，那么行动就不再分什么公或私了。因为缺少美德，我们才会将这个世界划分为个人与集体，进而根据宗教、国籍和阶级把集体分成了无数个群体。有了这样的划分，

我们试着通过形成新的群体，让不同的群体之间加强沟通，事实上，这些新的群体又是从其他群体中分离开来的。我们可以看到，每一个伟大的宗教都理应秉持"四海之内皆兄弟"的信念，但是每个宗教实际上却都在阻碍这一信念的实现。我们总是试着对已经腐败的东西加以改良。腐败并没有彻底根除，只是被重新修整了一番而已。

问：您是说，我们不必把时间浪费在个人和集体间无休止的争辩上，还是想证明个人与集体是不同的抑或类似的呢？您的意思是不是只有美德、爱和智慧才是关键所在，它们超过了个人与集体的意义呢？

克：是这个意思。

问：那么真正的问题似乎是：爱、美德和智慧如何在日常生活中发挥作用。

克：如果它们在日常生活中起作用的话，个人与集体的问题也就成为理论性的探讨了。

问：它们怎样才会去发挥作用呢？

克：它们只能在关系中发挥作用：所有的存在都在关系之中。因此，首先要意识到个人与所有人和所有事之间的关系，然后再去了解在这种关系中"我"是如何诞生并发挥作用的。这个诞生的"我"既指个人，也指集体；制造分裂的就是这个"我"；通过个人和集体发挥作用的也是这个"我"。这个"我"同时创造出了天堂和地狱。意识到这一点，就是要去理解它，而理解它便是自我的终结。自我消失了，美德、智慧和爱就现身了。

冥想是能量的本质

问：今天早晨，我想更深入地探讨冥想的意义或意境。我已经通过许多种方式去实践冥想了，甚至包括些禅道。很多学派还讲授意识，但它们都显得相当浮浅。所以，我们能不能所有这些都不提，只是更深入地探究冥想吗？

克：我们也必须抛开那些权威的知识。在冥想中，任何形式的权威，不管是你自己的，还是他人的，都会变成一种阻碍，阻碍自由——包括扼杀某种生机和新奇。所以，权威、顺从和仿效都必须统统丢在一旁，否则你只会模仿并追随别人的意见，你自己将在思想上变得非常迟钝和迂腐，自由也将离你远去。你以往的经验可以引领你，为你指明方向或开辟一条新的道路。但为了冥想，即便是那条新路也必须舍弃。只有那时，人才能进入这种非常深入且意义非凡的所谓冥想之中。冥想是能量的本质。

问：许多年以来，我一直试着尽全力不让别人或某种模式的权威奴役自己，当然，这其中也有自己欺骗自己的危险。然而，随着岁月推移，我自己可能会发现这个危险。可是，当您说冥想是能量的本质时，您用能量和冥想这两个词意指什么呢？

克：每个思想活动以及每个动作都需要能量。无论你做什么还是想什么，都需要能量。能量会在冲突中逐渐消耗，也会不断消散于各种不必要的思想、情感追求以及多愁善感的事情里。能量会浪费在二元对立，即"自我"与"非我"的冲突中，也会损耗在观察者与被观察者、思考者与思想的分离中。但是，若不再浪费能量的时候，就会产生一种被称作意识的能量——这种意识排除任何形式的评价、判断、谴责以及比较，只有全神贯注地观察，即真真正正、里里外外地认识事情的真实面貌，不受过去思想的干扰。

问：这点我很难理解。如果一点儿都没有思想的话，我还可能会辨认出一棵树、自己的妻子或是邻居吗？辨认是有必要的，不是吗？当你看到一棵树或者邻家的女人时更是如此。

克：当你观察一棵树时，有必要辨认吗？当你见到那棵树，你会说这是棵树，还是仅仅观看它呢？如果你开始把他认作榆树、橡树或者芒果树，那么，这是你过去的经验在干扰你的直接观察。同样的，当你看自己的妻子时，你实际上是带着记忆中的愠怒和喜悦来看的。你并没有真正在看你的妻子，而是在看她曾经在你心中的意象。这样就阻碍了直接感知：直接感知是不需要辨认的。你对自己的妻子、儿女、房子以及邻居外在的认知是很有必要的。但是，为什么过去的经验会遮蔽你的双眼，扰乱你的理智和心灵呢？难道就不能让它不阻碍你更清楚地观察这个世界吗？当你诅咒或对某件事抱有成见时，这种成见或偏见会扭曲你所观察到的事物。

问：是，这点我明白。这种辨认方式，因为不知不觉间受到过去的影响，的确会歪曲事实，这点我明白。您说所有这些思想的干扰都是能量的浪费。您还说要不带任何形式的辨认、谴责、个人判断地去观察；观察但不要对观察到的事物命名，因为命名、认知和谴责都是能量的浪费，这在逻辑上和事实上都可以理解。要说的下一个要点是观察者与被观察对象之间的分离，或者不如这么说，这个您在谈话中已经提到过，即观察者和被观察事物之间的空间所造成的二元对立；您解释说这种分离也是一种能量的浪费，会带来冲突。我觉得您说的一切都在理，但是我发现要把那个空间移开，让观察者和被观者处于和谐的关系中，是件极其困难的事。该如何解决这个问题呢？

克：没有你所说的"如何"。如何意味着一个体系，一种方法，一种变得机械的实践形式。那样，我们又得设法摆脱"如何"这个词的意义。

问：这可能吗？我认为这个词可能意味着某个未来，某种努力，某次构建和谐的奋斗。但是，我们必须使用某些词语。我希望我们可以超越那些词语。那样的话，是否就能带来观察者和被观察对象之间的统一呢？

克：观察者总是在他所观察的事物上投下自己的影子，所以，我们必须了解观察者的结构及本质，而不是去探究如何将观察者和被观察对象统一起来。必须弄清楚观察者是如何运动的，在这一理解的过程中，观察者可能就消失了。我们必须弄清楚观察者是什么：他代表过去，带着关于过去的所有有意识和无意识的记忆，带着他的种族遗传特性，带着他所积累起来的被称作"知识"的经验，以及他对事物的种种反应。观察者真是受到多重制约的实体，他就是那个断言"他就是""我就是"的实体。在保护自我的过程中，观察者反抗、控制、追求舒适和安逸，这样，他把自己看作不同于被观察的对象，并由内到外地与之分开，从而造成了所谓的二元对立，衍生出了损耗能量的冲突。所以，要意识到那个观察者，了解他所做的运动，了解他以自我为中心开展的活动，以及他的种种论断及偏见。此外，还要意识到所有这些无意识的运动，因为它们培养了一种分离主义的情感，即观察者是与众不同的。与此同时，观察者必须遵守这样一条规则，即不带任何形式的评价和个人好恶，只在日常生活以及跟它相关的各种关系中去观察。当观察清楚了，那时不就摆脱观察者了吗？

问：那么先生，您的意思是观察者是真正的自我，您是说，只要自我存在，观察者就一定得反抗、分裂、分离，他会在这种分离和分裂中感觉自己还活着。而且，这还给了观察者进行反抗与斗争的活力，他已经逐渐适应了这场战斗；这也是他的生存之道。您难道不是在说，这种"自我"，也就是"我"，一定会通过某种形式的观察消失吗？那种观察不带好恶感，不带个人成见和判断，只是观察行动中的"我"。但是，这样的事果真能发生吗？我能透彻地观察自己，真真切切，没有一丝一毫的歪曲吗？您说，当我把自己看得清清楚楚之时，"自我"便处于静止的状态了。您是说这就是冥想的一部分吗？

克：当然，这就是冥想。

问：这种观察无疑需要超凡的自律。

克：你所说的自律是什么意思呢？是指给自己戴上紧箍咒那样地约束自己，还是指认识你自己，认识那个爱下断言，控制欲强，有野心，有暴力倾向等特点的自己呢？学习，就它自身而言，就是准则。准则这个词意指去学习。当有学习的时候，就没有知识的累积。真正学习需要全神贯注，这种学习带来了它自身的责任、活动以及特有的学习角度；所以，没有任何准则是被强加的。哪儿有学习，哪儿就不再有模仿、遵从以及权威。如果以上就是你用准则这个词所指的意思的话，那必然会有学习的自由，对吗？

问：你把我带得太远，或许探讨得太深入了。就你所说的那种学习，我目前还不是十分理解您的意思。我很清楚地认识到作为观察者的自我必须消失。从逻辑上来说是这样的，这样的话，就一定不会有冲突：这点显而易见。但是，您说的是，这种观察本身就是学习的过程。就我们平常所理解的，在学习当中总要有积累；这种积累形成过去。学习是个附加于过去的过程。但是，显然您赋予了学习全然不同的含义。就我所理解的，您是在说，学习是一种没有积累的不间断的运动，是这个意思吗？我们能够不做任何积累地学习吗？

克：学习是它自己的运动。世间普遍发生的事情是那些已然被了解的——我们基于所学的有所行动。所以，在过去和行动之间存在着裂缝，由此，理想和现实、过去和现在之间就产生了冲突。我们说的是，就在学习的过程中存在着一种运动，换句话就是，学习即是行动，它们同步进行；并不是先学习，后行动。了解这一点很重要，因为学习以后，再在积累的基础上有所行动，那是"自我""我"（或其他随你怎么叫的名称）的本质所在。这个"我"是过去的本质，而过去侵犯现在，继续驶向未来，在这个过程中持续存在分裂。哪里有学习，哪里就会有持续的运动；其中不包含能转化为"我"的积累行为。

问：但是技术领域内必须要有知识的积累。没有知识，人类不可能飞跃大西洋、开动汽车或是从事大多数日常生活中的事情。

克：当然不是，先生，这种知识绝对是有必要的。但是我们讨论的是"我"在运行过程中留下的心理轨迹，这个"我"可以利用技术知识来赚取如职位或者名声等这类事情；这个"我"可以利用知识并让它发挥某种功能。但是，在发挥功能的过程中，如果"我"介入其间，事情就会开始出现偏差，因为"我"可以通过技术手段去谋取地位。所以，从这个意义上说，"我"不仅仅涉足科学技术领域的知识，还会利用这种知识去实现另外一些企图。这就好比一位音乐家利用钢琴让自己扬名一样。他关心的只是名望，而并非音乐自身的美。我们不是说必须摈弃技术知识，与之相反，技术性知识越多，人们的生活条件就会越好。但是，自"我"运用知识的那一刻起，事情就开始背离原来的轨道。

问：我认为自己开始理解您所说的话了。您赋予学习这个词以相当不同的含义及观察视角。这实在是太让人大开眼界。我终于开始领会了：您的意思是冥想是一种学习的动态过程，在这个过程中，人们可以自由地学习任何事物，不仅包括冥想，也包括人类的谋生方式、驾驶方法、饮食方略、交谈技巧等等，无所不包。

克：像我们所说的，冥想是能量的本质。换句话说，只要有冥想者，就没有冥想。如果某人试图达到别人所说的状态，或是头脑中闪过某种经验的片段……

问：不好意思打断您一下，先生。您是不是在说学习是一种持续流动的状态，像一条没有断裂的直线一样，因此，学习和行动是处于同一个持续运动之中的，对吗？我不知道使用哪个词比较好，但是我肯定您能理解我的意思。当在学习、行为以及冥想之间出现了不和谐的断裂时，那个断裂就是冲突。在那个断裂中，存在着观察者与被观察的对象，因此是能量的浪费，您说的是这个意思吗？

克：是的，我就是这个意思。冥想不是一种状态，而是一种运动，因为行为就是运动。就像我们刚才讲的，当我们把行动从学习中分离出去时，观察者便来到学习和行动这两者之间，观察者由此变得重要，然后他为了别有用心的目的利用行动和学习。只有切实地理解到，行为、学习和冥想是处于同一个和谐的运动中时，才不会有能量的浪费，而这就是冥想之美，其中只有一种运动。学习比冥想和行动更为重要。为了学习，必须要有充分的自由，不仅只停留在意识层面，而要深入到内心——以彻底获得自由。只有在自由中，学习、行动和冥想才能成为一个和谐的整体。完整这个词不仅意味着健康，还意味着神圣。因此，学习是神圣的，行动是神圣的，冥想亦是神圣的。所有这一切都是神圣的，它的美蕴含其中，从不张扬。

终止思想，头脑即能沉静

问：我想知道您所说的"终止思想"是什么意思。我和一位朋友谈及此事，他说这些都是一些东方的伪说。他认为思想是智慧和行为的最高形式，是生活中不可或缺的佐料。思想创造了文明，是所有关系的基石。我们所有人，从伟大的思想家到最平凡的劳动者，都承认这一点。不思考的时候，我们或者睡大觉，或者无所事事，或者做白日梦，我们变得空虚、无聊、工作缺乏效率。然而清醒的时候，我们则思考、做事、生活、争吵：这是我们仅知的两种状态。但是，您说要超越这两种状态——超越思想和空虚无为的状态，这么说是什么意思呢？

克：简单来说，思想是对记忆的反应，属于过去。过去可能是无限，也可能就在一秒钟之前。思想起作用的时候，也就是过去在以记忆、经验、知识或是机会的方式发挥作用。所有的意志都建立在过去的欲望之上，旨在获得快乐或者躲避伤痛。思想发挥作用的时候，那就是过去，根本没有出现新的事物；那是过去生活在现在，正在改变自己和现在。从那个角度看，生活中并没有出现什么新意，而若要去发现某些新生事物，那一定是在过去消散之时，头脑也一定没有掺杂思想、恐惧、享乐和所有其他事物才行。只有头脑不再受过去的搅扰，新的事物才会现身，正是因为这个缘故，我们才说思想必须是静止的，它只在必要的时候运行——以保证客观而有效。所有持续存在的都属于思想，只要存在连续性，就不会有任何事物新生。你认识到这点是何等重要了吗？这的确是关于生活本身的问题。要么你生活在过去，要么你活得与过去全然不同：这就是全部要点。

问：我想我明白您的意思了。但是，在这个世界上人们要如何做才会停止思想呢？我聆听鸟儿在歌唱，我的思想立即告诉我这是只画眉鸟；我走在大街上，思想告诉我自己正走在这条街上，并告诉我所识别和看到的都是些什么；当我随便想着不要再去想了，这又是思想在起作用。所有的意义、理解和交流都属于思想。即使我不再与他人交流，也会和自己交流。清醒的时候，我思考；睡着的时候，我也在思考。我存在的整个结构都由思想构成，它的根深深扎在我不知道的某处，我所想的，我所做的以及我之所以存在都与思想有关。思想制造了乐趣和痛苦，还制造了种种欲望、渴望、决心、结论、希冀、恐惧以及问题。思想策划谋杀，却也宽恕罪恶。所以，人如何才能超越思想的束缚呢？这难道不是思想又在寻求如何超越它自己吗？

克：我们两个都说过，当思想静止的时候，才可能产生新事物，这一点我们都认识到了，而清楚地理解这一点就是思想走到终点了。

问：但是，这种理解也属于思想。

克：真的吗？你假设它是思想，但它是吗？果真是吗？

问：这是一段有意义的思想运动，一种与自己的沟通。

克：如果这是与自己的沟通，那就是思想。但是，理解是有意义的思想运动吗？

问：是的，它是。

克：词的意思以及对这个意思的理解都属于思想，这在生活中很必要。思想在生活里必须有效地运行，这是个技术层面的问题。但是你问的并不是这个，你问的是思想如何走向终结。就像你所知道的，思想就是生命的运动，终会走向消亡。但是，它只能在你离开尘世之际才停下来吗？这才是你真正想问的问题，对吗？

问：是的。

克：这个问题该问。那就放手让它去吧！抛弃过去，抛弃传统。

问：但怎么做呢？

克：头脑是思想的源泉。头脑是物质的，思想也是。每当挑战和需求出现时，头脑都会立即做出反应和种种回应。那么，头脑会处于一种非常平静的状态吗？这不是终止思想的问题，而是头脑是否能够完全沉静下来。它能在必要的时候完全发挥作用，而在其他时候保持静止吗？这种静止并非物理意义上的消亡。去看看，当头脑完全沉静下来，会发生什么。去看看情况会怎样。

问：在那个空间里有只画眉鸟，有棵绿绿的树、蓝蓝的天，一个男人在敲邻居的门，有风儿吹过树林的声音，有我心脏跳动的声音，还有我身体处在一片安宁的状态。就这么多了。

克：如果你能够从那个空间里认出那是画眉鸟在歌唱，你的头脑就是处于活跃的状态，它在解读所见之物，并没有处于静止的状态。要让头脑沉静下来，真的需要高度警觉，也需要遵守准则。头脑处于沉静状态时，观察会形成自己的准则，这个准则并不是某种潜在欲望——如实现某个结果或获得某种快乐新体验——强加给头脑或由其携带而来。因此，思想在白天必须有效且理智地运行，同时还要检视自己。

问：做到这一点并不难。但是，超越这一阶段会怎么样呢？

克：是什么让你有这样的疑问呢？你是想体验新事物，还是探问？

如果探问的话，那么，你必须探究并调查与思想相关的整个运行情况，全面了解它，熟知它所有的"花招"和细微之处。如果所有这些都完成了，你就会知道超越思想的问题毫无意义。超越思想就是想知道思想到底是什么。

做个全新的你

问：我是个改革家，是一名社会工作者。我之所以愿意将一生献给改革事业，是因为看到世上存在着种种极端不公正的现象。我曾经是一个共产主义者，但后来发现自己与那个理念再也无法相容，因为共产主义已经终结于专政。尽管如此，我还是致力于社会变革，目的是想让人们生活得有尊严，活得美好而自由，让他们发挥自身的潜能。我发现这种潜能似乎是大自然赋予人们的，而人们也好像总能从同伴身上窃取到。在美国的确存在某种形式的自由，然而，自由在那儿都归于标准化了，而且相关的宣传也是来势汹汹——所有大众媒体都对公众的思想广泛施加压力。电视是人类发明的机器，它作为一种媒体力量似乎已自成特色，形成了自己的意志，还有独特的发展动力；尽管可能没有任何人——或者甚至没有任何团体——刻意地利用电视这一传媒工具来影响社会，但是它的发展趋势却在塑造我们孩子的灵魂。同样的，这种情况也不同程度地存在于其他民主制国家。在我看来，这个世界上所有的社会不公平现象都必须彻底予以改变。我满腔热情，希望为这个目标做些什么，但是，我不知道从何开始下手去处理这种情况。

克：变革总是需要进一步变革，这是个永无止境的过程。让我们换个角度来看，把所有关于改革的愿望放在一边，把它从我们的血液中清除干净，让我们彻底忘了想改造社会的这个想法。然后再来看看整个现今世界实际正在发生什么。各类政党总是提出有限的方案，即使这个方案实施了，也总是会给社会带来伤害，以后仍需重新加以矫正。我们总是在说政治运动是最为重要的，但是它却往往不是正确的出路。让我们把政治运动抛在脑后吧。所有的社会和经济改革也都一样解决不了问题。接下来，是一种宗教处方式的运动，这种运动建立在信仰、理想主义、教条主义和一致性的基石之上，对某些人来说，这也是所谓的"神圣处方"。在这种运动中充斥着权威、接受、顺从和对自由的绝对否定。尽管所有宗教都宣扬和平的理念，但它们却进一步造成了世界的混乱，因为它们是制造分裂的一个因素。而且，教会总是在危机到来之际选择某种政治立场，所以它们实质上属于政治性机构。我们已经认识到所有的政治运动都是具有分裂性的。对于战争，教会从来没有真正否认过，相反，它们亲自发动了战争。所以，当人们抛弃了众多的宗教良方，正如抛弃政治处方时，那手里剩下的还有什么呢？还需要做些什么呢？很自然地，公民秩序必须得以维持：这好比龙头里必须要有水一样。如果公民秩序遭到了破坏，一切都得从头开始。那么，我们需要做些什么呢？

问：这就是我真正想问您的问题。

克：去关注根本性的改变和彻底的革命吧。唯一的革命是人与人之间的革命。这才是我们唯一应该关注的。在这场革命中没有宏伟蓝图，没有意识形态，也没有观念上的乌托邦。我们必须掌握人与人之间的实际关系，彻底对之加以改造，这才是真正要做的事情。这场革命必须立即开始，千万不能慢慢来，事态演变需要时间，而这场革命通过这种方式根本实现不了。

问：您这是什么意思？历史上所有的变迁都是在时间进程内发生的，没有哪一次是立即完成的。您的提议太令人难以理解了。

克：如果你要花时间慢慢来，那么，你是假定生命在发生变化的这段时间里暂时停滞了吗？生命不会停滞。所有你试图改变的事物，都被环境和生活本身改良着、维持着，整个过程望不到尽头。这就像你试着让水槽里的水变清，而同时又不断地往里面注入浑浊的水一样。所以，这是一场没有时间登场的革命。那么，什么能注定带来这场革命呢？当然一定不是意志或决心，也不是选择或欲望，因为所有这些都是需要被改变的实体，即人的一部分。所以，我们必须问问，若是没了意志行为和总是制造冲突的武断行为，那么，实际可行的还有什么呢？

问：有没有什么不是意志行为或者武断行为呢？

克：先撇开这个问题不谈，让我们更深入地看这个问题。让我们来看看，事实上，只有意志和武断才是必须要进行彻底改变的，因为危害人际关系的唯一因素就是冲突，冲突既发生在人与人之间，也发生个人内心深处，而这种冲突便是意志和武断。但是，即便生活中没有这样的行为，也不意味着我们就可以像蔬菜一样地生活。冲突是我们主要关注的。你刚才提到，所有社会的弊病都是我们每个人内心冲突的折射，唯一可能的改变就是彻底地改变处于所有关系中的你自己，这种改变并不在模糊的将来，而是在现在。

问：但是，我怎样才能彻底根除内心的这种冲突、这种矛盾、这种反抗、这种制约呢？就理性而言，我理解您的意思，但是我只有深切感受到它才会做出改变，而我现在并没有这种切实的感受，它对我来说只是一种观点；我并没有用心领悟到它。如果我试图在这种理性感悟的基础上采取行动的话，就会和自己另外更深层的一面发生冲突。

克：如果你真的能够深切地认识到这种矛盾，那么你的这种认知便是革命行为。如果你认识到自己的头脑和心灵是分裂的，实际认识到了，而不是从理论上构想出来的，是认识到了，那么这个问题也就迎刃而解了。一个人如果对这个世界以及有必要改造世界充满激情，那么他就必须从政治活动、宗教顺服以及传统观念中解脱出来，也就是说，他必须要摆脱时间的重负，卸下过去的重担，不受意志行为的左右：这便是成了一个全新的人，而只有实现这样的变化，才可以说是完成了社会、心理，甚至是政治意义上的革命。